大人的旅行

日本溫泉究極事典

暢銷新版

220+

精選名湯攻略，食泊禮儀、湯町典故、泉質評比，全日本溫泉深度案內

目錄

三・溫泉入浴知識與樂趣

四・溫泉的歷史與文化

一、溫泉泡法、用語解釋與泉質介紹 ♨

溫泉用語解釋

溫泉與溫泉法

溫泉法是昭和23年（1948年）制訂的法規。第一條提到「本法以保護溫泉、合理使用，同時增進公共福利為目的」，並於第二條將溫泉定義為「本法所謂的『溫泉』，指的是從地底湧出的溫水、礦泉或水蒸氣等其他氣體（以碳氫化合物為主要成分的天然瓦斯除外），同時符合〔147頁附表〕記載的溫度，或者含有下列物質者」。

也就是說，無論成分之有無，只要源泉溫度超過25度，便可稱為溫泉。但要注意的是，氣體也可認定為溫泉。溫度超過100度的蒸氣（或者是噴氣孔）只要一接觸到水，就會立刻變成熱水，這樣的溫泉稱為「造成溫泉」。這種溫泉雖然年年都在增加，但卻鮮為人知。目前日本擁有造成溫泉的前五個縣，有大分縣386處、鹿兒島縣298處、宮城縣148處、秋田縣83處，以及岩手縣36處（截至2016年3月底為止）。

當然，在我們的認知當中，所謂的溫泉，應該是含有豐富成分的水。至於溫泉法名列的十八種成分當中，只要其中一種的含量超過標準量，便可稱為溫泉。或者每1公斤的水當中，成分總量超過1千毫克的話，也稱為溫泉。

溫泉稅

日本各鄉市鎮，針對溫泉入浴者所課的稅。源自戰國時代的「湯役稅」，並且延用至今日，不過有的自治體並不徵收溫泉稅。大多數的地方都是採用含稅的方式，也就是對日歸溫泉的入浴者徵收70至100日圓，住宿者徵收100至150日圓的稅金。徵收的溫泉稅主要用來維護溫泉源頭，整頓溫泉地的環境。

泉源地

溫泉湧出地表的源頭，在日本又稱為「湯元」。

天然湧泉（自然湧出泉）

因為地底水壓關係，呈現自然湧出狀態的溫泉。雖然是熟成度最高、最為理想的溫泉湧出型態，但是數量卻極為稀少。另外還有利用鑿掘的方式，讓溫泉自行湧出的「挖掘自噴泉」，以及鑿掘之後用泵浦抽出溫泉的「動力抽取泉」。

間歇泉

熱水週期性地朝地面噴湧的溫泉。最廣為人知的，是江戶時代深得德川家康喜愛，熱海溫泉的大湯間歇泉。然而近年來在亂掘開鑿之下，間歇泉的數量明顯減少。現在以鹿部溫泉（北海道）、鳴子溫泉鄉（宮城縣）的鬼首溫泉、別府鐵輪溫泉（大分縣）的龍卷地獄為代表。

源泉

直接從地底湧出的溫泉水。指的是沒有摻水或加溫、直接湧出的溫泉水。

自家源泉

溫泉旅館自己出資開鑿，私有的溫泉源頭。只要在旅館腹地內擁有溫泉源頭，通常就能夠提供鮮度極高的優質溫泉，而且大多數可以直接飲用。像「源泉之宿」所指的就是擁有自家源泉的溫泉旅館；相對於此的用語是「引泉」（表示溫泉水是從別的地方引導過來）。

集中管理方式

統一管理整個溫泉鄉溫泉的方式。將複數源泉集中在同一處，之後再將分配至各溫泉旅館或外湯（見113頁）的管理系統。

源泉放流溫泉（源泉かけ流し）

注入浴池的新鮮源泉不斷溢出池外的溫泉。讓充滿還原力的新鮮溫泉持續流動且溢出池外，才是能享受溫泉醍醐味的「真正溫泉」。只要是強調完全不摻自來水、不加溫，讓純粹的源泉在浴池中放流的話，就可以稱為「100％源泉放流溫泉」。

循環浴池（循環風呂）

重複過濾循環同一池水數次，並且續用好幾天的溫泉稱為「循環湯」，而使用這種溫泉的浴池便稱為「循環浴池」（請參照138頁）。這種溫泉老化的速度非常快而且明顯。不僅如此，大腸桿菌與退伍軍人菌還會在溫泉中繁衍，十分危險，因此業者通常會加氯殺菌。但如此一來，反而會讓溫泉氧化，不僅泉質失去特色，生命力衰退，療效也會明顯降低。

氯

循環浴池或半循環浴池（一邊循環使用浴池裡的溫泉，一邊從注泉口注入新鮮溫泉的供泉方式）用來殺菌消毒的化學物質，主要為次氯酸鈉。這種化學物質也常用來消毒自來水與游泳池裡的水。因為價格低廉，所以大多數的循環式溫泉都會使用，但屬強烈的氧化劑，對人體肌膚或內臟恐怕會造成不良影響。要殺菌消毒，其實也可使用較不傷害人體的臭氧、銀離子或者是光觸媒來替代氯，只是礙於費用關係，尚未普及。

直泉（直湧き）

溫泉從浴池底部自然湧出的浴室。鮮度高，並且採用100％源泉放流溫泉的浴室是最為理想的浴室型態。但是泉溫過高的話，反而會讓人無法走進、入浴，所以這種浴室通常以溫度較低的溫泉居多。知名的有法師溫泉（群馬縣）「長壽館」、乳頭溫泉鄉（秋田縣）「鶴之湯溫泉」。

礦泉

礦物質與氣體超過一定含量的湧泉。近年來我們所說的礦泉，指的通常是「溫度較低的溫泉」，這一點應該與昭和23年（1948年）制訂的「溫泉法」當中，如〔表1〕依照溫度將溫泉分為「冷礦泉」、「微溫泉」、「溫泉」與「高溫泉」有關。會在礦泉之前加上「冷」這個字，就是暗示「所

「溫泉法」的分類	
高溫泉	超過 42℃
溫　泉	超過 34℃，不到 42℃
微溫泉	超過 25℃，不到 34℃
冷礦泉	不到 25℃

〔表 1〕

謂礦泉，其實就是加熱過的溫泉」。

然而明治19年（1886年）內務省衛生局編纂的《日本礦泉誌》（共三卷）中出現的溫泉名稱，卻不時出現「〇〇礦泉」這個名稱。如前所述，所謂礦泉，原本就含有豐富成分。《日本礦泉誌》提到，礦泉裡所含的成分比常水多，而且溫度也比較高，此外還具有治癒效果。如〔表2〕所示，礦泉可以分為溫泉與冷泉，至於成分濃但溫度低的礦泉，則是稱為冷泉。

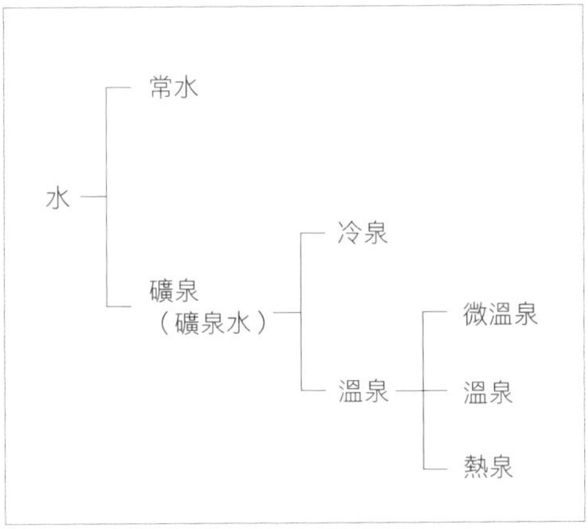

〔表2〕《日本礦泉誌》的分類，分為礦泉、冷泉與溫泉

「溫泉法」這個項目提到，1948年當時在為溫泉下定義時，不管裡頭是否含有豐富的成分，只要水溫超過25度，一律稱為溫泉，因而讓溫泉原本的定義顯得曖昧不清。

療養泉

礦泉當中，以治療為目的而提供的溫泉稱為療養

療養泉的定義

① 溫度超過攝氏25℃（從溫泉取水時的溫度）

② 物質（包含下列其中一種）

物質名	含量（每1kg）
溶存物質（不含氣體類）	總量1000mg以上
游離二氧化碳（CO_2）	1000mg以上
銅離子（Cu^{2+}）	1mg以上
鐵離子（$Fe^{2+}+Fe^{3+}$）	20mg以上
鋁離子（Al^{3+}）	100mg以上
氫離子（H^{+}）	1mg以上
硫（S）〔對應 $HS^{-}+S_2O_3^{2-}+H_2S$〕	2mg以上
氡（Rn）	30×10^{-18}Ci = 111Bq以上 超過8.25馬謝單位

附表

泉。環境省在「礦泉分析法指針」中，針對「療養泉的定義」說明如前頁〔附表〕。此外，一旦認定為療養泉，在都道府縣各機關的判斷之下，亦會列出「適應症」。

國民療養溫泉地

為了增進國民健康，環境大臣將溫泉地指定為設備齊全的療養地，並加以善用，進而期待溫泉充分發揮療效。自1954年指定酸湯溫泉（青森縣）、日光湯元溫泉（栃木縣）與四萬溫泉（群馬縣）為第一號療養地之後，截止2017年為止，已經有92處的溫泉獲指定為療養溫泉地。然而，近年來獲指定的溫泉地當中，卻混入了幾處泉質較差的溫泉地。

靈泉

自古以來被認為具有神奇療效的礦泉（溫泉），也就是「療效（透過神明加持力）靈驗的溫泉」。通常用來形容，湯治效果出色卓越的溫泉。

飲泉

可以飲用的溫泉，也就是歐洲人所說的「溫泉是喝的蔬菜」。其實不少溫泉含有豐富的礦物質，飲用之後療效極佳。像是峩峩溫泉（宮城縣）、四萬溫泉（群馬縣）與湯平溫泉（大分縣）長久以來就是人們口中的「腸胃三名湯」。現在以碳酸泉聞名的大分縣長湯溫泉，還與德國攜手合作，打出「飲泉文化」這個名號。除非擁有飲泉許可證，而且是現場湧出的新鮮溫泉，否則其他的溫泉一律不要飲用。不用說，飲用循環泉更是危險。

湯治／溫泉療養

借助溫泉的力量（例如浸泡入浴、吸入蒸氣、飲用溫泉）來治療疾病或傷口。時至今日，不少溫泉業者認為「溫泉的原點在於湯治」。其實溫泉在近代以後，特別是1960年代左右，在日本的治療學上扮演者舉足輕重的角色。長久以來人們會以週為單位，每年到溫泉地進行一至兩次的湯治，時間最長可到四個週期。當中最基本的就是，冬天的寒湯治與夏天的丑湯治。

湯治場、湯治客

在山間或偏僻的溫泉地，進行湯治（溫泉療養）的地方，稱為湯治場。不以觀光為目的，而是以治療、療養身體為目的，在湯治場長期停留、住宿的客人，稱為湯治客。另外，湯治場通常不供餐，湯治客的三餐必須自行打理。也因此，一般湯治場都有販賣部，並有提供煮飯作菜，稱為「自炊部」的場所，或是稱為「自炊棟」的建築。

適應症

因為入浴或飲泉而發揮療效的症狀。不過現在「溫泉分析書」所記載的適應症，主要以溫泉含有的成分來判斷，而不是實際治癒的病例為依據。昭和58年（1983年），日本環境省在「溫泉適應症決定基準」有解釋：

「溫泉的醫療效果，是生物針對泉溫與其他物理因子、化學成分、溫泉地地勢、氣候、利用者的生活變化，以及其他各種情況的綜合作用而產生的反應，僅靠溫泉成分來確定各處溫泉療效實屬困難。關於這一點，議論日益高漲。故平成26年（2014年）7月1日，環境省向都道府縣各知事提出①療養泉之一般適應症（浴用）（附表1）、②按泉質別之適應症（附表2）公告基準的修正案」。

相對於適應症，「禁忌症」所指的則是，最好避免入浴或飲泉的疾病與症狀。

> 肌肉、慢性關節炎、肌肉僵硬（風濕性關節炎、變形性關節炎、腰痛、神經痛、五十肩、打傷撞擊傷、脫臼拉傷等慢性病）、運動麻痺造成的肌肉僵硬、手腳冰冷、末梢神經循環不良、腸胃功能低落（胃消化不良、腸道脹氣）、輕微高血壓、葡萄糖失耐症（糖尿病）。

附表1．療養泉之一般適應症（浴用）

附表 2・ 泉質別之適應症

泉質	浴用	飲用
單純泉	自律神經失調、失眠、憂鬱症狀	
食鹽泉	切傷、末梢神經循環不良、手腳冰冷、憂鬱症狀、皮膚乾燥	萎縮性胃炎、便秘
碳酸氫鈉泉	切傷、末梢神經循環不良、手腳冰冷，皮膚乾燥	胃及十二指腸潰瘍、逆流性食道炎、葡萄糖失耐症（糖尿病）、高尿酸血症（痛風）
硫酸鹽泉	同氯化物泉	膽道功能障礙、高膽固醇血症、便秘
碳酸泉	切傷、末梢神經循環不良、手腳冰冷、自律神經失調	腸胃功能低落
鐵泉		缺鐵性貧血
酸性泉	過敏性皮膚炎、尋常型乾癬、葡萄糖失耐症（糖尿病）、表皮化膿症	
碘泉		高膽固醇血症
硫磺泉	過敏性皮膚炎、尋常型乾癬、慢性濕疹、表皮化膿症（如果是硫化氫泉，可再加上末梢神經循環不良）	葡萄糖失耐症（糖尿病）、高膽固醇血症
放射能泉	高尿酸血症（痛風）、風濕性關節炎、強直性脊椎炎等	
符合上述兩項泉質的溫泉	符合所有的適應症	符合所有的適應症

沖水（掛け湯）

在進入熱水池中浸泡之前，為了避免血壓急速上升、腦貧血或腦充血，因而從下半身慢慢朝上半身沖水的入浴習慣。這樣的舉動，當然也帶有先沖洗身體髒污的禮貌用意。至於在頭上蓋上一條毛巾後再沖水的「蓋湯」（かぶり湯）也效果極佳。

暈池（湯あたり）

湯治之後經過數日或一週，會暫時出現頭痛、嘔吐或者是患部惡化等現象，稱為「暈池」，算是「好轉反應」的一種。出現這種情況時只要少入浴，靜養一兩天，就可以恢復體力。再次入浴時，病情通常會漸入佳境。

放射刺激效應／毒物興奮效應（Hormesis）

近年來在人們口耳相傳之下，造成話題的療養泉玉川溫泉（秋田縣），以及自古以來以溫泉療法聖地而聞名的增富溫泉（山梨縣）和三朝溫泉（鳥取縣）等地，都擁有知名的鐳泉與氡泉。大量的放射線固然會對人體造成傷害，但是微量的放射線反而可以活絡人體細胞。曾經有報告具體指出，微量的放射線可讓抗氧化酵素（SOD）更加活絡，同時免除活性氧所帶來的傷害，不僅可以提高免疫力，促進細胞膜代謝，還能夠抑制血糖上升。

英文Hormesis是來自希臘文的hórm sis，意指「刺激」；提倡放射線輻射刺激效應的是美國的湯馬斯博士（Thomas D. Luckey）。另外，溫泉所含的放射能經過數個小時之後就會排出體外，因此安全無虞。

湯垢離

一種利用溫泉淨化身心的宗教儀式。聞名的湯垢離之地有：前往熊野三山參拜時必去的湯之峰溫泉（和歌山縣）、川湯溫泉（和歌山縣），以及到伊勢神宮參拜時的榊原溫泉（三重縣）。

持續湯

在與體溫相同溫度的溫水裡浸泡一、兩個小時至數小時，讓肌膚與呼吸器官吸收溫泉成分的入浴方式，亦稱「持續浴」。這種浸泡方式鎮靜效果相當出色，適合治療失眠與精神官能症。亦稱「深夜湯」或「通夜泉」，知名的有栃尾又溫泉（新潟縣）、霧積溫泉（群馬縣）與古湯溫泉（佐賀縣）。

組合泉（合わせ湯）

就如同硫磺泉搭配單純泉，也就是搭配、組合兩種不同泉質的溫泉，藉以提高湯治效果的入浴方式。例如草津這種刺激性比較強的酸性泉，通常會引起暈池或者是皮膚炎，在這種情況之下，可到附近泉質溫和的澤渡溫泉或舊川原湯溫泉浸泡療養。至於這樣的湯治方法當中，泉質較為溫和的溫泉稱為「完成湯」（仕上げの湯）。

岩盤浴

秋田縣玉川溫泉發源的入浴方式。在地熱地帶的北投石上鋪張草蓆，入浴者通常會裹條毯子躺在上面，同時接受鐳這種放射能照射的溫泉療法，就是岩盤浴。

每分鐘可以噴湧9千公升，泉溫高達98度的玉川溫泉含有微量的鐳，而且經過十年會慢慢石化1公釐，這就是日本獨一無二的「北投石」（特別天然紀念物）。

時間湯

草津溫泉（群馬縣）始於幕末至明治初期，是十分獨特的入浴方法，甚至還留下了「不識時間湯，莫談草津」這句名言。這話，幾乎與「湯畑」（湧出熱水之處）並列為草津的代名詞。從湯畑接管引來48度的熱水之後，一邊高唱〈草津節〉這首民謠，一邊用長木板拌泉，降低泉溫，算是一種暖身運動。接下來是沖水，並將毛巾放在頭上，從頭淋下熱水30次（蓋泉）；這麼做可以預防腦充血。最後在湯長的號令之下，浸泡在高度較深的浴池之中；酸性泉特有的刺痛觸感會讓全身感覺又痛又癢。在湯長的指導之下，浸泡時間固定為三分鐘；是一種治療慢性病的鍛鍊療法。過去，那須湯本溫泉（栃木縣）也有相同的入浴方式，以「數泉」之名為人所知。

美人湯

可讓容貌與肌膚更加白皙的溫泉。例如硫磺泉、硫酸鹽泉、碳酸氫鈉泉，當中尤其以弱鹼性的溫泉美肌效果最佳。這類泉質含有呵護肌膚最基本的「潔淨作用」、「保濕作用」與「活性作用」。另外，不知從何時開始，群馬縣的川中、和歌山縣的龍神，以及島根縣的湯川，併稱「日本三大美人湯」。

子寶之湯

德川家康的側室阿萬因為膝下無子，因而到伊豆的吉奈溫泉進行湯治，療養身子，終於在慶長7年（1602年）為家康誕下第十個孩子賴宣（之後為紀伊德川家之祖），隔年誕下第十一個孩子賴房（水戶德川家之祖），大大提升此處溫泉的評價。像吉奈這種可以促進血液循環、改善生殖功能療效極佳的溫泉，便稱為「授子之泉」或「帶子之湯」。也就是單純泉、弱食鹽泉或碳酸泉等，對身體比較不容易造成刺激，溫度略低，可以長時間浸泡的溫泉。以栃尾又溫泉（新潟縣）、湯西川溫泉（栃木縣）伊香保溫泉（群馬縣）最為有名。

祕湯

位在交通不便、人煙稀少的祕境溫泉，通常只有一棟歷史悠久的溫泉旅館。昭和60年前後，年輕女性之間掀起了一陣「祕湯風潮」，當今有不少祕湯名聲響遍日本全國，當中的乳頭溫泉鄉（秋田縣）堪稱代表地。

信玄隱湯

山梨縣的下部、川浦、湯村與增富等溫泉地名，因戰國武將「武田信玄的隱湯」而不時耳聞。在人們心中，這些地方都是信玄悄悄享受泡湯樂趣的溫泉地，但正確來講，這些地方其實是疲於戰事，或者是不慎受傷的官兵療養的野戰醫院。在此療養的官兵，藉由溫泉來提高自然痊癒力，以便上陣迎接下一場戰役。對於戰國武將而言，掌控溫泉就是統治天下的第一步！

深湯

浴槽較深的浴池，亦稱「立湯」。這種浴池可讓下半身承受較大的水壓，具有按摩效果，幫助讓停滯不前的血路循環。知名的有鉛溫泉（岩手縣）的「藤三旅館」，以及秋之宮溫泉鄉（秋田縣）的「鷹之湯溫泉」。

湯花

溫泉所含的固體成分沉澱之後形成的物質，亦可稱為「湯華」。溫泉從地底噴出之後，會因為急遽的溫度變化、壓力減弱，或者是內含成分氧化所產生的化學變化而沉澱。此種物質常見於硫磺泉與食鹽泉，是自古以來熱門的溫泉伴手禮。

地獄

在火山類溫泉地的源泉附近，不斷噴湧熱水與氣體的地方。周遭荒涼的景致讓人聯想到地獄，有時若有昆蟲、野鳥等小動物接近，還會因為接觸毒氣而死亡，故名。知名的有以海地獄、山地獄、爐灶地獄、血池地獄等「地獄巡禮」聞名的別府鐵輪溫泉（大分縣）、登別溫泉（北海道）的地獄谷、那須湯本溫泉（栃木縣）的殺生石，以及雲仙溫泉（長崎縣）的雲仙地獄。另外，鐵輪溫泉還有「地獄蒸」這道利用溫度極高的溫泉蒸氣，來蒸煮海鮮與蔬菜等食材的知名美食。

注泉口（湯口）

牽管引泉，將溫泉注入浴池的水龍頭。注泉口附近的溫泉鮮度最高，而且還原力極佳。

浴槽尾（湯尻）

距離浴池的注泉口最遠的地方。入浴者必須遵守從泉溫較低、水質略髒的浴槽尾進池，之後再慢慢朝注泉口移動這個入浴規則。

刺青泡湯須知

過去，日本曾將身上有刺青的人當成是反社會人士，所以公共浴池和溫泉設施幾乎都會拒絕刺青人士進入。如今，刺青已被當成是潮流文化象徵之一，為了讓遠道而來的外國旅客也能享受泡湯的樂趣，部分業者並不會強制刺青人士離場，但會要求（購買）使用「防水遮蓋貼紙」或「防水隱形貼布」掩蓋刺青部位，或利用專用浴場或個人湯屋來泡湯。身上有刺青的人若要體驗溫泉文化，務必尊重日本當地傳統，事先了解入浴規則，並提前準備貼紙或貼布因應，避免對他人造成不便，敗興而歸。

溫泉的泡法

最適入浴溫度

入浴之際讓人感覺不冷不熱的泉溫，稱為「無感溫度」。據說，日本人的無感溫度是35至36度，歐美人的話則要降低2度。這樣的溫度差也表現在入浴溫度上。一般來講，日本人的入浴溫度是40度至42度，歐美人的話則是33度至35度。這個入浴溫度可以看出，日本人浸泡時非常重視保溫，同時在健康上也助益不小。

然而，超過42度的高溫浴會讓交感神經感到緊繃，血壓與心跳也會明顯上升，因此要小心留意。另一方面，37度至39度的微溫浴，可以讓副交感神經更加活絡，放鬆心情，而且還能夠增加免疫力。

入浴次數與時間

一天最多入浴三至四次。時間方面，42度的水溫約5分鐘，39度約20分鐘，36度約40分鐘。如果出現冒汗或是心悸現象，就要立刻起身。另外，入浴時間基本上以午後為佳。

入浴前注意事項

激烈運動或者是用餐、飲酒之後，甚至是空腹時，都要儘量避免入浴。入浴前要攝取水分；可以的話，最好選擇常溫的水或者是溫水。

貿然進入熱水池裡浸泡的話，血壓會急速上升，最好先沖水（掛け湯）再入池。舀起浴池裡的熱水之後，基本上要依序慢慢地從腳部、下半身淋至上半身，特別是下半身的污垢要沖洗乾淨之後再入浴，這是基本的重要禮節。至於高齡者可從頭部淋下熱水，但在冬天要慎行。

入浴時注意事項

入池後先採用半身浴，讓身體浸泡在水深至橫隔膜高度一段時間，之後再浸泡至肩膀，最後再移至全身浴。剛開始約浸泡5、6分鐘，最長10分鐘。額頭若開始冒汗，便先起身。相同步驟，重複數次。

入浴中若是頻頻冒汗，肌膚變紅的話，就代表血管已經擴張，毛孔舒張，這樣浴後反而會發冷，要留意。

可以的話，不妨將四肢伸展開來，進入無我境界，心平氣和地浸浴在溫泉裡，直接體會暖和的溫泉帶來的那份幸福感受。所有問題，拋諸腦後！

用香皂過度清洗的話，反而會讓肌膚變得粗糙。如果浸泡在源泉放流的優質溫泉裡，就讓肌膚的角質等污垢，隨著流水自然沖去即可。

入浴後注意事項

不要沖洗掉附著在肌膚上的溫泉成分，水分只要輕輕擦拭即可。不過酸性泉與硫磺泉容易引起皮膚炎，若是嬰幼兒、高齡者與肌膚比較敏感的人，在出浴後最好再用清水沖洗一次。

浴後，身體不可直接對著冷氣或者是電風扇吹風，最好是讓汗水自然止住，並且補充常溫的礦泉水等水分。冬天的話，建議年長者喝白開水。如果有適合飲用的溫泉水也可以。

入浴是一件消耗體力的事，因此浴後最好休息至少30分鐘。

暈池

「暈池」指的是生物機能在正常運作的過程當中，因為做溫泉浴導致自律神經失調的現象，這一點之前在文中已經提及。從浴池起身後，通常只要休息一段時間就可以恢復正常。

就算沒有暈池，偶爾也會因為浸泡溫泉而讓身體感到不適。特別是浸泡在酸性泉、硫磺泉、鐳泉、強鹼性泉等刺激性較高的溫泉，或者是長時間浸泡在溫泉裡，甚至是身體不適時還勉強入浴者，都會很容易引起「頭暈」、「腦充血」、「硫磺泉皮膚炎」和「心律不整」。

入浴時，人體全身會承受不少水壓，若突然從浴池中起身，有時會出現血壓下降、頭昏眼花等情況，使得大腦陷入血流不順暢這種輕微的「腦貧血」狀態之中。尤其是高齡者，一定要遵守慢慢起身這個原則。

長時間浸泡在熱水或具刺激性的溫泉中，或者是起身之後，也有偶爾會出現「腦充血」的現象。與「頭暈」相反的是，這種現象是輸送至腦部的血流量過多所造成。遇到這種情況時，只要好好躺下休息即可。但是，入浴前若充分淋水熱身的話，就能夠預防這種情況出現。

「硫磺泉皮膚炎」則是肌膚因為受到強烈刺激而變紅、發癢的症狀。浸泡溫泉也有適不適合的問題，有些人必須要小心留意，像是肌膚敏感的人最好選擇單純泉。因此當我們在浸泡溫泉之前，要記得先確認泉質。另外，如果是「循環浴池」的話，裡頭通常會添加部分、大量的氯系藥劑，因此最好堅持選擇「源泉放流溫泉」，這樣就萬無一失了。

至於高齡者最需要注意的，就是入浴時心跳加速，也就是「心律不整」的現象，這是自律神經失調所造成的。出現這種症狀時不需著急，從浴池起身之後只要保持安靜，好好休息即可。

其他各種入浴方式

時間湯（高溫浴）

日本人這個民族，以喜歡高溫浴而聞名。特別是草津溫泉，這個浸泡在48度左右的高溫泉中3分鐘，一日重複三至四次的「時間湯」，堪稱最具代表性的高溫泉療法。

這是利用自律神經的失調作用，來治癒難以根治之慢性病的療法。在「湯長」的指導之下，草津的時間湯得以流傳至今日。說它是刺激療法或鍛鍊療法也無妨，總之這是一種能夠改善體質的泉療方式。

微溫泉（持續湯）

浸泡在泉溫十分接近體溫，也就是35至36這個無感溫度的微溫泉裡，可以穩定血壓，充分發揮鎮靜效果。就算長時間浸泡（持續湯）也不會有問題，因為溫泉成分的藥理作用還能夠讓身體充分吸收。

通常，入浴時間為一至兩個小時，也有浸泡一整晚。人稱「深夜湯」這種傳統入浴方式，能夠有效治療高血壓、動脈硬化、失眠、關節痛和更年期障礙等症狀。

冷泉浴

以浸泡在13、14度硫磺泉之中的寒地獄溫泉（大分縣）最為有名。此處的溫泉療效與草津的時間湯一樣，但卻是利用寒冷所帶來的刺激性來調整自律神經，藉以恢復生物原有樣貌和生理節奏的療法。寒地獄溫泉的泉溫非常低，不過鮮度出色，而且充滿還原力的冷泉還宛如河水，源源不絕地注入池中。

蒸氣浴

這是將溫泉的蒸氣引入浴室內供人沐浴其中的蒸氣浴。與蒸氣三溫暖最大的不同，就是蒸氣裡頭含有溫泉成分。

蒸氣浴的優點，就是不用浸泡在溫泉裡，可以長時間利用，也不會對心肺造成負擔。當然，還具有吸入溫泉成分的效果。

讓浴室充滿水蒸氣的蒸氣浴有以下這幾種形式。

・木箱蒸氣浴

以後生掛溫泉（秋田縣）最為知名。是在木箱裡注滿蒸氣以後，整個人關在木箱中，只有頭部露出箱外的入浴方式。

・痔瘡蒸氣浴

以瀨見溫泉（山形縣）最為知名。這種入浴方式是

後生掛溫泉的「木箱蒸氣浴」

瀨見溫泉的「痔瘡蒸氣浴」

在鋪設木板的地板上，鑿一個直徑約4公分的孔洞，讓從地板下流經的高溫泉冒出的水蒸氣由此升起。

只要屁股坐在孔洞上，或者是仰躺在上面，將患部貼放在蒸氣孔上，就能夠有效治療痔瘡；同時對於腰痛與婦女疾病也具有療效。

・砂蒸

以指宿溫泉（鹿兒島縣）最為知名。指宿的「天然砂蒸溫泉場」是一條長達1公里的砂灘，只要躺在錦江灣讓海浪洗過的海砂中，負責撒砂的女性工作人員就會把用食鹽泉溫熱過、高達85度的砂子撒在身體上面。十分鐘後，砂子的熱度與壓力就會讓人滿頭大汗。那種浴後的爽快感覺，令人難以抗拒。

這種蒸氣浴能夠有效治療關節痛、腰痛、神經痛與肌肉痠痛。不過，擁有心臟病或高血壓的人要儘量避免這種蒸氣浴。

・岩盤浴

以玉川溫泉（秋田縣）為發源地。玉川溫泉的岩盤浴是在散發火山地熱的地面上鋪張草蓆，橫躺於上，一邊讓身體籠罩在地熱之下，一邊吸收蒸氣。

另外，玉川地底還埋藏著一種溫泉成分讓岩層石化成為「北投石」，這種石頭會釋放出微量的鐳。據說，這微量的鐳能夠活絡人體細胞，進而提高免疫能力。

・溫突浴

後生掛溫泉（秋田縣）的地熱帶有一個名為「溫突

宿舍」的大房間，入浴後只要在這個房間裡休息，提升體溫，就能夠有效提高自然痊癒能力。在這個老舊的大房間裡與他人融洽相處、歡笑言談、共同生活的話，就能夠讓身心重拾活力，算是人氣不滅的入浴方法。

以上就是對於無法用藥物治療的慢性病效果極佳的蒸氣浴。

後生掛溫泉的溫突浴

水柱浴

從2、3公尺高的地方落下，讓溫泉水沖打在身上的水柱浴（打たせ湯），在江戶時代稱為「瀧湯」，是一種歷史悠久的入浴方法。

明治時期草津溫泉的水柱浴／作者藏

這個傳統的入浴方法是利用溫熱作用與泉柱壓力所帶來的物理效果，讓局部受到衝擊的血路變得更加順暢，藉以舒緩僵硬的肌肉。另外，溫泉飛濺時還會產生負離子，讓身心感到舒暢放鬆，進而發揮鎮靜效果。

水柱浴最有趣的地方，莫過於藉由移動身體來調整溫泉的衝擊方式與水柱的強弱。站著讓水柱衝擊肩膀或腰部疼痛之處的話，承受的泉壓會比較弱，但若只要稍微彎個腰，泉壓就會變得比較強。如果整個人趴著的話，那麼落差就會變大，相對之下感受到的衝擊力也會非常強。

礦泥泉

除了讓全身浸泡在含有溫泉成分的礦泥裡之外，還可以將礦泥做成濕布，貼在患部上。

採用全身入浴這個方法的話，不僅可以善用泥沙的保溫效果，還能夠讓肌膚直接吸收泥沙所含的有機物質與礦物質，療效十分多元。浸泡在礦泥泉裡20至30分鐘雖然不成問題，但是對身體所造成的負擔卻比一般溫泉還要重，因此要小心留意。，

飲用溫泉

歐洲有不少融入豐富礦物質的溫泉，又稱「喝的蔬菜」。

喝的時候每次取1百至2百毫升的量，以咀嚼的方式慢慢飲用。基本上用餐前30分鐘至1小時空腹飲用為佳，但是像鐳泉與鐵泉等會傷害胃黏膜的溫泉，最好是餐後飲用。

飲用泉，有可以治療痛風與糖尿病的碳酸氫鈉泉；對消化器官有益的食鹽泉；有效治療多種疾病的硫酸鹽泉。另外還有硫磺泉、酸性泉、碳酸泉和放射能泉。但是飲用的時候要記住，一定要避開循環泉，儘量選擇安全而且新鮮的溫泉。

● 泉質介紹

箱根塔之澤溫泉 福住樓

單純泉

成分與特徵

每 1kg 的溫泉水所含的溶存固形物質量（氣體除外）不到 1000mg，但是泉溫超過 25 度。由於泉水本身沒有可達到「溫泉法」規定基準值以上的主要成分，而是由多種微量的物質分子構成，因此各地湧出的溫泉水成分未必都相同。近年來熱門的鹼性單純泉，指的通常是 pH 值 8.5 以上的單純泉。

泉水顏色

日本全國數量最多、佔整體溫泉 40％以上的泉質。當中大多數的泉溫均不到 35 度，因為滲透至地底深層的地下水並沒有融入岩石的成分，而且短時間內就會湧出地面，所以含有的物質成分不多。近年來的單純泉大多含有硅酸與偏硼酸，帶有黏滑性質，於是成為深受女性喜愛的美肌之湯。歷史悠久的高溫泉當中，以道後、下呂、修善寺等名門溫泉居多。所謂的「名湯」，指的應該是沒有異味、適合眾人入浴的溫泉。至於深受女性喜愛的由布院，亦屬於單純泉。

入浴方法

鹼性單純泉入浴後有種舒適的清涼感，但容易著涼，要注意保暖。特別是幼兒與高齡者入浴起身之後，盡量不要馬上喝冷飲。

功效

主要的溫熱效果可有效治療神經痛、關節痛與腰痛，對於傷口及運動傷害亦能發揮效果。一般來說，含有的物質成分少，刺激性低，適合術後或是幫助腦中風、高血壓、動脈硬化等病患在休養期間療養或復健。一般來說，鹼性單純泉的美肌效果極佳。

泉水特性

顏色	無色透明居多。
氣味	大多數幾乎無異味。
肌膚感觸	觸感溫和，適合眾人。鹼性的話有股滑溜感，肌膚會感覺非常滋潤。

代表的溫泉地

- 阿寒湖溫泉（北海道）
- 鬼怒川溫泉（栃木縣）
- 箱根塔之澤溫泉（神奈川縣）
- 修善寺溫泉（靜岡縣）
- 下呂溫泉（岐阜縣）
- 道後溫泉（愛媛縣）
- 奧津溫泉（岡山縣）
- 俵山溫泉（山口縣）
- 由布院溫泉（大分縣）

● 泉質介紹

城崎溫泉 西村屋本館

食鹽泉（鹽泉）

成分與特徵

每 1kg 的溫泉水所含的溶存固形物質量（氣體除外）超過 1000mg，以陰離子的氯離子及陽離子的鈉離子為主要成分，兩者結合之後會形成食鹽。每 1kg 的溫泉水當中，食鹽含量超過 15g 的稱為強食鹽泉，不到 5g 的稱為弱食鹽泉。

泉水顏色

食鹽泉是日本人熟悉的泉質。日本是個海洋國家，所以食鹽泉才會如此普遍。就溫泉數量來講，僅次於單純泉，但是從總湧出量來看，卻將近佔了整體的一半。

熱海、指宿、白濱……，具代表性的食鹽泉大多靠近海邊。這些地方有著非常適合規劃成療養地的一級環境，因此明治時代往往會將「海水浴與溫泉」視為是促進健康的基本組合。手腳冰冷的人，一定要好好考慮泡一次食鹽泉。

由於海水滲透的關係，位在海邊的溫泉鹽分濃度非常高。另一方面，在內陸部地底深處擁有岩漿熱源的定山溪與黑川等地的溫泉濃度，則是會變得比較淡。

入浴方法

食鹽泉暖身速度快，發汗功效佳，入浴前後要記得補充水分（最好是常溫或者是溫熱的飲品）。盡量避免長時間浸泡，建議分次入浴。附著在毛細孔上的鹽分是起身後持續保溫的重要物質，因此泡完後不需再淋浴沖洗，直接穿衣即可。

泉水特性

顏色	原則上無色透明，不過強食鹽泉通常以淡綠色居多。
氣味	有股淡淡的刺激臭和溴臭。味鹹，鹽分與鎂含量多的話，則會覺得味苦。
肌膚感觸	略為滑溜，浴後身上的鹽分濃度越高，感覺就會越黏膩。

功效

鹽分會覆蓋在毛細孔上，阻擋汗水蒸發，保溫效果極佳，自古以來人稱「熱泉」，深受手腳冰冷的女性喜愛。還能有效治療神經痛、關節痛、割傷、跌打損傷、燒燙傷、慢性皮膚病及慢性婦女病。飲用的話，可治療腸胃病與便秘；吸入的話，可有效治療慢性支氣管炎與咽喉炎等疾病。

代表的溫泉地

- 定山溪溫泉（北海道）
- 熱海溫泉（靜岡縣）
- 蘆原溫泉（福井縣）
- 白濱溫泉（和歌山縣）
- 城崎溫泉（兵庫縣）
- 小濱溫泉（長崎縣）
- 黑川溫泉（熊本縣）
- 指宿溫泉（鹿兒島縣）

● 泉質介紹

妙見溫泉 石原莊

泉水顏色

（重曹泉）
重碳酸鹼性泉 碳酸氫鈉泉

成分與特徵

重碳酸鹼性泉是每 1kg 的溫泉水所含的溶存固形物質量（氣體除外）超過 1000mg，以陰離子的碳酸氫離子及陽離子的鈣與鎂為主要成分，結合之後會形成重碳酸鈣與重碳酸鎂。碳酸氫鈉泉是每 1kg 的溫泉水所含的溶存固形物質量（氣體除外）超過 1000mg，主要成分當中，陰離子為碳酸氫離子，陽離子超過 80%為鈉，結合之後會形成重碳酸鈉。

碳酸氫鈉泉（重曹泉）以「美人湯」之名而廣為人知。其中，原為伊達藩「御殿湯」（藩主專用溫泉）的東鳴子溫泉，雖僅有 13 家旅館，碳酸氫鈉泉卻多達了 40 處，為了「重新認識碳酸氫鈉泉其身為鎮地之寶的重要性」，他們在 2007 年發表了「重曹之鄉宣言」，罕見地以「泉質」作為地方特色賣點。

而雖然同屬碳酸氫鈉泉，東鳴子各間旅館的源泉成分卻略有差異，顏色也各自不同，深度廣度皆令人玩味不已。每年的 10 月 3 日還是當地的「重曹之日」，著眼於小蘇打（碳酸氫鈉即小蘇打，亦稱重曹）能淨化人體、河川、海洋的潔淨功效，同時為了保護環境，當地旅館一律提供毫無任何添加物的香皂。

入浴方法

浸泡時除了清涼感，還有一股涼意，又稱為「冷泉」，因此浴後要盡量避免飲用冰涼飲品。另外，所含的溫泉成分具有肥皂的功能，如果再用其他肥皂清洗的話，浴後反而會讓皮脂流失，故起身之後最好儘快塗上保濕乳液。

泉水特性

顏色	基本上無色透明，但有時會呈現褐綠色或土黃色。
氣味	有時會散發出一股藥臭味或金屬臭。
肌膚感觸	觸感滑溜。

功效

重碳酸鹼性泉具有鎮靜效果，能夠舒緩蕁麻疹、過敏性疾病與慢性皮膚病等症狀。飲用的話具有利尿效果，除了排出尿酸，還能有效治療痛風與尿道結石。另一方面，碳酸氫鈉泉能夠乳化皮膚表面的脂肪成分與分泌物，以美肌效果聞名。飲用的話可有效治療腸胃病、糖尿病、膽石與初期的肝臟疾病。

代表的溫泉地

- 東鳴子溫泉（宮城縣）
- 肘折溫泉（山形縣）
- 小谷溫泉（長野縣）
- 奈良田溫泉（山梨縣）
- 十津川溫泉鄉（奈良縣）
- 嬉野溫泉（佐賀縣）
- 妙見溫泉（鹿兒島縣）

● 泉質介紹

法師溫泉 長壽館

硫酸鹽泉

成分與特徵

每 1kg 的溫泉水所含的溶存固形物質量超過 1000mg，以陰離子的硫酸根離子為主要成分。具代表性的硫酸鹽泉以所含陽離子成分，可再細分為：❶芒硝泉（硫酸鈉泉）、❷石膏泉（硫酸鈣泉）與❸正苦味泉（硫酸鎂泉）。

泉水顏色

人稱古泉或名泉的溫泉當中，有不少屬於硫酸鹽泉。以加賀的古泉為例，山代溫泉有兩處「總湯」（共同湯，即公共浴場）。江戶時代以後，日本的溫泉地開始出現有旅館與商店的湯町（即溫泉鄉），目的就是為了設立共同湯。時至今日，山代依舊保持其原有風貌。

2010 年秋天，復原明治時代總湯原貌的古總湯搖身變成地板與牆壁舖上一層九谷燒、二樓涼沁、氣氛靜謐的浴舍。以總湯為中心地發展的湯町稱為「湯之曲輪」，是居民交流的地方，同時也是健康、觀光、文化與教育之地——這也才是「總湯」的真正含義。

入浴方法

溫泉成分較為濃郁時，入浴前後要記得補充水分。尤其是有循環器官問題的病患千萬不要浸泡太久，最好分次入浴。還要選擇溫水而非熱水，這樣泡起來會比較舒適。

泉水特性

顏色	基本上無色透明，有的會略呈黃色。
氣味	有藥味（芒硝泉）、焦味（石膏泉）與苦味（正苦味泉）。
肌膚感觸	有益肌膚。

功效

與食鹽泉一樣保溫效果佳，療效相當出色。例如❶芒硝泉可治療高血壓、動脈硬化及外傷，飲用的話可有效治療便秘、糖尿病與痛風；❷石膏泉自古以來被稱為「傷泉」、「中風之泉」，舉凡外傷、燒燙傷、痔疾、慢性關節痛等症狀均能有效治療，飲用方面以與芒硝泉相同功效廣為人知；❸正苦味泉是非常稀少、價值極高的溫泉，具有降血壓的功效，為人熟知的效果有高血壓、動脈硬化與腦中風。

代表的溫泉地

- 銀山溫泉（山形縣）
- 法師溫泉（群馬縣）
- 四萬溫泉（群馬縣）
- 箱根仙石原溫泉（神奈川縣）
- 西山溫泉（山梨縣）
- 山中溫泉（石川縣）
- 山代溫泉（石川縣）
- 岩井溫泉（鳥取縣）
- 玉造溫泉（島根縣）

● 泉質介紹

長湯溫泉 丸長旅館

碳酸泉

成分與特徵

每 1kg 的溫泉水所含的游離二氧化碳超過 1000mg。有別於歐洲，擁有多數活火山的日本因為泉溫高，氣體容易揮發，因此碳酸泉數量非常稀少。

泉水顏色 ○

或許是想利用溫泉來增進健康，同時加強美容效果的人越來越多的關係，最近都市人對於碳酸泉的關心急速攀升。

可惜的是這種溫泉分布範圍極為有限，知名的莫過於長野縣的八岳周邊和長野與岐阜縣境一帶，而且大多數都是泉溫約在 10 度上下的冷泉；一旦加熱，游離二氧化碳的含有量就會減少。

島根縣西部湧出小屋原溫泉的三瓶山山腳下，有數處不需加熱便可直接入浴、溫度約 30 度左右的祕湯。不過最受歡迎的，莫過於溫度至少有 30 度，甚至超過 40 度的大分縣長湯溫泉，不僅環境優美，設施更是完善，難怪會獲指定為國民療養溫泉地。

入浴方法

平均泉溫約 40 度，對心臟不會造成負擔，可以長時間浸泡。泉溫雖低，卻可以舒張血管，感覺到的溫度通常會比實際泉溫高個 2、3 度。但是要注意一點，氣體是這種溫泉的生命，除非以源泉放流這個方式提供，否則將難以感受到碳酸泉的功效。

功效

碳酸氣滲入皮膚之後會舒張微血管，不僅可以降低血壓，還可以促進血液循環，除了高血壓與心臟病，對於糖尿病及肝病等疾病也格外有效。歐洲人將碳酸泉稱為「心臟之泉」，而且評價甚高。飲用的話還可有效治療腸胃病、痛風與便秘。

泉水特性

顏色	無色透明。
氣味	幾乎無異味，但有時會微微感覺到酸味。飲用時，會有一股如同汽水般的爽快口感。
肌膚感觸	一開始會感覺到冰冷，但如同「氣泡泉」之名，全身會附著氣泡，身體也會隨著時間流逝漸漸變得暖和。碳酸泉只要鮮度與濃度越高，冒出的氣泡就會越大。

代表的溫泉地　・入之波溫泉（奈良縣）　・小屋原溫泉（島根縣）　・長湯溫泉（大分縣）

● 泉質介紹

伊香保溫泉 千明仁泉亭

鐵泉・綠礬泉

成分與特徵

每 1kg 的溫泉水所含的鐵離子（Fe^{+2}、Fe^{+3}）總量超過 20mg。就分類而言，以陰離子的碳酸氫離子為主要成分的是碳酸鐵泉，以硫酸離子為主要成分的是綠礬泉。

泉水顏色

自古以來被稱為「赤泉」的鐵泉，恐怕是日本人最喜愛的泉質。這或許是因為日本人本來就喜愛「濁泉」，也有可能與曾經統治天下的豐臣秀吉，喜愛泡的有馬溫泉的知名度有關。

有馬溫泉始於飛鳥時代的舒明天皇，這位天皇曾經有三個月的時間都在此入浴。之後柿本人麻呂、藤原道長、藤原定家、井原西鶴、福澤諭吉等歷史上的人物，也都曾經泡過有馬的赤泉。

鐵泉遍布日本全國，可是近年卻有越來越多的設施會將泉水加以循環及過濾，讓水質變得更加透明，令人惋惜。

入浴方法

印象中鐵泉應該是茶褐色的，但是這種溫泉剛湧出的時候其實是無色透明，是在接觸到氧之後，裡頭所含的鐵變成氧化鐵才變色的。可入浴，可飲用。可以的話，最好是選擇剛湧出、接近無色透明的泉水，這才是鐵泉最正確的入浴及飲用方式。此外，鐵泉最好是餐後飲用，但喝完之後切勿立刻飲用茶類或咖啡。

泉水特性

顏色	湧出時無色透明，但會隨著氧化而變成鐵鏽色。含鐵量少時，會變成綠褐色或黃褐色。
氣味	有股鐵鏽味；滋味則是帶澀、帶酸。
肌膚感觸	特別是綠礬泉，會有種黏膩感。

功效

適合治療關節痛、皮膚病、慢性濕疹、更年期障礙。飲用的話，可有效治療貧血。

代表的溫泉地

- 惠山溫泉（北海道）
- 見市溫泉（北海道）
- 黃金崎不老不死溫泉（青森縣）
- 恐山溫泉（青森縣）
- 鳴子溫泉（宮城縣）
- 不動湯溫泉（福島縣）
- 伊香保溫泉（群馬縣）
- 有馬溫泉（兵庫縣）
- 栗野岳溫泉（鹿兒島縣）

● 泉質介紹

硫磺泉

乳頭溫泉鄉 鶴之湯

成分與特徵

每 1kg 的溫泉水所含的硫磺總量超過 2mg。分為不含游離的碳酸氣體或硫化氫的純硫磺泉，以及硫化氫泉兩種。

泉水顏色

「濁泉」的主角硫磺泉，是讓居住在火山列島上的日本人，最能感受到泉質的溫泉。近年來，縱使都市近郊挖掘到不少無臭且無色透明的單純泉，而且數量劇增，但卻反讓人們對硫磺泉的憧憬日益高漲。

硫磺泉的分布地點與火山一致，常見於東日本與九州。基本成分是包含在火山氣體內的硫化氫；不過平原地帶有時也會出現硫磺泉。這種情況通常是，動植物等有機物在堆積層裡分解之後，產生的硫化氫所產生。

入浴方法

硫磺泉可以促進血液循環，迅速提升體溫，因此入浴前後要多補充水分，浸泡時間勿過久。如果是容易造成硫化氫中毒、危險性較高的空間，就要盡量保持通風。另外，溫泉成分濃度較高時，為了避免幼兒與高齡者暈池，同時保護皮膚黏膜，浴後最好沖水淨身。

功效

長久以來，人們認為硫磺泉可治百病，療效廣泛。泉水舒張末稍微血管的功能，可以有效治療高血壓、動脈硬化與心臟等疾病。硫化氫氣被稱為「痰泉」，能夠幫助化痰，對於治療氣喘格外有效。另外，硫化氫解毒功能強，能夠治療因入浴或飲用而導致的金屬中毒和藥物中毒。另外，出色的殺菌作用，還能夠有效治療濕疹與疥瘡等慢性皮膚病；飲用的話還能降低血糖值。

泉水特性

顏色	純硫磺泉原本無色透明，硫化氫泉湧出時也是透明無色，但是一接觸到空氣就會變得白濁，有時還會呈現綠色、青白濁、灰色等顏色。通常會有硫磺結晶體浮游在水面上，或者是沉澱在底下。
氣味	通常會一股有像腐敗雞蛋的味道，這是硫化氫特有的氣味。
肌膚感觸	可以軟化及溶解角質，讓皮膚變得更加光滑。泉質雖屬酸性，卻意外地有益肌膚。純硫磺泉屬於鹼性，可讓肌膚更加滋潤，因此深受女性喜愛。

代表的溫泉地
・登別溫泉（北海道）・乳頭溫泉鄉（秋田縣）・高湯溫泉（福島縣）・奧鹽原溫泉鄉（栃木縣）
・野澤溫泉（長野縣）・別所溫泉（長野縣）・白骨溫泉（長野縣）・雲仙溫泉（長崎縣）

● 泉質介紹

藏王溫泉 松金屋 Annex

酸性泉・酸性硫磺泉

成分與特徵

每 1kg 的溫泉水所含的氫離子超過 1mg。通常含有硫化氫、明礬與綠礬等成分，故又稱為酸性硫化氫泉、酸性明礬泉與酸性綠礬泉。

泉水顏色

酸性泉是來自火山氣體的寶物。至於擁有眾多喜愛浸泡酸性泉的愛好者，恐怕是在火山之國日本才能見到的獨特光景。

酸性泉大多是自古以來頗負盛名的溫泉地。在醫學不甚發達的時代，酸性泉可說是治療各種疑難雜症的「靈泉」，評價甚高。縱使草津這個酸性泉溫泉代表地已經觀光化，今日依舊保有激發人類自然治癒力的泉質力；這也是擁有酸性泉溫泉地的共同特色。就連在草津、玉川與別府明礬拾取到的硫礦結晶體，也能夠讓人感受到一股無與倫比的泉質力。

入浴方法

對於肌膚來說較刺激，屬於敏感肌膚的人盡量不要入浴。為了避免得到硫磺泉皮膚炎，建議浴後用淡水沖洗淨身。無論如何，都要避免長時間入浴。

泉水特性

顏色	無色或淡黃褐色。
氣味	略帶刺激性的臭味；含在口中有股酸味。
肌膚感觸	剛開始浸泡時皮膚會有種刺痛感。

功效

殺菌效果佳，能夠有效治療香港腳、濕疹、疥瘡等慢性皮膚病。飲用的話有益於慢性消化道疾病。亦有人利用酸性的刺激，慢慢治癒不易根治的慢性病，例如草津溫泉的「時間湯」（經過拌泉、沖水、入浴這三個步驟，一次泡三分鐘，一天最多四次的入浴方式）。

代表的溫泉地

- 川湯溫泉（北海道）
- 十勝岳溫泉（北海道）
- 嶽溫泉（青森縣）
- 酸湯溫泉（青森縣）
- 玉川溫泉（秋田縣）
- 須川溫泉（岩手縣）
- 藏王溫泉（山形縣）
- 岳溫泉（福島縣）
- 那須湯本溫泉（栃木縣）
- 草津溫泉（群馬縣）
- 萬座溫泉（群馬縣）
- 別府明礬溫泉（大分縣）

● 泉質介紹

三朝溫泉 木屋旅館

鐳泉 • 氡泉（放射能泉）

成分與特徵

每1kg的溫泉水所含的氡（Rn）超過30 x 10^{-10}居里（8.25 Mache）。一提到放射能，往往讓人變得敏感，不過天然而且極為微量的放射能，反而可以提升人類的免疫力。加上氡這種放射能不管入浴還是飲用，都能夠藉由吐氣排除體外，因此不需多加擔心。

泉水顏色

鐳泉與氡泉的泉溫通常都不到30度，所以像三朝或關金這兩個溫泉地的高溫泉其實非常罕見；不過一加熱，卻會讓溫泉含有的成分流失。

湧出放射能泉的地區非常有限，大多在西日本，以中國地方生產含有鈾及釷等成分的花崗岩地區居多。

山陰地方屈指可數的溫泉鄉，三朝溫泉自古以來便有「長壽不老之泉」與「藥泉」之譽。為了利用如此稀少的泉質讓地區重生，岡山大學醫院三朝醫療中心特地與三朝溫泉醫院攜手合作，打算著手規劃一個「現代版湯治區」。

入浴方法

吸入方式的效果最佳，因此一定要浸泡或飲用100%放流的新鮮天然溫泉。飲用最好選擇在餐後，以免刺激胃黏膜。另外，浸泡過久的話容易暈池，這一點要多加留意。

功效

自古以能「治百病」著稱，尤以「痛風之泉」聞名，加上利尿效果佳，能夠有效治療痛風、糖尿病、慢性尿道炎等疾病。此外還有鎮靜效果，可以整頓自律神經，對於降低血壓亦有助益。

泉水特性

顏色	無色透明。
氣味	基本上無異味。
肌膚感觸	一般以低溫泉居多，感覺清爽。

代表的溫泉地

- 栃尾又溫泉（新潟縣）
- 村杉溫泉（新潟縣）
- 增富溫泉（山梨縣）
- 三朝溫泉（鳥取縣）
- 關金溫泉（鳥取縣）

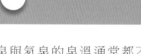

二、泉質別
日本溫泉地導覽

大澤溫泉（提供・山水閣）

花卷南溫泉峽　岩手縣

北上川的支流，即豐澤川沿岸遍布著好幾家獨具特色的獨棟溫泉旅館。當中曾為南部藩主湯治場（溫泉療養場）的大澤溫泉是與宮澤賢治因緣匪淺的名湯。宮澤自幼便隨父親來到此處，在花卷農校任教期間甚至還帶學生前來，位在河畔旁的露天浴池泡溫泉的蹤影，其遺跡至今依舊可見。這個亦受日本詩人兼彫刻家高村光太郎青睞的大澤溫泉，屬於可讓肌膚更加水潤滑溜的鹼性單純泉。另一方面，以混浴浴池聞名的「白猿之湯」，其鉛溫泉是在550年前發現的，深度達1.4公尺的深湯（站立浸浴的浴池）是溫泉迷必訪之處。

菊水館（大澤溫泉）

大澤溫泉是由知名旅館「山水閣」、自炊部（湯治客長期住宿，自己煮飯之處），以及屋齡高達160年的茅草頂別館「菊水館」所構成的。這棟遊廊相互串連、綿延不絕的龐大建築物遍布在山水之湯與豐澤之湯等6處浴場。一間間以紙拉門構成的自炊部房間，是日本東北地方最受歡迎的湯治場，吸引不少都會常客佇足。

泉質 鹼性單純泉　泉溫 51.3 度
功效 神經痛、關節痛、腸胃病、消除疲勞
♨ 岩手縣花卷市湯口字大澤 181
☎ 0198-25-2233
¥ 一晚附兩餐／7,494 日圓起

鉛溫泉　藤三旅館

以《足摺岬》聞名的小說家田宮虎彥，在提筆撰寫《銀心中》時投宿的旅館。這是一棟外觀宛如破風式閣樓、氛圍古樸的木造三層旅館，當中還附設了擁有大規模自炊棟的湯治場。混浴的「白猿之湯」是鉛溫泉的發源地。龐大的橢圓形浴池底部，上等的鹼性泉源源不絕，紛湧而出。

泉質 鹼性單純泉　泉溫 35～62 度
功效 神經痛、關節痛、肌肉痠痛、消除疲勞
♨ 岩手縣花卷市鉛字中平 75-1
☎ 0198-25-2311
¥ 一晚附兩餐／10,260 日圓起

箱根舊街道（提供・Capricorn）

箱根溫泉鄉　神奈川縣

江戶時代以「箱根七湯」之名廣為人知的箱根溫泉鄉，今日亦譽名為「箱根十七湯」。箱根雖然以豐富多樣的泉質為人所知，不過堪稱「箱根門面」的箱根湯本及塔之澤的泉質，基本上均屬於單純泉。

箱根的外玄關，即箱根湯本是須雲川與早川匯流形成的三角洲，溫泉紛湧而出。渡過架在早川上的湯本橋，進入這片溫泉地，車站前方的吵鬧喧囂漸漸變成潺潺水聲，就連街景也搖身變成適合浴衣、風情萬種的溫泉鄉。位在早川上游的塔之澤，則是箱根風情最完整的一隅，環翠樓、一之湯與福住樓等幾經薰陶、風格精湛的老字號木造旅館，更是在此大放異彩。

萬翠樓福住

創業於寬永2年（1625年），在箱根湯本地位舉足輕重的老字號旅館。明治時代除了昭憲皇太后，伊藤博文、福澤諭吉和眾多文人墨客亦曾在此留下足跡。明治12年（1879年）竣工的仿西式三層建築至今依舊活躍。嚴守浴池需注滿100％源泉放流溫泉的姿態，正是這家老旅館的堅持。

泉質 鹼性單純泉　泉溫 43度
功效 神經痛、關節痛、消除疲勞
♨ 神奈川縣足柄下郡箱根町湯本643
☎ 0460-85-5531
¥ 一晚附兩餐／19,050日圓起

福住樓

位在早川這條清澈溪流旁的福住樓，創業於明治23年（1890年），是夏目漱石、島崎藤村、吉川英治，以及川端康成等文人經常歇宿之處。只要置身在這棟深受文豪喜愛、瀰漫昔日風韻的多棟木造三層建築裡，彷彿就能夠讓那顆欣賞「風花雪月」的日本之心覺醒。興建於大正時代的源泉放流大圓浴池，氣氛更是雅致。

泉質 鹼性單純泉　泉溫 59.5度
功效 神經痛、關節痛、消除疲勞
♨ 神奈川縣足柄下郡箱根町塔之澤74
☎ 0460-85-5301
¥ 一晚附兩餐／22,000日圓起

修善寺溫泉　靜岡縣

獨鈷之泉（提供・伊豆市觀光協會修善市支部）

歷史名湯修善寺溫泉是因曹洞宗修禪寺的門前町（即寺廟神社等宗教建築周邊形成的市街聚落）而興起。「獨鈷之泉」的光景，就像浮世繪畫家歌川廣重描繪的「六十餘州名所圖繪・修善寺湯治場」（1853年）一樣，一如既往的浮現在桂川（修善寺川）這條源自達磨山的溪流旁。傳聞修善寺溫泉是大同2年（807年）創建修禪寺的弘法大師所開鑿。修善寺溫泉是源範賴慘遭兄長賴朝滅口之地，也是賴朝之子賴家入浴時遭北條氏謀殺之處。因此溫泉街一隅，可見鎌倉二代將軍賴家之墓，以及其母北條政子為了祈求賴家冥福，而興建的指月殿。

淺羽

在氣氛寧靜的古泉旁，以寺廟掛單（宿坊）為開端，是間歷史長達520年的旅館。面積超過一萬坪的腹地裡僅有17間客房，奢華程度可想而知。拉開書院造建築樣式的房間拉門，映入眼簾的竟是以竹林陪襯的瀑布與水花四濺的大池塘為背景的戶外能劇舞台。如此美景，從泉質溫和、注滿掛流單純泉的露天浴場亦可眺望。

泉質 鹼性單純泉　泉溫 61.2度
功效 神經痛、肌肉痠痛、消除疲勞、手腳冰冷
♨ 靜岡縣伊豆市修善寺3450-1
☎ 0558-72-7000
¥ 一晚附兩餐／41,190日圓起（兒童需滿七歲）

共同湯「筥湯」

過去桂川沿岸有7個共同湯。此地的修善寺與夏目漱石因緣匪淺，其提筆寫下的漢詩，還提及了高達12公尺、可眺望修善寺溫泉地的望樓，仰空樓。在這些共同湯當中的筥湯，也因成為仰空樓附設的外湯（沒有提供住宿設施的公共溫泉浴池）而重現江湖。這裡是一個擁有散發檜木香的寬敞浴池、採用通頂設計、氣氛堂皇的湯殿。賴家就是在筥湯入浴時慘遭暗殺，23歲的生涯，就此畫上句點。

泉質 鹼性單純泉　泉溫 60.1度
功效 神經痛、肌肉痠痛、關節痛、手腳冰冷、腸胃病
♨ 靜岡縣伊豆市修善寺924-1
☎ 0558-72-5282
¥ 入浴費／350日圓起，12:00～20:30，無休

城崎海岸（提供 ・photoskey）

伊東溫泉　靜岡縣

湧現在松川，注入相模灣河口處的伊東溫泉，是與熱海齊名、堪稱伊豆代表的一大溫泉勝地。傳聞早在平安時代，甚至更久之前便已挖掘開鑿。慶安 3 年（1650 年），伊東溫泉因貢獻給第三代將軍德川家光，便在江戶庶民之間流傳開來，進而發展成溫泉地。沒想到飯店與旅館數量超過百處的伊東，竟然有 10 處只要 200 日圓左右便可入浴的公共浴場。當中的「和田壽老人之湯」是伊東溫泉的發祥地，另外和田湯會館外還寫著「江戶幕府將軍進獻之泉，眾大名入浴歷史最久伊東之傲，和田大湯」等字樣。此處的源泉放流單純泉泉質溫和，適合所有人入浴。

星野度假村 界伊東

讓深受女性喜愛的「界伊東」引以為豪的，就是「入浴後肌膚彷彿抹上化妝水般水潤無比」的鹼性單純泉。用古檜木打造的浴池裡注滿了 100％源泉放流溫泉，知名溫泉地能夠擁有這種程度泉質的旅館，其實非常罕見。設置在庭園一隅的溫水泳池，更是讓家庭旅客，以及年輕人看了歡喜不已。

泉質 鹼性單純泉　泉溫 50.4 度
功效 神經痛、關節痛、肌肉痠痛、消除疲勞
♨ 靜岡縣伊東市岡廣町 2-21
☎ 0570-073-011
¥ 一晚附兩餐／ 25,000 日圓起

均作者拍攝

共同湯 松原大黑天神之湯

這個川端康成曾經入浴的共同湯與和田湯（和田壽老人之湯）一樣，均開鑿於江戶時代。寬敞的脱衣間讓人回想起昔日的澡堂光景，是一個充滿生活氣息的庶民溫泉處。位在浴場正中央、用邊緣磨圓的御影石堆砌而成的長方形浴池裡，則是注滿了「100％源泉放流」的鹼性泉。

泉質 單純泉　泉溫 48 度
功效 神經痛、關節痛、筋肉痠痛、消除疲勞
♨ 靜岡縣伊東市松原本町 13-3
☎ 0557-38-8926
¥ 入浴費（區外）大人 300 日圓起，孩童 150 日圓起，14:00 ～ 22:15，週二公休

浦田川與露天浴池（提供 ‧ 槍見館）

奧飛驒溫泉鄉　岐阜縣

高達 3000 公尺的山巒峰峰相連，彷彿皮影戲層層重疊的飛驒山脈山腳下的峽谷，有好幾條湍急溪流的滔滔河水流經此處。這裡有以槍岳和穗高連峰為源頭的蒲田川，還有以乘鞍岳為源頭的平湯川。蒲田川旁的新穗高與栃尾，平湯川旁的平湯、福地與新平湯……這些地方統稱為奧飛驒溫泉鄉。除了天正年間（16 世紀）發現的平湯，其他地方作為溫泉地發展的歷史偏短。正因如此，此處尚未為塵世所染，自然環境堪稱絕美。不僅如此，湧出的溫泉品質更是一級。水溫高加上湧泉量豐沛，泉質簡直無可批評。

湯元長座

從好幾棟民藝建築中，精挑細選後再遷移至此，營造出讓人流連忘返、難以忘懷的飛驒空間。包括溫煦的鄉土料理在內，此處可說是將日本文化的深邃奧妙表現地淋漓盡致的溫泉旅館。浸泡在放流式清澈單純泉的浴池裡，這棟可以越過大窗觀望四季變遷、純檜木打造的浴舍，同樣也屬特級品。

泉質 單純泉　泉溫 76.1 度
功效 神經痛、關節痛、跌打損傷、扭傷、消除疲勞
♨ 岐阜縣高山市奧飛驒溫泉鄉福地溫泉 786
☎ 0578-89-0099
¥ 一晚附兩餐／ 20,670 日圓起

槍見之湯 槍見館

本館是將商家遷移而來的建築物，包含隨處可見粗大橫樑與傳統泥土牆的別屋，整個散發出宛如當地富農宅邸的風趣。這裡的溫泉是和奧飛驒的空氣一樣，是清新柔和的單純泉，只要浸泡在露天浴池裡，觀賞浦田川的湍急河水，就會感覺到自己彷彿已與飛驒山脈的雄偉景觀融為一體。

泉質 單純泉　泉溫 57 度
功效 神經痛、肌肉痠痛、關節痛、消除疲勞
♨ 岐阜縣高山市奧飛驒溫泉鄉神坂 587
☎ 0578-89-2808
¥ 一晚附兩餐／ 18,510 日圓起

榊原溫泉小瀧

榊原溫泉 三重縣

「溫泉三選為七栗之泉、有馬之泉、玉造之泉……」《枕草子》文中所提到的「七栗之泉」就是今日的榊原溫泉。室町時代以前，此處稱為「七栗」。

以供奉給伊勢神宮的植物楊桐（亦稱紅淡比）群生地而聞名的榊原溫泉，有 4、5 家旅館散布在流經景致恬靜田園地的湯瀨川旁。平安時代的才女清少納言之所以在《枕草子》一書中率先提及榊原之名，是因為此處是伊勢神宮進行「湯垢離」，即前往參拜神社之前，先浸泡溫泉，清潔身體的溫泉地。另外，這裡還是聞名的美肌之泉。據說連伊賀出身的俳諧師、人稱俳聖的芭蕉，亦常造訪此處。

湯元榊原館

正因為是與清少納言因緣匪淺的溫泉，大浴場「圓潤之湯」的源泉水質滑潤，是可用來製作化妝品的美人湯。這裡的源泉浴池水溫稍低，只有 31.2 度，但是浸泡一段時間之後卻會暖至心窩，讓肌膚更加光滑柔潤。除了泉質，堅持使用當地食材烹調的美食更是讓人垂涎三尺，食指大動。

泉質 鹼性單純泉 泉溫 31.2 度
功效 神經痛、關節痛、美膚效果、糖尿病
♨ 三重縣津市榊原町 5970
☎ 059-252-0206
¥ 一晚附兩餐／ 13,800 日圓起

旅館 清少納言

除了美肌效果，此處的溫泉還具有出色的抗氧化功效，有能夠抑制人稱「萬病之源」的活性氧。這一點，近來在各種實驗證明之下，已經成為眾人有目共睹的事實。觸感宛如絲綢般滑潤的溫泉在大浴池和泉溫僅有 30 度的源泉浴池便可親身體驗。善用當季食材烹調的美食，更是深受好評。

泉質 鹼性單純泉 泉溫 31.2 度
功效 神經痛、肌肉痠痛、美膚效果、消除疲勞
♨ 三重縣津市榊原町 6010
☎ 059-252-0048
¥ 一晚附兩餐／ 10,000 日圓起

奧津溪（提供・奧津莊）

奧津溫泉 岡山縣

自古以來，奧津與湯鄉及湯原這兩個地方共稱「美作三湯」。吉井川上游將近 10 家溫泉旅館鱗次櫛比的這座峽谷湧出的溫泉，是美作三湯中商業化最低的溫泉地，至今依舊保留著女詩人與謝野晶子和版畫家棟方志功造訪之際的風情。

特別是泉質和中國山地的空氣一樣清新的鹼性單純泉，在中國、四國地方特別閃耀動人。為此，津山藩主森忠政打從心底深愛此泉，甚至將浴場上鎖，禁止他人入浴，簡直成了這豐潤溫泉的俘虜。時至今日，此泉依舊存在。

名泉鍵湯 奧津莊

屬於純日式的溫泉旅館，無論氣氛、美食還是泉質，各方面的水準均不容小覷。最大的亮點，莫過於江戶前期緊緊抓住津山藩主森忠政之心、使用100％源泉放流的「鍵湯」。天然湧泉特有的純樸觸感，還深深擄獲版畫家棟方志功的心，而且大廳裡還展示了這位大師的作品呢！

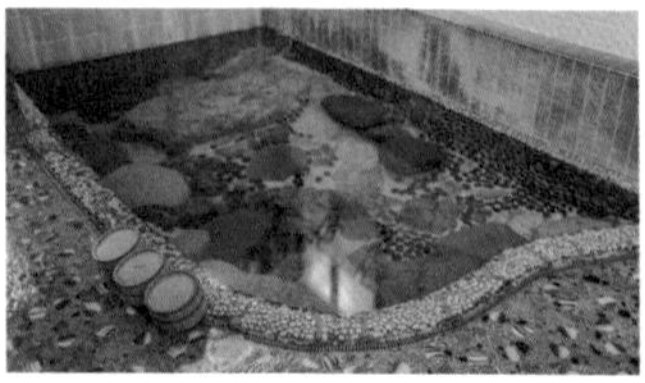

泉質 鹼性單純泉 泉溫 42.6 度
功效 神經痛、美膚效果、消除疲勞
♨ 岡山縣苫田郡鏡野町奧津 48
☎ 0868-52-0021
¥ 一晚附兩餐／ 21,750 日圓起

東和樓

創業於昭和3年，木造三層的純日式旅館。此處的浴池令人讚不絕口；男性浴池的岩盤縫隙中大量溫泉紛湧而出，浸泡時整個人幾乎是浮在池中。柔和泉質的觸感，讓人不禁嘴角微揚。提供的美食除了來自四季的酥炸山菜，另外還有河魚、山豬肉鍋、鴨肉鍋等。

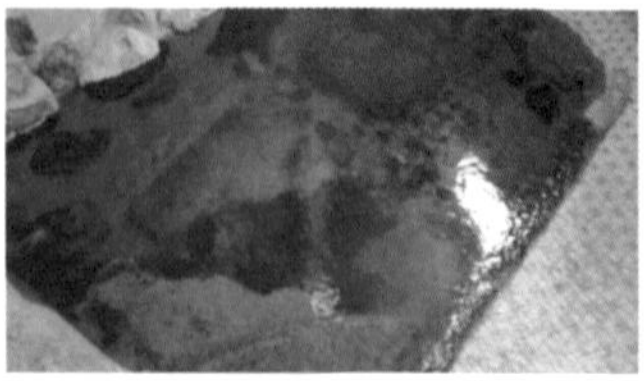

泉質 鹼性單純泉 泉溫 41.7 度
功效 神經痛、肌肉痠痛、手腳冰冷
♨ 岡山縣苫田郡鏡野町奧津 53
☎ 0868-52-0031
¥ 一晚附兩餐／ 10,950 日圓起

少爺機關鐘（提供 ・ 道後溫泉事務所）

道後溫泉　愛媛縣

從岩縫間湧出的溫泉治癒了雙腳受傷的白鷺，這個傳說流傳開來之後，道後溫泉便成為榮登多數典籍，堪稱代表日本的名湯。

《日本書籍》記載舒明與齊明兩位天皇曾經到此浸浴，而在《萬葉集》當中，此處更是山部赤人和額田王等萬葉歌人筆下的題材。之後，夏目漱石在《少爺》這本小說中，也對道後讚不絕口。漱石喜愛的公共浴場「道後溫泉本館」是興建於明治 27 年（1894 年），擁有龐大歇山式屋頂的木造三層樓房，同時也是國家重要文化財。這裡湧出的鹼性泉不傷肌膚，每天清晨六點，只要一聽到擊鼓報時之聲，就代表本館的浴池已經開館。

道後溫泉本館

聖德太子也曾到此浸浴的道後溫泉，就是公共浴場「道後溫泉本館」的最大象徵。在這棟木造三層樓的建築物裡，有放流式、鹼性單純泉的「神之湯」與「靈之湯」這兩處浴池。神之湯的浴池與淋浴處採用的是愛媛生產的御影石，牆面則是描繪著白鷺與玉石神話的砥部燒陶版畫，充滿格調。

泉質 鹼性單純泉　泉溫 20 ～ 55 度
功效 神經痛、肌肉痠痛、跌打損傷、五十肩
♨ 愛媛縣松山市道後湯之町 5-6
☎ 089-921-5141
¥ 入浴費／ 460 日圓起，6:00 ～ 23:00，無休（12 月休館一日）

道後夢藏　旅庵浪六

不管身在哪一間客房，都能夠就近觀望「道後溫泉本館」的此處，使用的是與本館相同源泉的接管引泉。設置在二樓、深受好評的會席處「夢語」堅持「使用的食材必須來自當地」，是一間附設溫泉的旅館。位處溫泉鄉中心所帶來的地利之宜，更是大幅提高觀光的便利性。

泉質 鹼性單純泉　泉溫 42 ～ 48 度
功效 神經痛、肌肉痠痛、跌打損傷、五十肩
♨ 愛媛縣松山市道後湯月町 4-5
☎ 089-931-1180
¥ 一晚附兩餐／ 29,160 日圓起

湯原水庫的公共露天浴池「砂湯」（提供・湯原度假村）

湯原溫泉　岡山縣

發源自蒜山高原的旭川上游地區，溫泉煙霧瀰漫，是代表中國地方的溫泉鄉。岡山縣因為泉量豐沛，泉溫穩定，獲指定為國民療養溫泉地。

湯原的象徵，是在溫泉街的徒步範圍內就能夠抵達，位在 74 公尺高的湯原水庫底下的公共露天浴池「砂湯」。此處乃三大露天浴池之一，而且溫泉是從底部的砂隙中自然湧出的。

在這條山谷之中有將近 20 間溫泉旅館，在溫泉街裡鱗次櫛比，除了當日來回的入浴設施，還有溫泉博物館、陀螺博物館和射擊場，為此處增添了一縷旅情。

迷你飯店　湯原度假村

旅館採用「源泉放流溫泉」，客房共有10間，無論是西式還是日西合併，每間客房格局均各有千秋，而且也都有接管引泉。此外，露天個人池「千與千尋之湯」更是熱門。全家出遊時，此處服務不僅評價甚高，擺飾復古管風琴與留聲機的餐廳，精心烹調的創作料理，更是擄獲不少人的心。

泉質 鹼性單純泉　泉溫 44.9 度
功效 消除疲勞、肌肉痠痛、美膚效果
♨ 岡山縣真庭市湯原溫泉 68
☎ 0867-62-2600
¥ 一晚附兩餐／15,000 日圓起

湯原國際觀光飯店　菊之湯

昭和天皇曾投宿於此，是家來歷不小的飯店。面對旭川，地理位置絕佳，就連知名的露天浴池「砂湯」也是步行兩三分鐘就能抵達。此處不僅有湯原數一數二的大浴場與頂樓露天浴池，飲食方面也毫不馬虎。除了當地特產的黑毛和牛千屋牛，還有當地的特製豆腐、有機蔬菜，就連米飯也是讓人自豪的自家米。

泉質 鹼性單純泉　泉溫 52.0 度
功效 慢性消化系統疾病、神經痛、失眠
♨ 岡山縣真庭市湯原溫泉 16
☎ 0867-62-2111
¥ 一晚附兩餐／12,000 日圓起

俵山溫泉（作者拍攝）

俵山溫泉 山口縣

日本人心中的傳統溫泉地風貌，沒有一個地方可以保留得比俵山還要完整。俵山擁有將近 20 處的溫泉療養旅館，兩三層樓高的木造建築物與密集排列的砌石小路上，身穿浴衣的湯治客緩緩走向外湯的模樣，是俵山特有的光景。這裡的旅館沒有內湯（附設於旅館內部的溫泉浴池）。俵山的鹼性單純泉在醫學極為發達的現代，依舊是治療痛風、人人皆知的名湯。儘管戰前九州大學已經闡明當中奧祕，但是在湯治客的心目中，這個堪稱日本最科學的湯治場至今依舊值得信賴，而且地位屹立不搖。

共同湯 町之湯

在俵山，此處曾是毛利藩主的湯治場而繁榮興盛，於慶應2年（1866年）開業。與一千一百年前鑿泉之際，泉質幾乎毫無改變的天然鹼性單純湧泉相比，町之湯泉溫雖然略低，卻深得當地居民與湯治客莫大的信賴。注滿100%源泉放流溫泉與加熱循環式溫泉這兩個浴池互相緊鄰。此外，還有設置一個飲泉處。

泉質 鹼性單純泉　泉溫 41.2 度
功效 神經痛、風濕、慢性皮膚病、骨折或術後復原期、腸胃炎（飲用）
♨ 山口縣長門市俵山 5113
☎ 0837-29-0001
¥ 入浴費／420 日圓起，6:00～22:30，無休（每年休館 2 次）

共同湯 白猿之湯

平成16年末開業，是間開放給所有人的入浴設施。其名源自延喜16年（916年）藥師如來佛化身為白猿時發現溫泉的傳說。此處也是泉質可媲美100%源泉放流溫泉的公共浴場，不僅有寬敞舒適的內湯，還另設露天浴池。外面是可以泡腳的足浴場與寵物專用浴池，館內亦設餐廳。

泉質 鹼性單純泉　泉溫 41.4 度
功效 神經痛、風濕、骨折或術後復原期、腸胃炎（飲用）
♨ 山口縣長門市俵山 5172
☎ 0837-29-0036
¥ 入浴費／730 日圓起，7:00～21:00，無休（每年休館 2 次）

金鱗湖（提供・龜井別莊）

由布院溫泉　大分縣

別名「豐後富士」，源泉從由布岳西南山腳下盆地湧出的由布院溫泉，每到驟冷的清晨時段，整個鄉鎮就會籠罩在朝霧之下，展示出宛如湖光山色般的夢幻光景。

由布院沒有溫泉街不可或缺的霓虹燈、花花綠綠的招牌，也沒有高聳入雲的飯店大樓。小說家田邊聖子曾說此處「『除了偏僻還是偏僻，只有野草的鄉間』背後，卻充滿了令人抖擻的現代品味……」泉質柔和的單純泉所帶來的觸感與濃濃的文化氣息，讓全日本的女性甘願成為此地的俘虜。

由布院　玉之湯

面積達3千坪、四周環繞著雜樹林的腹地內只有16個住宿處，當中包括11棟別屋。當然，各處別屋的浴池全都採用源泉放流溫泉。通往旅館的大門，擷取了歐洲品味，日西風格折衷的客房、美食、公共的露天浴池等服務設施，讓此處變成任誰都會「想要住一晚看看」的日本知名旅館。

泉質 單純泉　泉溫 51～55度
功效 神經痛、關節痛、肌肉痠痛、消除疲勞
♨ 大分縣由布市湯布院湯之坪
☎ 0977-84-2158
¥ 一晚附兩餐／35,790日圓起

龜之井別莊

本館正面有著高大且茂密生長的的楓樹與銀杏，裡頭有6間西式客房，而散布在腹地內的，則是14間獨棟別屋。由屋頂高掛的遊廊串連起來的別屋，不管是哪一棟均不負旅館的「別莊」（即日文的別墅）之名，展演出寬敞舒適的空間。擁有天窗的六角形大浴場以玻璃帷幕構成，用石塊堆砌的浴池，更是注滿了可保養肌膚的溫泉。

泉質 單純泉　泉溫 54度
功效 神經痛、五十肩、肌肉痠痛、關節痛
♨ 大分縣由布市湯布院町川上2633-1
☎ 0977-84-3166
¥ 一晚附兩餐／36,000日圓起

寶泉寺溫泉鄉　大分縣

寶泉寺溫泉（提供・寶泉寺觀光飯店湯本屋）

以平安時代開鑿的寶泉寺溫泉為主，另外再加上壁湯溫泉與川底溫泉，總稱寶泉寺溫泉鄉。此地以超過 70 處的泉源地，以及每分鐘可湧出超過 2 千公升的豐富泉水為傲。不僅如此，平成 21 年，九州還在整體地區發表第二個溫泉地的「源泉放流溫泉宣言」，藉以保證此處的溫泉品質。

群山環繞的湧蓋山、自然景觀豐富的筑後川支流，以及町田川沿岸遍布著數十間溫泉旅館，獲選為「故鄉與生物之里百選」的此處，可見源氏螢、平家螢與姬螢這三種螢火蟲在溫泉旅館前飛舞。至於秋季的風景詩「寶泉寺素人演劇祭」，也為此處帶來熱絡的氣氛呢！

寶泉寺觀光飯店 湯本屋

以清澈透明的放流式溫泉俘虜了作家檀一雄的「檀之湯」，讓人從心得到療癒。就連古檜木打造的大浴場「川蟬湯」也是十分講究，不容妥協。利用視覺與味覺體驗四季變遷的「里山會席料理」風評甚佳，不管是豐後牛、生馬肉還是炸雞肉，都奢侈的用上真正產自大分縣的道地食材。

泉質 單純泉　泉溫 54.8 度
功效 消除疲勞、神經痛、關節痛、腸胃病
♨ 大分縣玖珠郡九重町町田 2032
☎ 0973-78-8311
¥ 一晚附兩餐／ 12,000 日圓起

壁湯溫泉 旅館 福元屋

統一採用民藝風格色彩的和室，共有 9 間。料理方面格外講究，例如稻米就是主人自家栽種而來，餐點則是專門接待旅客的女將親自烹調的，充滿了媽媽的味道，「洗鍊不膩的美味」深受女性客人的好評。混浴與女性專用的山洞浴池是這家旅館的賣點，其他三個浴池也獨具特色，讓人讚不絕口，心滿意足。

泉質 單純泉　泉溫 39.0 度
功效 神經痛、關節痛、消除疲勞、手腳冰冷
♨ 大分縣玖珠郡九重町大字町田 62-1
☎ 0973-78-8754
¥ 一晚附兩餐／ 14,040 日圓起

糠平溫泉鄉　北海道

舊士幌線的榫木林川之橋（提供 · 糠平舘觀光飯店）

位在大雪山國立公園的東部，源泉湧自糠平湖畔、氣氛靜謐的溫泉鄉。糠平湖是為了開發電力而攔截河水，營造出一個周圍長達 33 公里的龐大人工湖。清晨只要乘坐繫留熱氣球到上空 30 公尺高的地方眺望，便可見大雪山東部蔥鬱的原生林中，瀰漫著宛如太古湖泊氣氛的糠平湖。糠平溫泉鄉泉質佳，大多數的旅館均有食鹽泉、碳酸氫鈉泉與單純泉等自家天然湧泉。平成 19 年此處的 10 家旅館共同發表「源泉放流溫泉宣言」，為提供的泉質掛上保證。

山之旅籠　山湖莊

這裡雖然是僅有8間客房的小旅館，但是山洞浴池和堅持使用當地食材烹調的地爐料理，深深贏得眾人好感。當中利用碳酸氫鈉食鹽泉溫熱的「溫泉豆腐」口感和布丁一樣滑嫩，頗受女性好評。就連採用源泉放流溫泉的山洞浴池，也因為出色的泉質與氣氛而吸引不少溫泉客回流。

泉質 含碳酸氫鈉食鹽泉　泉溫 53 度
功效 神經痛、肌肉痠痛、五十肩、慢性皮膚病、慢性婦女病、手腳冰冷
♨ 北海道河東郡上士幌町字糠平源泉鄉北區 14
☎ 01564-4-2336
¥ 一晚附兩餐／7,000 日圓起

糠平舘觀光飯店

一邊浸泡在溪谷上方的「源泉放流」大浴池裡，一邊盡享可以奢侈欣賞到北海道四季變遷的絕景。在溪谷底部河畔旁，也有田園風趣豐富的露天浴池。十勝是日本屈指可數的農業及酪農地帶，不管是香草牛牛排、大豆冷豆腐、山藥還是嫩雞，這些特級食材此處通通無一不缺。

泉質 碳酸氫鹽泉　泉溫 59.0 度
功效 神經痛、關節痛、慢性消化系統疾病、手腳冰冷
♨ 北海道河東郡上士幌町糠平源泉鄉北區 48-1
☎ 01564-4-2210
¥ 一晚附兩餐／7,020 日圓起

定山溫泉公園（提供 · 定山溪觀光協會）

定山溪溫泉　北海道

從札幌車站往西南方約 30 公里處，也就是臨近蔥鬱原生林的豐平川兩岸，瀰漫著濃濃的溫泉煙霧。這裡是人口數 190 萬札幌市的奧座敷（都市近郊的觀光地或溫泉街），定山溪溫泉。

這片寂靜之地，讓滔滔水聲的豐平川格外震耳，飯店鱗次櫛比，高入雲霄。儘管定山溪最大的價值是身為年間擁有 140 萬上下住宿客的大溫泉鄉，但難能可貴的是，在數量多達 50 幾處的源泉之中，只有一處不是採用天然湧泉。泉量之豐沛，始終持續至今。此處基本上以食鹽泉為主，而且溫度高達 58 ～ 89 度。周圍的自然環境與溫泉品質之高，均一如往昔，毫無改變。

溫暖之宿　古川

充分利用自家得天獨厚的源泉，男湯女湯加起來共有8座浴池，是間可以盡享溫泉的旅館。不僅如此，這裡最吸引人的是佳餚！坐在緊鄰廚房、氣氛極佳的用餐處，只見使用北海道精選食材烹調而成的會席料理一道一道端上桌。這裡是深受女性喜愛美食之宿，就連一樓的露天浴池也贏得好評。

泉質 食鹽泉　泉溫 85 度
功效 腰痛、神經痛、肩頸僵硬、慢性婦女病
♨ 北海道札幌市南區定山溪溫泉西 4-353
☎ 011-598-2345
¥ 一晚附兩餐／ 12,700 日圓起

定山溪　湯樂草庵　ゆらく草庵

每間客房都擁有私人獨享的檜木溫泉浴室，同時旅館也設有位於豐平川溪流沿岸的大浴場，不但包含室內與露天浴池，還附帶能躺著泡的寢湯、三溫暖、水柱浴等設施，另外還提供4種不同類型的個人湯屋，可供房客免費多次使用。餐飲方面取材自堪稱亞洲食材寶庫的北海道，提供了匯集豐富山海美味的四季特色餐點。

泉質 食鹽泉（氯化鈉泉）　泉溫 63 度
功效 神經痛、腰痛、關節痛
♨ 北海道札幌市南區定山溪溫泉東 3 丁目 228-1
☎ 011-595-3001
¥ 一晚附兩餐／ 18,700 日圓起

松之山溫泉街（提供 ‧ 凌雲閣）

松之山溫泉　新潟縣

新潟縣十日町市西南方，也就是天水山山腳下湧出溫泉的松之山溫泉，是在日本南北朝發展為溫泉地。傳聞，此處是上杉謙信口中的「隱湯」。江戶中期成書的《越後名記》（1756年）不僅將此地與有馬、草津共稱為「日本三大藥泉」，同時也記下當時松之山溫泉鄉的熱絡場景。

儘管松之山位在內陸地區，但此處的溫泉仍以高鹽分濃度、高泉溫為特徵，所以人們才會在第二次世界大戰期間利用此處的溫泉來製鹽。附近還有名為「美人林」的山毛櫸林和景色優美的梯田，讓不少人因而為松之山傾心不已。

凌雲閣

這棟興建於昭和13年（1938年）的木造三層旅館，不負國家登記有形文化財之美名，館內格局相當華麗。設有櫥櫃的壁龕、用煤竹編製的格窗、彷彿雨傘撐開的天花板……充滿玩心的客房裡隨處可見巧思，真的是百看不厭，回味無窮。

泉質 食鹽泉　泉溫 84度
功效 關節痛、痛風、婦女病
♨ 新潟縣十日町市松之山天水越81
☎ 025-596-2100
¥ 一晚附兩餐／14,140日圓起

玉城屋旅館

館內的所有浴池均採用放流工法，讓住宿客有機會享受含有硅酸這個美肌成分的溫泉。頂樓附設露天浴池的客房可以仰望星空，俯瞰清流。除了溫泉，這裡的美食也不容小覷，像是魚沼產的越光米、妻有豬與越之雞等，利用當季食材烹調的佳餚，道道可說是色香味俱全。

泉質 食鹽泉　泉溫 85.5度
功效 手腳冰冷、皮膚病、腰痛、燒燙傷
♨ 新潟縣十日町市松之山湯本13
☎ 025-596-2057
¥ 一晚附兩餐／17,430日圓起

湯河原溫泉（提供 · 伊藤屋）

湯河原溫泉 神奈川縣

從注入相模灣的千歲川與上游的藤木川匯流的落合橋附近，沿著細長的溪流走，只見密集排列的溫泉旅館，而且數量過百。這個溫泉地瀰漫著奈良時代《萬葉集》也曾歌頌過的濃濃靜謐氣息，與奧湯河原溫泉並列為日本具代表性的溫泉勝地。

夏目漱石、芥川龍之介、島崎藤村、谷崎潤一郎等讓日本文學史精彩萬分的作家們，也愛上了湯河原的溫泉，並且在此留下足跡。萬葉公園裡有座以作家國木田獨步為名的足浴場「獨步之湯」。這是一個擁有 9 個浴池、規模龐大的足浴場，春夏秋冬接踵而來的年輕人，更是讓此地熱絡不已。

伊藤屋

位在萬葉公園入口處，是間創業於明治21年（1888年）的老旅館。此處是島崎藤村構思《黎明之前》這本小説時的投宿地，同時也是國家登記有形文化財。這棟擁有13間舒適客房的溫泉旅館裡，深受人們喜愛的，莫過於打上昏黃燈光的女性浴池，以及能夠欣賞四季風情的露天浴池。

泉質 弱食鹽泉 泉溫 65.5 度
功效 神經痛、肌肉痠痛、燒燙傷、手腳冰冷
♨ 神奈川縣足柄下郡湯河原町宮上 488
☎ 0465-62-2004
¥ 一晚附兩餐／ 17,820 日圓起

葺屋

此處擁有日本旅館蘊藏的深奧精髓，採用傳統數寄屋（即傳統茶室）建築樣式的房間，讓葺屋（ふきや）深受各個世代熱烈好評。這裡並不是單純的古風旅館，館內還有不少在此享受美容 SPA 服務的男性。三樓和屋頂的檜木露天浴池不僅視野寬敞遼闊，還有可以享受仰望滿天星辰的觀星浴池，以及欣賞群山稜線的賞花浴池。至於相模灣的新鮮海鮮，更是讓人嘴角微揚。

泉質 弱食鹽泉 泉溫 60.1 度
功效 慢性消化系統疾病、消除疲勞、關節僵硬
♨ 神奈川縣足柄下郡湯河原町宮上 398
☎ 0465-62-1000
¥ 一晚附兩餐／ 30,000 日圓起

東尋坊（提供・鶴屋）

蘆原溫泉 福井縣

堪稱北陸代表的蘆原溫泉，歷史卻出奇淺短，是明治 16 年（1883 年）在挖掘灌溉用水井時，溫泉碰巧噴出而來的。

這一帶原本只有蘆原與水田，故此處的旅館紛紛相競在庭園與家具上一較高下。文壇界屈指可數的溫泉通田山花袋，在昭和初期便以「⋯⋯足以媲美箱根」被賦予高評價。在多數溫泉地觸目皆是西歐風格飯店的當下，傳統「日本湯宿」四處林立的蘆原，不管是泉質、美食還是日本風情，等級之高，說不定已超過現今的箱根。

鶴屋

在北陸相當卓越出色的純日式湯宿鶴屋（つるや），由數寄屋建築行家平田雅哉設計和施工的本館，品味出類拔萃。不管是日本風情、美食還是待客都讓人切身感受到「日本」的優良旅館，雖然不勝枚舉，但是像鶴屋這樣連溫泉品質也首屈一指的地方並不常見，實屬難得。至於採用源泉放流的食鹽泉，更是讓心窩也跟著暖了起來。

泉質 鹼性食鹽泉 泉溫 80 度
功效 慢性皮膚病、慢性婦女病、神經痛、肌肉痠痛
♨ 福井縣蘆原市溫泉 4-601
☎ 0776-77-2001
¥ 一晚附兩餐／ 23,250 日圓起

紅屋

深受石原裕次郎喜愛的「紅屋」（べにや），是作家水上勉在執筆撰寫新聞小說《向陽之歌》時投宿的旅館。創業於明治17年（1884年），當初是先設計庭園，再規劃客房，所以才形成這棟所有客房均面對庭園，並且採用數寄屋建築樣式的料理旅館。提供的「源泉放流」溫泉品質極佳，堪稱代表日本的優良旅館。

泉質 鹼性食鹽泉 泉溫 65 度
功效 神經痛、慢性皮膚病、肌肉痠痛、關節痛
♨ 福井縣蘆原市溫泉 4-510
☎ 0776-77-2333
¥ 一晚附兩餐／ 27,300 日圓起

城崎的煙火大會（提供 · 山本屋）

城崎溫泉　兵庫縣

注入日本海的圓山川支流大谿川，從城鎮中央貫穿而過，經弁天橋、桃島橋、柳湯橋、愛宕橋、王橋等，橫跨潺潺河水的石拱橋，宛如彩虹相互重疊，呈現一片美不勝收的景色。整排垂柳映照在河面上的兩岸，有著鱗次櫛比、密集排列的木造三層湯宿，當中還有數十間創業於江戶時期的老字號旅館。沒有一個地方比得上城崎，這裡彷彿每天都有祭典，木屐搭配浴衣，光景宛如畫作裡的溫泉地。點綴歷史的七大外湯魅力不容小覷，一之湯、御所之湯、鴻之湯……不管是哪一座外湯，只要在此留宿，均可免費入浴。

山本屋

創業於江戶初期，在城崎是數一數二的老旅館。站在外湯「一之湯」旁的木造三層客房裡，可以欣賞到垂柳同時映照出水鳥、鯉魚的水面，大谿川就這樣緩緩流過。這裡不僅提供了顏色超過百款的浴衣，出浴後還可以到山本屋直營的啤酒工坊品嘗此處釀造的4種在地啤酒。露天浴池方面，則有木圓池（男）與木方池（女）兩種。

泉質 鹼性弱食鹽泉　泉溫 59.1 度
功效 神經痛、跌打損傷、扭傷、慢性消化系統疾病
♨ 兵庫縣豐岡市城崎町湯島 643
☎ 0796-32-2114
¥ 一晚附兩餐／ 17,280 日圓起

西村屋本館

創業於江戶後期的安政年間，是政治家犬養毅與大隈重信曾經下榻的知名旅館。特別之處是從遊廊望去的庭園美景，竟與濃厚的歷史氛圍如此契合，一切盡在不言中。注滿鹼性食鹽泉的浴池有中國風的「福之湯」，可以凝望平田館庭園這個出自平田雅哉設計的「尚之湯」，以及主浴池「吉之湯」。

泉質 氯化鹼性弱食鹽泉　泉溫 62.1 度
功效 肌肉痠痛、消除疲勞、神經痛
♨ 兵庫縣豐岡市城崎町湯島 469
☎ 0796-32-2211
¥ 一晚附兩餐／ 36,750 日圓起

站在海岸眺望的景色（提供 · 紀州白濱溫泉　武藏）

白濱溫泉　和歌山縣

日本關西屈指可數的度假勝地白濱溫泉，最美之處就是白良濱。那些曾經拜訪白濱這個與有馬、道後並列「日本三大古泉」的歌人，長久以來紛紛相競讚美白良濱。赤腳走在這條長達600公尺，潔淨優美的白沙灘上，讓人心情開朗不已，感覺連頭皮的毛細孔也跟著舒張開來。

白濱擁有豐沛的泉量，以食鹽泉為主，一百餘處的旅館大多數都擁有自家湧泉。據説1350年前，齊明天皇曾經到位在湯崎半島尖角處的露天公共浴場「崎之湯」入浴，至今依舊風貌不變，人稱「日本最古的露天浴池」！不僅如此，泉質更是出類拔萃。

紀州白濱溫泉　武藏

擁有178間衛浴設備齊全的客房，面對白良濱的「武藏」是一棟高達16層樓，洋溢近代風格的飯店。可是一踏進數寄屋風格的大廳，感受到的卻是一股瀰漫著傳統日式旅館的韻味。以「木香、海香、泉香」為主題，在特產的石斑魚鍋和生鮮鮑魚排等美食上發揮地淋漓盡致，充分展現出大阪奧座敷「白濱」獨有的高超格調。

堪稱夢幻巨魚的石斑透過當地先進的養殖技術，維持住一股少見天然石斑的絕佳風味，因而成為「武藏」的熱門美食。當然，當季的天然石斑也會出現在餐桌上。

這裡的大浴場、中浴場和採用源泉放流溫泉的露天浴池，接管引用的都是來自生絹湯與齊明湯的源泉，讓每一位溫泉客，無論是家庭旅客還是團體客，都對此處的溫泉流連忘返，樂不思蜀。

泉質 鹽化鹼性食鹽泉　泉溫 67度
功效 神經痛、肌肉痠痛、關節痛、婦女病
♨ 和歌山縣西牟婁郡白濱町868
☎ 0739-43-0634
¥ 一晚附兩餐／16,200日圓起

足浴場（提供 · 伊勢屋旅館）

小濱溫泉 長崎縣

相對於雲仙的「山溫泉」，小濱一直被稱為「海溫泉」。過著流浪生活的俳句詩人種田山頭火，便稱「此處溫泉溫高量多，浸泡池中全身舒暢，飲用更是美味無比……」一針見血的道出小濱這個地方的特色。

小濱一天可以湧出1萬5千噸溫度高達100度上下的高溫溫泉，總量榮登日本首冠。

在島原半島西岸的菊灣捕獲的海鮮，也讓老饕忍不住點頭認同，可見這裡除了溫泉，伊勢龍蝦、鯛魚、竹莢魚等海味更是豐富。一邊眺望著將海灣染成橘紅色的晚霞，一邊在公共露天浴池「波之湯 茜」享受溫泉也不錯。

旅館國崎

大門玄關處掛著山頭火的詩碑，寫著「さびしくなれば湯がわいている」（惆悵寂寥之際，回神時已身浸泉中）的「旅館國崎」，是棟木造二層的湯宿。雖然客房只有10間，但是提供的溫泉除了內湯，還有3處風情迥異的個人湯屋。不用說，這些當然都是採用源泉放流溫泉。另外鮮度格外出色的魚類料理，非但令人不虛此行，營造的環境更是讓人賓至如歸，周到親切。

泉質 食鹽泉 泉溫 97度
功效 神經痛、肌肉痠痛、關節痛
♨ 長崎縣雲仙市小濱町南本町10-8
☎ 0957-74-3500
¥ 一晚附兩餐／15,270日圓起

伊勢屋

創業於寬文9年（1669年），是小濱數一數二的老字號旅館。所有房間都設有從自家源泉引流的溫泉浴池，泡湯之餘，還能同時欣賞到連歌人齋藤茂吉都盛讚不已的橘灣夕落絕景。館內除了設有公用的大浴場、露天浴池，更有個人湯屋，而且皆屬放流式溫泉。提供的餐點無論是鯛魚、伊勢龍蝦、比目魚，還是橘灣海產、長崎和牛和雲仙豬肉等，樣樣都是人間美味。

泉質 食鹽泉 泉溫 100度
功效 神經痛、關節痛、腸胃病
♨ 長崎縣雲仙市小濱町北本町905
☎ 0957-74-2121
¥ 一晚附兩餐／14,800日圓起

黑川溫泉 熊本縣

黑川溫泉（提供 · 山水木）

被譽為平成「桃源鄉」的黑川溫泉，在當地共同意識的努力下，成功被打造成了「日本山間」與「日本鄉村」的代名詞，這裡有著能讓都市人身處鄉間時被療癒且重振身心的真正大自然及溫泉，也因此是自平成後就一直獨霸日本的溫泉地。

這片彈丸之地擠滿了將近 30 間的湯宿。身著浴衣、雀躍地踏遍各處露天浴池的男女老少臉上的笑容，正說明了此處是貨真價實的療癒之鄉。來到這裡，該尋求的不是眺望的美景為何，而是能讓人專注於溫泉之中的氛圍。就讓我們一邊揣想這裡的泉質與肌膚有多投緣，一邊慢慢享受泡湯的樂趣吧！

山之宿 新明館

這是黑川溫泉相當熱門的旅館，只要來到此處，旅客就會從心得到解放，擁有一段萬籟俱寂、慮無不周的美好時光。這是一家能「改變心態的旅館」，就像住在「鄉下爺爺家」一樣，讓人感覺想要舒適地伸伸懶腰、稍微活動一下筋骨。主人夫婦倆栽種的有機蔬菜等食材、樸素的日常生活用具和庶民氣氛，全都瀰漫著不過分炫目但又充滿昔日韻味的日本風情。

泉質 芒硝食鹽泉 泉溫 74.5 度
功效 神經痛、肌肉痠痛、關節痛
♨ 熊本縣阿蘇郡南小國町黑川溫泉滿願寺 6608
☎ 0967-44-0916
¥ 一晚附兩餐／ 16,000 日圓起

山水木

原為稻田的這片土地變成了蓊鬱的森林，業者煞費苦心地打造出彷彿是從許久以前就佇立於此的旅館風景。至女性專屬露天浴池時，只要攜帶一條小手巾，就可以盡情地享受森林浴，同時被這條「裸之散步道」打動心弦，並在泡湯時，為彷彿正裸身於河中戲水一般的感覺深深著迷。此處泉質屬於含鈉較多的單純泉，也是最適合女性肌膚的放流式溫泉。

泉質 單純泉 泉溫 90.6 度
功效 神經痛、關節痛、肌肉痠痛、慢性婦女病
♨ 熊本縣阿蘇郡南小國町黑川溫泉滿願寺 6392-2
☎ 0967-44-0336
¥ 一晚附兩餐／ 18,000 日圓起

東鳴子溫泉 宮城縣

鳴子御殿湯車站（提供 · 旅館大沼）

東鳴子溫泉曾為伊達藩的「御殿湯」，也就是御用溫泉，是一個歷史超過 650 年的溫泉療養地。從該處溫泉的玄關口，也就是 JR 鳴子御殿湯站的坡道往下走，便可看到成一直線的東鳴子溫泉主要街道，以及為數不多、整齊排列的旅館、餐飲店與商店。此處的旅館約有十幾間，不過幾乎都是附設自炊設備、家庭式經營的小旅社。就如同當時在「碳酸氫鈉泉之鄉宣言」中所宣示的，這裡的旅館幾乎都擁有不同泉質的碳酸氫鈉泉，暖身美肌效果佳，故近來年輕女將紛紛以「溫泉美容」為主題，推出各項活動。

旅館大沼

「旅館大沼」是明治後期開業的老字號湯治旅館，除了位在別屋的出租庭園露天浴池「母里之湯」，這裡一共提供了8處獨具特色的溫泉。餐飲方面以健康為宗旨，除了會席膳食，還有附糙米飯的三菜一湯套餐。個人湯屋共有5處，美肌效果極佳的源泉，還深受獨自旅行的年輕女性喜愛。

泉質 碳酸氫鈉泉 泉溫 62.5 度
功效 神經痛、慢性皮膚病
♨ 宮城縣大崎市鳴子溫泉字赤湯 34
☎ 0229-83-3052
¥ 一晚附兩餐／ 9,390 日圓起（另設湯治費）

旅館 勘七湯

創業於天明 4 年（1784 年）的「勘七湯」有旅館部與湯治部，並且以「藉由豐盛的美食佳餚與寬敞的露天浴池，提供貨真價實的溫泉，以及舒適安心的空間」為宗旨。「大浴場」的含鹽芒硝碳酸氫鈉泉，以及「藥湯不老泉浴室」的碳酸氫鈉泉，這兩種不同泉質的碳酸氫鈉泉，都能夠讓身心再次充滿活力。

泉質 碳酸氫鈉泉等 泉溫 51.5 度
功效 割傷、燒燙傷、慢性皮膚病、病後恢復期、增進健康
♨ 宮城縣大崎市鳴子溫泉字赤湯 18
☎ 0229-83-3038
¥ 一晚附兩餐／ 8,790 日圓起（另設湯治費）

小谷溫泉・小谷溫泉奧之湯　長野縣

鎌池（提供・山田旅館）

姬川的支流，從中谷川這條險惡溪谷上方紛湧而出的小谷溫泉，在溫泉豐沛的信州是人人皆知的名湯。明治時代於德國舉辦的溫泉博覽會上，它與登別、草津和別府一同名列內務省的特選溫泉地，而且是湧泉量歷史輝煌，可以孕育出美肌的碳酸氫鈉泉。小谷溫泉始於戰國時代，是將兵療養之泉，之後雖然以湯治場之姿刻寫了450年的歷史，但交通上卻十分不便。慶幸的是，此地自然環境因而得到守護，相信今後也能夠繼續維持這品質一級的源泉。

小谷溫泉
大湯元 山田旅館

木造三層的本館建於江戶末期，新館則是竣工於大正3年，現有25間客房。此處共有6棟登記為國家有形文化財的建築物，當中包括提供100%源泉放流天然碳酸氫鈉湧泉，興建於明治末期的大浴場，深受登山客、湯治客和尋求復古氣氛與泉質的溫泉客鼎力支持。

泉質 碳酸氫鈉泉　泉溫 44.8 度、48 度
功效 神經痛、關節痛、燒燙傷、皮膚病（飲用）、肝臟疾病、糖尿病
♨ 長野縣北安曇郡小谷村中土 18836
☎ 0261-85-1221
¥ 一晚附兩餐／11,980 日圓起（另設自炊、湯治、純泡溫泉入浴費）

小谷溫泉奧之湯
雨飾高原 露天風呂

由後方日本百名山之一的雨飾山襯托著，在這片山毛櫸林中有座村營的露天浴池。只要一邊豎耳聆聽野鳥的啼叫聲，一邊浸泡在觸感黏稠、泉質濃厚的碳酸氫鈉泉裡，就能夠讓身心煥然一新。有著男女分開的寬敞岩石浴池，不用說，這裡當然是源泉放流溫泉。雖然是無人看管的設施，但是管理上卻是無微不至。此外，附近還有村營旅館「雨飾莊」。

泉質 碳酸氫鈉泉　泉溫 56.3 度
功效 割傷、燒燙傷、慢性消化系統疾病、痔疾、神經痛
♨ 長野縣北安曇郡小谷村大字中上
☎ 無
¥ 入浴費／隨意；10:00 ～ 21:00，冬季不開放。小谷溫泉奧之湯「雨飾莊」（Tel 0261-85-1607），一晚附兩餐／ 13,500 日圓起

十津川溫泉鄉　奈良縣

十津川峽谷

緊鄰和歌山與三重這兩縣的奈良縣最南端，也就是紀伊半島的中央，濃濃的溫泉煙霧從高聳、屹立的山峰峽谷之間裊裊升起。元祿年間發現的十津川是奈良唯一的高溫溫泉，泉量豐沛，堪稱近畿地方「溫泉力」屈指可數的溫泉地。「泉湯」、「瀧湯」與「庵之湯」等村營公共浴場，全都採用源泉放流溫泉。其實十津川溫泉鄉的所有旅館也都使用放流式溫泉，因為十津川是「源泉放流溫泉宣言」的發祥之地。此處是溫泉品質罕見得到保證的溫泉鄉！至於登記為世界遺產的「熊野參詣道小邊路」果無峠，更與這個溫泉鄉近在咫尺。

飯店　昴

鄰近世界遺產熊野參詣道「果無峠」，隸屬第三部門（社團法人、財團法人、基金會、非政府組織或非營利組織）營運的飯店，除了氣氛復古、好感度極高的大廳與周圍優美的自然環境，這裡的溫泉更是堪稱一絕。在這個絕大多數的設施都是公共浴場的溫泉鄉裡，不管是泉質、泉量、溫度、露天浴池的格局，或是源泉放流溫泉、浴池加熱循環式溫泉、加氯殺菌的浴池，飯店昴的「溫泉力」都是領跑者。

泉質 含鹽碳酸氫鈉泉　泉溫 70 度
功效 慢性婦女病、神經痛、燒燙傷、關節痛
♨ 奈良縣吉野郡十津川村平谷 909-4
☎ 0746-64-1111
¥ 一晚附兩餐／ 14,000 日圓起

湖泉閣　吉乃屋

面對著二津野水庫湖域，這間旅館從露天浴池望出的景觀，在近畿地區是數一數二的優美。這裡的浴池，是將兩棵樹齡分別達150年的杉木和550年的鐵杉，挖空並打造而成的「沉木風呂」與「萬壽風呂」。浸泡在那彷彿懸掛在湖面的溫泉中，前往深山幽谷時伴隨而來的舟車勞頓，瞬間煙消雲散。使用當地食材烹調的鄉土料理，更是出色非凡。

泉質 含鹽碳酸氫鈉泉　泉溫 70 度
功效 燒燙傷、割傷、慢性皮膚病、慢性婦女病
♨ 奈良縣吉野郡十津川村平谷 432
☎ 0746-64-0012
¥ 一晚附兩餐／ 13,650 日圓起

龍神溫泉街（提供 · 龍神觀光協會）

龍神溫泉　和歌山縣

位在紀州屋脊，護摩壇山的深處，湧現於日高川溪谷間的名湯。雖然地處祕境，但長久以來可是口耳相傳的「日本三大美人湯」，人氣持久不滅，目前約有 15 間旅館在此營業。

據說此地是奈良時代，由日本傳統信仰「修驗道」的修行者役小角發現，到了平安時代，弘法大師因為難陀龍王托夢而鑿地開泉，故名龍神溫泉。紀州初代藩主德川賴宣對龍神之泉極為傾迷，甚至還在此建造上御殿等別墅，可惜最終還是無法實現藩主湯治之夢。

上御殿

這是間登記為國家有形文化財的旅館，有著德川賴宣因辦公而建造的「御成之間」房間，還搭配了第五代將軍綱吉的隔扇畫師，狩野梅榮的隔扇畫。浸泡在能將龍神溫泉絲綢般觸感，整個拉提出來的羅漢松木浴池，日積月累的疲憊，一定可以拋諸腦後，煙消雲散。

泉質 碳酸氫鈉泉　泉溫 43.3 度
功效 慢性消化系統疾病、美膚效果、神經痛
♨ 和歌山縣田邊市龍神村龍神 42
☎ 0739-79-0005
¥ 一晚附兩餐／ 14,000 日圓起

龍神溫泉 元湯

一樓是男湯，三樓是女湯，而且女湯還可以俯瞰從眼前群山潺潺流過的溪流。管理完善、整齊清潔的大浴場，有岩石浴池與採用源泉放流溫泉的檜木浴池。另外這裡還有露天浴池，讓人能夠以潺潺流水聲為背景音樂，一邊眺望滿天星辰，一邊浸浴，擁有一段奢侈至極的美好時光。

泉質 碳酸氫鈉泉　泉溫 43.3 度
功效 神經痛、肌肉痠痛、慢性皮膚病
♨ 和歌山縣田邊市龍神村龍神 37
☎ 0739-79-0726
¥ 入浴費／ 700 日圓起，7:00 ～ 21:00，無休

湯之峰溫泉　和歌山縣

熊野古道

人稱熊野三千六百峰，峰巒宛如層層海浪的紀伊山地深處，溫泉煙霧冉冉升起。這裡是平安時代以來，前往熊野參拜之際潔淨身心，也就是進行「湯垢離」之地進而為人所知的古泉。

從寂靜的溪谷底部流經至湯之谷川兩岸，宛如彈丸之地的土地上，十幾間旅館密集排列，形成一片洋溢著泛黃韻味的溫泉街。自從「紀伊山地靈場與參拜道」登記為世界文化遺產之後，這片祕境之地終於露出一線曙光，而且當重生之泉「壺湯」登記為世界遺產之後，來自日本國內外的人們，更是絡繹不絕。

旅館 吾妻屋

創業於江戶後期，是間木造四層、純日式風格的老字號旅館，而且深受法國作家安德烈・馬爾羅（André Malraux）、高濱虛子、齋藤茂吉等文人墨客喜愛。接管引用自家源泉的浴池風情洋溢，整個浴池全都是用羅漢松打造。利用溫泉蒸氣打造出的「蒸氣浴」，深受女性歡心。早餐的溫泉粥與湯豆腐，則是這裡的招牌菜色。

泉質 碳酸氫鈉泉　泉溫 92.5 度
功效 關節痛、慢性消化系統疾病
♨ 和歌山縣田邊市本宮町湯峯 122
☎ 0735-42-0012
¥ 一晚附兩餐／ 16,350 日圓起

壺湯

此處是湯之峰的象徵，同時也是日本歷史最久的共同湯。自從登記為世界遺產「紀伊山地靈場與參拜道」的其中一部分之後，熱門程度急速攀升。這裡是兩人入浴時，需要屈膝才能進池，面積十分狹小的個人岩石浴池。傳聞泉色除了乳白，還會變化成另外七種顏色。

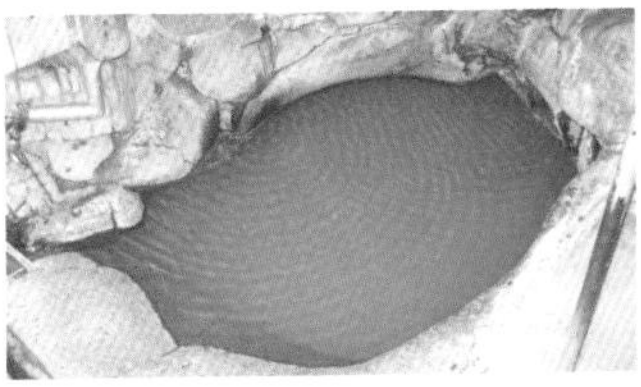

泉質 碳酸氫鈉泉　泉溫 53.5 度
功效 神經痛、糖尿病、慢性皮膚病
♨ 和歌山縣田邊市本宮町湯峰 110
☎ 0735-42-0074
¥ 入浴費／ 700 日圓起，6:00 ～ 21:30，無休

別府溫泉市街（提供・kuppa）

別府溫泉　大分縣

最近常聽到「別府八湯」，目的就是為了打響鐵輪、明礬、別府等 8 處溫泉的特色。至於其中心地，就是在 JR 別府站一帶形成繁華街的別府溫泉。

此處最迷人的，莫過於在巷弄之間的悠閒散步。只要參加以市營溫泉「竹瓦溫泉」為據點的「竹瓦垂暮漫步」行程，就能夠切身感受到共同湯數量榮登日本首冠的別府魅力。一旦明白別府深厚的實力，就是巷弄胡同與共同湯，肯定會被日本溫泉的深奧、泉質的多樣，以及泉質帶來的喜悅所俘虜。

別府　野上本館

地處別府溫泉中心地的野上本館，地理位置之方便，幾乎可將「竹瓦溫泉」稱為「野上本館外湯」。只要入住日式客房，就能夠免費使用個人湯屋一次。至於最大的賣點，就是自家湧泉與放流式溫泉浴池。這裡有2個大浴場與3處個人湯屋，不少人還會選擇住一泊一食（早餐）這個特惠方案。

泉質 碳酸氫鹽泉　泉溫 56 度
功效 神經痛、慢性婦女病
♨ 大分縣別府市北濱 1-12-1
☎ 0977-22-1334
¥ 一晚附兩餐／ 6,804 日圓起

市營溫泉　竹瓦溫泉

此處堪稱別府溫泉鄉的象徵，同時也是日本最具代表性的公共浴場。屋頂採用唐破風（即兩側凹下，中央拱起呈弓形，類似遮雨棚的屋頂）造型的浴舍，是明治12年（1879年）建造，昭和13年（1938年）改建而成的。西側是砂湯，東側配置的是男湯與女湯。男湯湧出的是鹼性碳酸氫鈉泉，女湯則是純碳酸氫鈉泉，而且兩者均為放流式溫泉。

泉質 鹼性碳酸氫鈉泉　泉溫 53.8 度
功效 割傷、慢性皮膚病、手腳冰冷、跌打損傷
♨ 大分縣別府市元町 16-23
☎ 0977-23-1585
¥ 入浴費／ 100 日圓起（一般池）6:30 ～ 22:30 無休；1,030 日圓（砂湯池），8:00 ～ 22:30，砂湯池每月第三個週三公休

公共浴場西博爾德之湯 足浴場（提供・湯宿清流）

嬉野溫泉　佐賀縣

以虛空藏山為源頭，泉水彷彿流經嬉野茶田山丘細縫間的嬉野川。傳聞神功皇后在遠征三韓的途中，看見有隻白鶴在河邊治癒疲憊的雙翅，接著重振精神之後展翅飛翔，進而發現了溫泉。這個傳説讓此處成為九州屈指可數的古泉，同時也是溫泉迷心中屹立不搖的美肌之湯。

在江戶時代，嬉野以長崎街道的宿場町（即古代的驛站）角色，進而發展成溫泉地。只要身處長崎奉行本營的瑞光寺與俵坂關所等地，就能夠窺探此處的昔日光景。位在溫泉街中央的「湯遊廣場」有個足浴場，是以對日本西洋醫學貢獻極大的德國醫生西博爾德（Siebold）來命名。由此亦可看出，嬉野身為歷史名泉的地位。

大正屋

大正14年（1925年）創業的老旅館「大正屋」，裡頭的兩處源泉溫度甚高，均在90度上下。含鹽碳酸氫鈉的泉水可讓肌膚更加滑溜，而且是保濕效果極佳的鹼性泉質。注滿這個美肌溫泉的「四季之湯」，是用天草陶石打造的大浴場。此外，這裡的美食與待客服務更是深得人心，堪稱代表名門嬉野的知名旅館。

泉質 含鹽碳酸氫鈉泉　泉溫 85～90度
功效 神經痛、關節痛、跌打損傷、手腳冰冷
♨ 佐賀縣嬉野市嬉野町下宿乙2276-1
☎ 0954-42-1170
¥ 一晚附兩餐／17,280日圓起

湯宿 清流

這裡是木造二層的日式旅館，而且還有個無障礙設施的家庭浴池。以「美人湯」而聞名的嬉野之湯是觸感滑溜、可滋潤肌膚，特別受到女性喜愛的溫泉。另外，利用此處的碳酸氫鈉泉做成的自家製滑嫩湯豆腐（とろける湯どうふ），更是人間美味。

泉質 含鹽碳酸氫鈉泉　泉溫 85～90度
功效 神經痛、關節痛、跌打損傷、扭傷、肌肉痠痛、手腳冰冷
♨ 佐賀縣嬉野市嬉野町下宿乙2314番地
☎ 0954-42-0130
¥ 一晚附兩餐／14,040日圓起

香魚竹葉烤（提供 · 石原莊）

妙見溫泉　鹿兒島縣

新川溪谷以紅葉聖地聞名天下，從霧島山脈岩縫中流出的山泉水於此處匯集，並受地形影響而快速流向下游，形成了天降川流域，在這裡，可見好幾處溫泉煙霧正裊裊升起。其中的妙見溫泉區河畔，從湯治旅館到名震全日本的高級旅館都應有盡有，也吸引了各地溫泉客前來朝聖。

此處溫泉最大的特色，就是地理位置佳，從機場搭車約 15 分鐘便可抵達。而且這裡的自然環境也十分出色，各旅館還擁有自家的源泉，泉量豐富的上等溫泉自島湯藩時代以來，毫無改變。時至今日，泉水依舊源源不絕。

妙見 石原莊

天降川河畔旁的蔥鬱森林裡，有個騷動都市人感性心扉的湯宿。無論是地理位置、館內氣氛，還是美食佳餚，通通都無可挑剔！而且這間旅館最大的賣點，莫過於選項多樣的浴池，以及採用 100％源泉放流方式提供的優質鹼性碳酸氫鈉泉。整體來講，即便是在日本全國，等級如此出色的溫泉旅館，也可說是寥若晨星，屈指可數。

泉質 鹼性碳酸氫鈉泉　泉溫 55 ～ 58 度
功效 美膚效果
♨ 鹿兒島縣霧島市隼人町嘉例川 4376
☎ 0995-77-2111
¥ 一晚附兩餐／ 20,000 日圓起

折橋旅館

寬敞的腹地內佇立著本館、自炊棟、別屋與浴舍等設備，而且浴池的數量多達 13 處，每一座浴池都注滿了 100％源泉放流溫泉。別館「山水莊」裡的天然湧泉「傷湯」保留了昭和 4 年與謝野晶子來訪時的模樣，雖然泉溫僅有 33.5 度，卻是知名的藥泉。至於別屋「有樂」，更是如實地傳達出大正時代的市井風貌。

泉質 鹼性碳酸氫鈉泉　泉溫 33.5 ～ 51 度
功效 關節炎、神經痛、割傷
♨ 鹿兒島縣霧島市牧園町下中津川 2233
☎ 0995-77-2104
¥ 一晚附兩餐／ 15,000 日圓起

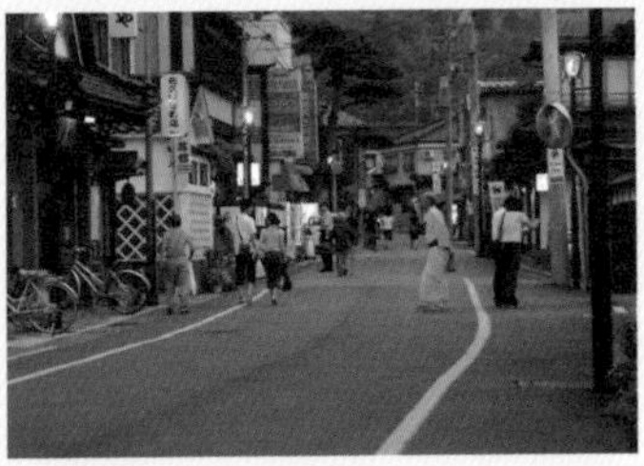

湯田川溫泉

湯田川溫泉　山形縣

從庄內平原西南一隅紛湧而出的湯田川溫泉、湯野濱和溫海，並列「庄內三名泉」，是東北地方屈指可數的古泉。這個堪稱鶴岡奧座敷的溫泉鄉，自然景觀豐富且人情味濃郁，自古以來便深深擄獲齋田茂吉、橫光利一、種田山頭火，以及竹久夢二等文人墨客的心。

10 間左右的旅館，以及 2 間共同湯提供的，都是泉質極佳、100％源泉放流的溫泉，整個地區還在平成 29 年發表「源泉放流溫泉宣言」。這個刻劃了 1300 年歷史且瀰漫著古泉獨特、樸實氣氛的溫泉小鎮，給予走訪此處的人一份新鮮雀躍的感動。

九兵衛旅館

創業於江戶中期，湯田川數一數二的老字號旅館，共有13間客房，是處氣氛高雅、適合成熟大人的湯宿。此外，這裡也是人人皆知的「美食之宿」，提供了來自日本海的魚貝類，以及庄內四季應景的山村珍味。特別是五月的孟宗料理（竹筍）與一至二月的寒鱈料理，更是天下美味。另外，還有個人湯屋與附設溫泉的客房。

泉質 硫酸鹽泉　泉溫 42.6 度
功效 慢性皮膚病、燒燙傷、動脈硬化、糖尿病
♨ 山形縣鶴岡市湯田川乙 19
☎ 0235-35-2777
¥ 一晚附兩餐／ 16,500 日圓起

共同浴場　正面湯

曾經出現在江戶中期的繪圖中，堪稱湯田川的象徵代表，作家藤澤周平在當地任教時亦常到此享受溫泉。「正面湯」的外觀採取御殿建築風格，洋溢著一股歷史之泉的韻味。傳聞，過去人們到出羽三山參拜之後，都會到此做「精進潔齋」（六根清淨，淨身齋戒）儀式，可見這裡清澈柔和的泉質確實可讓人們精神更加抖擻。

泉質 硫酸鹽泉 泉溫 42.6 度
功效 神經痛、關節痛、痔疾、高血壓
♨ 山形縣鶴岡市湯田川丙 64
☎ 0235-35-4111（湯田川溫泉觀光協會）
¥ 入浴費／ 200 日圓起，7:00 ～ 19:00（9:00 ～ 10:30 為清掃時段），無休

銀山溫泉（提供 · 尾花澤市）

銀山溫泉　山形縣

銀山溫泉有著數十間採用木造旅籠屋樣式，高達 3 至 4 層樓的溫泉旅館。老建築鱗次櫛比的佇立在清涼的銀山川渠溝兩側，夜光照耀下顯得別燦爛、輝煌。這個位於峽谷之間的立錐之地，彷彿異次元空間的世界一樣，讓人看了目不轉睛。這個自大正時代就有的溫泉街，正完美如實地呈現在眼前。

銀山溫泉之名，來自江戶初期，也就是 17 世紀之際曾為日本五大銀礦之一，繁榮興盛的野邊澤銀山。從溫泉街到溪流沿岸的散步道設備完善，而且還可以到舊礦坑裡頭參觀。這條溫泉街上有兩間共同湯，散步後與當地人一同共享溫泉也不錯。

能登屋旅館

登記為國家有形文化財的「能登屋旅館」是一棟附設望樓的三層建築，雖然內部曾經加以整修，但是竣工於大正10年（1921年）的銀黑樸質外觀，卻讓人百看不厭，因為「提到銀山，就會想到能登屋」。源泉放流溫泉固然不錯，但是位在地下的小巧岩石浴池，更不容錯過。

泉質 硫酸鹽泉　泉溫 60.6 度
功效 神經痛、割傷、慢性婦女病
♨ 山形縣尾花澤市大字銀山新畑 446
☎ 0237-28-2327
¥ 一晚附兩餐／17,430 日圓起

共同湯 白金湯

這裡除了過去的共同湯「大湯」，又新添了一處「白金湯」。與浴池狹小無比的大湯相比，白金湯不僅有管理人常駐於此，浴池更是寬敞，深受一般溫泉客喜愛。或許是土地狹小的關係，不僅是外觀，就連浴室也是呈三角形，十分獨特。略為白濁的溫泉還能夠保養肌膚呢！

泉質 硫酸鹽泉　泉溫 60.6 度
功效 皮膚病、婦女病、神經痛、關節痛、割傷
♨ 山形縣尾花澤市銀山新畑北 415-1
☎ 0237-22-1111（洽詢：尾花澤市工商觀光課）
¥ 入浴費／500 日圓 8:00 ～ 17:00 無休

遠刈田溫泉　宮城縣

俯瞰藏王連峰（提供 · 源兵衛）

從藏王連峰向西望去，從松川河畔旁湧出。遠刈田溫泉位在藏王回聲線，宮城縣那端的入口處，周邊林間遍布著度假飯店，不過溫泉街上依舊保留著湯治場的昔日光景。

江戶時代，這裡是日本傳統信仰修驗道信徒，前往本尊「藏王權現」所在地，參加「講中登山」（類似進香團參拜）的宿場町。此處的公共浴場「神之湯」，與純檜木建造，浴舍氣氛厚重的「壽之湯」，彷彿娓娓道出這段淵源已久的歷史。此外，遠刈田與土湯、鳴子並列「三大木芥子」之地，還有「宮城藏王木芥子館」的木頭人偶展示。

旅館　源兵衛

創業於江戶時代、擁有11間客房，是間舒適輕鬆的老字號湯宿。平成全館改建之際，整棟旅館改為高低差較小的木造平房。為了善用遠刈田遠近馳名「美肌之湯」的特有韻味，館內的內湯和庭園露天浴池均採用源泉放流溫泉。還有令人自豪，利用來自藏王山腳與仙台灣的山珍海味，烹調而成的創作料理。

泉質 硫酸鹽泉　泉溫 70 度
功效 神經痛、關節痛、肌肉痠痛
♨ 宮城縣刈田郡藏王町遠刈田溫泉仲町 5 1
☎ 0224-24-2124
¥ 一晚附兩餐／ 12,000 日圓起

旅館　三治郎

因為地處可以眺望溫泉街的小山丘上，所以最令這間旅館自豪的，就是視野遼闊的大浴場，在鋪上榻榻米的「河童之湯」和純檜木浴池的「桃源之湯」泡湯，便可以遠眺藏王連峰。美食方面，不管是米飯還是味噌、肉、魚、豆腐，甚至蔬菜，都堅持使用「當地生產」的食材。

泉質 硫酸鹽泉　泉溫 70 度
功效 燒燙傷、神經痛、慢性皮膚病、動脈硬化
♨ 宮城縣刈田郡藏王町遠刈田溫泉本町 3
☎ 0224-34-2216
¥ 一晚附兩餐／ 10,800 日圓起，當日入浴／ 900 日圓

法師溫泉（提供・法師溫泉 長壽館）

法師溫泉　群馬縣

有著明治 8 年（1875 年）竣工的建築物，瀰漫著江戶時代旅籠氛圍的法師溫泉，是令文人墨客例如與謝野晶子、直木三十五、河東碧梧桐和川端康成，都心神嚮往的溫泉勝地。挑高的大廳旁有間設有大圍爐的房間，就連川端康成也曾經在此處提了一首詩歌：「悠悠上古時，深山祈禱老百姓，寂寥虔誠心，今日來到法師湯，悵然再次湧上心」。

除了本館，另外還有別館、薰山莊、法隆殿，以及建於明治 28 年的大浴場與中浴場。至於法師川的沁涼清流，正一邊發出悅耳的潺潺水聲，一邊從這些瀰漫著歷史文化氣息的建築之間緩緩流過。

法師溫泉 長壽館

這是一處難得、直接在溫泉湧泉處興建浴舍的旅館。採用鹿鳴館風格、格局嶄新的浴舍裡，有大浴場與女湯。至於從浴池底部湧出的，是水質清澈的石膏泉，不難看出此處堅持提供「直泉」的誠懇態度。

浴場「法師乃湯」完工於明治28年，是國家登記有形文化財。採用混浴的方式，是為了公平提供泉質最為優良的溫泉，但考量到有些女性客人會因此卻步，故特地設置女性時段，此外還另附設稱為「長壽乃湯」的女湯。

法師溫泉的唯一旅館「長壽館」，是個人認為超越溫泉，幾乎象徵日本「溫泉文化」的旅館；有著讓人能夠盡情享受從地底直湧而出的泉水，以及泉溫適當的石膏泉頂尖療效。

泉質 硫酸鹽泉（石膏泉）、單純泉　泉溫 42.3 度
功效 燒燙傷、割傷、動脈硬化、神經痛
♨ 群馬縣利根郡水上町永井 650
☎ 0278-66-0005
¥ 一晚附兩餐／ 17,430 日圓起

奧四萬湖（提供 · 鍾壽館）

四萬溫泉　群馬縣

四萬的溫泉，透明見底，源自將上信越高原國立公園峽谷縫合起來的清澈流水——四萬川。四萬自古以來就是聲譽極高的「腸胃名泉」，不過與附近的草津及伊香保相比，卻顯得樸實許多。但就其所處的自然環境與擁有的泉質而言，此處在關東的溫泉地當中，可是榮登首位呢！

現在像四萬這樣提供新鮮、安全的溫泉，讓大家可以直接「飲泉」的大型溫泉已為數不多。然而時至今日，此處依舊保持著與昭和 29 年（1954 年）獲指定為國民療養溫泉地第一號時的環境，如此態度，深植人心。

積善館

由創業於元祿7年（1694年）的本館、昭和11年（1936年）完工的山莊，以及新館「佳松亭」所構成，每一棟都有採用源泉放流溫泉的浴池。特別是位在湯治棟（本館），同時也登記為國家有形文化財的「元祿之湯」，更是傳遞出大正時期氛圍、洋溢羅馬風格、瀟灑雅致的浴池。此處透明清澈的溫泉，品質更是絕佳。

泉質 硫酸鹽泉　泉溫 70 ～ 80 度
功效 神經痛、腸胃病、慢性婦女病、慢性消化系統疾病
♨ 群馬縣吾妻郡中之條町四萬溫泉 4236
☎ 0279-64-2101
¥ 一晚附兩餐／ 8,000 日圓起（本館）

鍾壽館

明治40年開業的木造三層老字號旅館。不接受團體客與以宴會為目的的客人，如此經營態度，讓人深深感受到這間位在關東，屈指可數、幽靜療養溫泉地的老旅館的那份堅持。讓鍾壽樓引以為傲的，莫過於「溫泉的鮮度」。這裡的溫泉全都是天然湧泉，包括個人湯屋在內，共有7處浴場。不用說，每一處當然都是放流式溫泉。

泉質 硫酸鹽泉　泉溫 60 度
功效 神經痛、腸胃病、慢性婦女病、慢性消化系統疾病
♨ 群馬縣吾妻郡中之條町大字四萬 3895
☎ 0279-64-2301
¥ 一晚附兩餐／ 13,110 日圓起

遠望台岳金時山（提供 · 箱根高原飯店）

箱根仙石原溫泉　神奈川縣

箱根仙石原溫泉位在箱根外輪山最高峰的金時山，從此處向往北望是海拔約 700 公尺的高原，這裡在 2 萬年前原本是破火山口湖。從仙石原這片高原湧出來的下湯、上湯、元湯、俵石，以及仙石等溫泉，統稱為仙石原溫泉。

這一帶現在已經發展為歐洲風格的度假勝地，草原中隨處可見飯店、溫泉療養所與美術館。有別於其他溫泉地的濃郁日本風，到了秋天，散發出銀色光芒的芒草佔據了草原，展現出與眾不同的箱根氛圍。

箱根高原飯店

鄰近蘆之湖、纜車、濕地花園與金時山登山口等地，位於有著豐富自然環境之中的湖尻高原，箱根高原飯店其實是首都圈中少數提供「自然泉放流溫泉」的旅館，同時也是「只有溫泉迷才會知道」的好地方。這裡擁有硫酸鹽泉（芒硝泉）與單純泉這兩種自家源泉，提供在箱根堪稱頂級泉質的上等溫泉。毫不吝惜地注入大浴場的放流溫泉，不傷肌膚，不僅深受女性喜愛，在來訪日本的外國人之間也頗受好評。

若要盡情享受箱根這個最為得天獨厚的自然環境，不妨向飯店租借電動腳踏車，將腳程拉到蘆之湖，以及與源賴朝因緣匪淺的箱根神社也不錯。

此外，這裡還提供了設備完善的體育館與會議室（大小共10室），以應對住宿研習與集訓等需求，讓利用範圍更加廣泛。

泉質 重碳酸鹼性芒硝泉　泉溫 55.5 度
功效 肌肉痠痛、痔瘡疼痛、手腳冰冷、慢性皮膚病、動脈硬化
♨ 神奈川縣足柄下郡箱根町元箱根（湖尻）164
☎ 0460-84-8595
¥ 一晚附兩餐／ 13,284 日圓起

大牧溫泉觀光旅館

大牧溫泉 富山縣

即使是身為溫泉大國的日本，位在溪畔旁卻只能搭船前往的溫泉，恐怕僅見於此了（離島的情況先不計）。這是一趟 30 分鐘轉眼即過的船舶之旅，但卻能夠欣賞到源自奧飛驒山巒最後注入富山灣，豐富精彩的庄川溪谷美景。

下船後，眼前出現的是一棟彷彿突出於大河上，又好像浮在河面上，龐大、獨棟的木造三層建築物。這裡是位於深山，並且流傳著平家落人傳説（源平合戰敗北，匿藏於絕境的平氏後人）的利賀村。傳聞這個仙境湧出的溫泉，是在壽永 2 年（1183 年），也就是平家敗落的武者被源氏追殺之際，曾在此地療養割傷時發現。

大牧溫泉觀光旅館

飄渺幽靜，這是間每個細節都做到無微不至的貼心湯宿，讓人難以想像此處竟是位於偏僻祕境裡的「一軒宿」（意指該處溫泉鄉僅有一間旅館）。果然不愧是深受女性喜愛的人氣溫泉勝地！

客房與浴池窗外的景色，是知名的庄川峽。秋天時是渲染上各式各樣色彩的繽紛景緻，冬季則是由披上銀裝的山峽，交織而成一幅水墨山水畫，位在如此奢侈又典雅風景中的湯宿，恐怕不多見吧？

除此之外，源泉來自山中、清澈透明且能保養肌膚的溫泉水，毫不吝惜地注滿了用御影石裝飾邊緣的浴池內。室外還有與溪谷壯觀的自然風光融為一體的露天浴池，讓人放鬆得幾乎忘了時間的存在。

旅館所提供的料理，因為富山灣的地利之便，食材種類非常豐富多樣，是泡完湯後最令人期待的事物。以紅味噌為湯頭的豬肉火鍋和紅點鮭魚骨酒，滋味美妙，讓人回味無窮。

泉質 硫酸鹽泉 泉溫 58 度
功效 神經痛、腸胃病、消除疲勞、手腳冰冷
♨ 富山縣南砺市利賀村大牧 44
☎ 0763-82-0363
¥ 一晚附兩餐／19,590 日圓起

山中溫泉　石川縣

蟋蟀橋（提供 ・ 胡蝶）

山中這個地方，有一個與松尾芭蕉息息相關的古泉。元祿2年（1689年），他在《奧之細道》的這趟旅途中就曾經在山中住了8天。在停留的這段期間，最讓芭蕉喜歡的地方，就是流經湯町的大聖寺川溪谷。此地現在已經整頓為「鶴仙溪散步道」，深受女性喜愛。這是一條全長1.3公里、從蟋蟀橋到綾取橋，再到黑谷橋的散步道；途中還會經過讓芭蕉傾心不已的道明之淵。此處溫泉可能因為非常適合芭蕉的肌膚，才得以讓他將山中與有馬、草津相提並論，並且讚揚為「日本三大名泉」。只要來到平成4年改建的總湯（位於北陸溫泉地的大眾澡堂）「菊之湯」（公共浴場），就能夠享受山中溫泉。

花陽亭

老饕之間無人不知、無人不曉，使用日本海海鮮與加賀蔬菜烹調而成的會席料理滋味美妙，讓人回味無窮。在這寬敞的一萬坪腹地中，建築物的總坪數達500坪。而且在遊廊回繞，採用數寄屋建築樣式的二層樓房中，僅有10間客房。大浴場與露天浴池的玻璃窗外，有一片遼闊無比的溪谷美景。在此駐足，時間彷彿停止轉動。

泉質 硫酸鹽泉（含石膏泉與芒硝泉）　泉溫 48.2度
功效 動脈硬化、高血壓、慢性皮膚病
♨ 石川縣加賀市山中溫泉東町1-ホ-20
☎ 0761-78-1410
¥ 一晚附兩餐／41,190日圓起

胡蝶

位於溪谷邊緣，可以眺望大聖寺川的「胡蝶」是昭和初期的木造建築物，同時也是符合松尾芭蕉喜愛的古泉印象，是間意趣淳厚的溫泉旅館。除了用九谷燒與山中漆器盛裝的加賀料理美味無比，置身在這片蔥鬱的溪谷中，一邊眺望萬綠叢中一點紅的翻花繩橋，一邊享受溫泉的幸福時光更讓人無以言喻。

泉質 硫酸鹽泉　泉溫 48.2度
功效 關節痛、神經痛、手腳冰冷、跌打損傷
♨ 石川縣加賀市山中溫泉河鹿町ホ-1
☎ 0761-78-4500
¥ 一晚附兩餐／26,250日圓起

山代溫泉　石川縣

山代溫泉「古總湯」（提供・山代溫泉觀光協會）

「容器是佳餚的衣著」（器は料理の着物）這句話，出自藝術家北大路魯山人。而培育出這位絕代雅士的，正是加賀的名門溫泉——山代溫泉。

魯山人年輕時散發出來的感性，從山代的奢華佳餚中，即可一見端倪。因為他師事學習青花瓷與赤繪的對象，就是住在當地的陶瓷家：初代須田菁華。現在，在這條溫泉街上守護這窯坑的後人，已經到了第四代。

如今，在「荒屋滔滔庵」及「白銀屋」等與魯山人因緣匪淺的旅館中，可以欣賞到他的作品，而且這位「藝術與飲食之巨匠」曾經下榻的舊「吉野屋」旅館自家別墅，也就是「魯山人寓居跡伊呂波草庵」，現則公開供一般民眾參觀。

荒屋滔滔庵

創業於江戶初期，是間足以代表日本的湯宿。一踏入玄關，出現在眼前的是魯山人年輕時在上頭提筆畫下曉鴉的大屏風。

荒屋的美食在饕客之間頗受好評，用華麗九谷燒容器盛裝的加賀蔬菜與生鮮海味堪稱人間美味。不用說，格調高尚、流動在浴池中的，當然是源泉放流溫泉。

泉質 硫酸鹽泉　泉溫 64 度
功效 神經痛、關節痛、動脈硬化、慢性皮膚病
♨ 石川縣加賀市山代溫泉湯之曲輪
☎ 0761-77-0010
¥ 一晚附兩餐／ 33,000 日圓起

星野度假村

界 加賀（原白銀屋）

寬永元年（1624 年）創業，2015 年重新裝潢的老字號旅館。傳統建築棟與茶室是國家有形文化財。這棟曾為加賀藩主前田家之女久姬經常下榻的旅館，有著讓人遙想昔日模樣的「紅殼格子」（紅色柵門），以及設置了「卯建」（用來防火的樑上短柱，或稱「梲」）的大門，通通值得一看。

還有貼在大浴場內，池牆上的九谷燒藝術油畫板，均是讓人得以欣賞加賀傳統的藝術文化。

泉質 硫酸鹽泉 泉溫 66.4 度
功效 關節痛、神經痛、手腳冰冷
♨ 石川縣加賀市山代溫泉 18-47
☎ 0570-073-011
¥ 一晚附兩餐／ 27,000 日圓起

御嶽山與濁河溫泉（飛驒小坂工商會提供）

濁河溫泉　岐阜縣

位在岐阜、長野兩縣邊界的靈峰御嶽山，海拔 1800 公尺處，也就是相當於六合目的溪畔旁，約有 10 間左右的旅館與市營露天浴池。此處泉量豐沛，有著得天獨厚，可以讓人盡情享受山中溫泉的醍醐味。

這一帶是御嶽山的自然休養林，只要踏上獲選為「散步百選」的探勝路，就能夠欣賞到在這片深綠之中，如詩如幻、水花飛揚的緋瀑布與白絲瀑布。御嶽山瀑布之多，為其贏得「瀑布之山」這個美名。在這個不見喧囂市街，以滿天星辰的黑夜為頂的露天浴池裡享受溫泉，氣氛可是會格外不同。

旅館 御岳

善用每分鐘湧出的300公升豐沛泉量，此處除了露台上可以感受到御嶽山徐徐山風的足浴場，還設置了採用源泉放流溫泉的大浴場和大露天浴池。至於價值可以掛保證的，就是需走下160層階梯才能夠抵達溪谷底的混浴露天浴池，這可是貨真價實的「天空祕泉」。此外，在御嶽山觀賞星空更是大受好評。

泉質 硫酸鹽泉　泉溫 45.6 度
功效 神經痛、慢性皮膚病、動脈硬化
♨ 岐阜縣下呂市小坂町落合唐谷 2376-1
☎ 0576-62-2124
¥ 一晚附兩餐／13,500 日圓起

濁河溫泉 市營露天浴池

這裡是只有露天浴池的日歸溫泉專用設施。位在濁河川溪谷沿岸，充滿森林野趣的露天浴池注滿了黃濁的溫泉。不用說，這裡當然是源泉放流溫泉，分為兩池的大露天浴池，邊緣用岩石圍起，設有屋頂的浴池水溫略低，開放式浴池的水溫略高。此外，還有泡完湯的休憩處。

泉質 硫酸鹽泉　泉溫 51.9 度
功效 關節痛、神經痛、糖尿病、外傷
♨ 岐阜縣下呂市小坂町落合 2376-1
☎ 0576-62-3373
¥ 入浴費／500 日圓，4 月中旬～ 11 月中旬營業，9:00 ～ 17:00，無休

玉造溫泉（提供 · 長樂園）

玉造溫泉　島根縣

這裡的溫泉只要泡過一次，整個人就會變得更亮麗；多泡幾次的話，就能治療百病。這就是曾經出現在《出雲國風土記》（733 年左右）的溫泉地——玉造。湧自注入宍道湖的玉湯川，位於河畔旁的玉造溫泉，是自古墳時代以來治癒玉石工匠疲憊身心，同時也是日本最為古老的溫泉。每一代松江藩主都在御茶屋（別墅）享受湯治的江戶中期，此處早已有 20 幾間旅館。時至今日，採用數寄屋建築樣式、鱗次櫛比排列在玉湯川兩岸的高級旅館均維持在 30 間左右，堪稱代表山陰地方的名湯。置身於此時，不如忘卻時空，緬懷古人浸浴的景象吧！

湯之助之宿　長樂園

曾任、代代負責管理松江藩主別墅溫泉的湯守一職，是玉造具代表性的知名旅館。寬敞的腹地一隅，保留了昭和天皇曾經下榻的別屋。長樂園之名，是自古就以將近120坪的空間來打造露天浴池而聞名。據說是因為這裡泉量豐富、溫度極高，所以才採用露天浴池，提供100％源泉放流溫泉。

泉質 硫酸鹽泉 泉溫 72 度
功效 神經痛、肌肉痠痛、關節痛、腸胃病、皮膚病
♨ 島根縣松江市玉湯町玉造 323
☎ 0120-62-0171
¥ 一晚附兩餐／ 16,950 日圓起

湯陣　千代之湯

擁有每分鐘可以湧出115公升，泉水豐沛的自家源泉，是玉造少數附設源泉放流溫泉的旅館。此處溫泉硅酸含量豐富，是可讓肌膚更加滑溜，深受女性喜愛的美肌之湯。除了露天浴池，這裡還有家族池。民藝館是採用數寄屋建築樣式、風情萬種的客房，同樣贏得女性好評。此外，還能夠大啖來自日本海當季捕獲的新鮮海味呢！

泉質 硫酸鹽泉 泉溫 66.4 度
功效 神經痛、割傷、關節痛
♨ 島根縣松江市玉湯町玉造 1215-2
☎ 0852-62-0124
¥ 一晚附兩餐／ 12,960 日圓起

溫泉津溫泉（提供・藥師湯）

溫泉津溫泉　島根縣

這條湯治場風情濃厚，從港口一直延伸到舊銀山街道，長約 500 公尺，而且是唯一獲認定為「重要傳統建造物群保存地區」的溫泉街。此處有 2007 年登記為世界遺產的石見銀山，就是過去以銀礦輸出港之姿繁榮、興盛的溫泉鄉，溫泉津。

室町時代開鑿的外湯「元湯泉藥湯」，如今距離自然湧出的泉源地僅 1 ～ 2 公尺，而且這 100%從源頭湧出的溫泉，毫不吝惜地溢出於歷史斑斑的浴池之外，讓人直接感受到「古泉」溫泉津的「泉力」。此外，附近還有明治開鑿的外湯「藥師湯」。

旅館　桝屋

明治43年（1910年）創業的老字號旅館。讓風情復古的木造三層樓「旅館桝屋」引以為傲的，就是奢侈使用日本海現撈海鮮烹調而成的會席料理，而且每天提供的菜色都不一樣。館內的放流式溫泉，是接管引用自外湯「藥師湯」的源泉。

泉質 硫酸鹽泉　泉溫 45.9 度
功效 關節痛、慢性消化系統疾病、燒燙傷
♨ 島根縣大田市溫泉津町溫泉津ロ 32
☎ 0855-65-2515
¥ 一晚附兩餐／ 10,950 日圓起

藥師湯

風格懷舊的西式建築外觀，格外引人注目。一踏進浴場，喜歡泡溫泉的人一定會笑容滿面，因為從浴池邊緣到沖洗處，佈滿了好幾層結晶的紅褐色湯花，讓人感覺注滿浴池的溫泉似乎相當有療效。不僅如此，在日本溫泉協會的天然溫泉評價當中，還曾經榮獲「滿分五顆星」這個最高評價呢！

泉質 硫酸鹽泉　泉溫 45.9 度
功效 神經痛、手腳冰冷、慢性皮膚病、關節痛
♨ 島根縣大田市溫泉津町溫泉津 7-1
☎ 0855-65-4894
¥ 入浴費／ 350 日圓，8:00（六日及國定假日為 6:00）～ 21:00，無休

岩井溫泉　鳥取縣

溫泉街（提供 · 岩井屋）

沿著舊山陰街道方向行進，位於老街區的一隅，有 3 間創業於江戶時期，構造為木造三層建築的溫泉旅館緊鄰在一起。這裡從江戶前期開始，就是鳥取藩主的御茶屋（別墅）所在地，後來更因絡繹不絕的商人及湯治客而繁榮、興盛不已。

當地人最為珍惜的共同湯「湯被溫泉」，同樣屬於清澈透明的源泉放流溫泉。如今，岩井的旅館雖顯得寂靜無聲，但隱約仍流露出戰前曾有 10 幾間旅館佇立於此的餘韻。而不管是哪一間旅館，都可以感受到他們將溫泉的原始風貌，從藩政時代完整保留至今的的那份驕傲。

岩井屋

有著木造三層樓的外觀，館內風情萬種、品味絕佳，處處展現著館主想要「成為可以體會鳥取在地風情的旅宿」的別緻心意，難怪此處如此深得女性歡心。不用說，注滿100％源泉放流溫泉的浴池滿意度固然高，然而堅持使用當地食材烹調的佳餚水準之高，更是讓人驚豔無比。

泉質 硫酸鹽泉（含芒硝泉與石膏泉）　泉溫 50 度
功效 神經痛、關節痛、割傷、燒燙傷
♨ 鳥取縣岩美郡岩美町岩井 544
☎ 0857-72-1525
¥ 一晚附兩餐／ 16,350 日圓起

共同湯 湯被溫泉

「湯被」是岩井這個地方自江戶時代流傳下來的入浴法，也就是一邊用小水瓢砰砰砰地拍打水面，一邊不斷地將舀起的溫泉，淋在蓋上一層手巾的頭頂上，是個非常奇特的習俗。

潔淨的磁磚浴池毫不吝惜地溢出清澈溫和的溫泉，心靈也彷彿跟著洗淨。新穎、舒適的建築物，更是緊緊抓住觀光客的心。

泉質 硫酸鹽泉（含芒硝泉與石膏泉）　泉溫 49 度
功效 肌肉痠痛、痔疾、動脈硬化
♨ 鳥取縣岩美郡岩美町岩井 521
☎ 0857-73-1670
¥ 入浴費／ 310 日圓，6:00 ～ 22:00，一年（上午）休館兩次

冬季的稻子湯旅館（提供・稻子湯旅館）

稻子湯溫泉　長野縣

這是從北八岳的主峰，天狗岳（2646 公尺）的東北山腳處，也就是從大月川上游山谷之間湧出的溫泉。此處是北八岳的登山基地，同時也是鄰近居民的湯治場，近年來更是贏得祕湯迷的青睞。

此處是海拔 1500 公尺的溪谷底，但與其說是祕境，高原明亮的落葉松林間反而讓人印象深刻。此處祕湯的唯一旅館，洋溢著一股難以言喻的懷舊氛圍，會有如此感覺，應該是色彩濃郁的湯治場氣氛保留下來的緣故吧！這裡的源泉是溫度只有 8 度，含有鐵質的碳酸冷泉，據說自古以來便是腸胃的特效藥，而且還能有效治療便秘。

稻子湯旅館

四周環繞著落葉松林的唯一旅館「稻子湯旅館」，開業於明治12年（1879年）。以這棟採用山中小屋風格的建築物作為八岳山登山基地，是再適合也不過了，地位在湯治客心目中非但屹立不搖，最近還常見祕湯迷的蹤影呢！

堆砌的岩石將浴池分成男女湯，正後方還有一個貼上鐵平石的浴池。浴池裡注滿了加熱的碳酸泉，水溫如果過高，只要動手打開水龍頭，大約8度的冰涼源泉就會嘩啦啦地流下來。

過去，甚至有人說以「腸胃名泉」而聞名的群馬縣四方溫泉如果療效不佳，那麼就到稻子湯吧！

美食方面，飼養在池塘裡的鯉魚料理是這裡的招牌菜。其他還有酥炸楤木芽、蕈菇鍋、鹽烤河魚等，食材之豐富，根本就不需擔心會匱乏不足。

泉質 碳酸硫磺冷泉　泉溫 7.6 度
功效 動脈硬化、高血壓、燒燙傷、皮膚炎、
♨ 長野縣南佐久郡小海町大字稻子 1343
☎ 0267-93-2262
¥ 一晚附兩餐／ 9,870 日圓起

唐澤礦泉周圍的風景（提供 · 唐澤礦泉）

唐澤溫泉　長野縣

從八岳與西天狗岳山腰，海拔 1870 公尺這個高處湧出的唐澤溫泉是療養名泉，同時也是「信玄隱湯」。這裡每分鐘可以湧出 600 公升含有二氧化碳的自然冷泉，泉量豐沛。自古以來，人們相信泉水能夠有效治療皮膚病、關節痛與過敏性皮膚炎，更有不少湯治客特地前來拜訪此處高聳入雲的溫泉。

不過最近來訪的溫泉客多半都是前來八岳登山，或者是想到大自然走走的戶外派及祕湯迷。此外，從溫泉旅館出發，經過可以瞭望日本阿爾卑斯山脈，有 360 度環視視角的第一展望台，再前往西天狗岳（2646 公尺）的話，約需 3 個小時。

唐澤礦泉

令人難以想像，此處竟然位於高峰之上，館內充滿著度假別墅氣息，無論清掃還是管理，各項服務可說是無微不至。

這裡的浴場更是出色。用巨石堆砌，充滿風情的空間內，不僅有用古杉木打造的兩個浴池，沖洗處還奢侈地鋪上了檜木地板，讓人想不到注滿浴池的竟是經過加熱的礦泉。在從巨石落下的源泉水柱衝擊之下，心情甚為舒暢，沐浴浸泡之後，附著在肌膚上的碳酸氣泡，更令人覺得身心暢快。

提供的佳餚不僅豐盛地用上當地蔬菜，另外還有河魚料理和煙燻鴨肉，特別預訂的話，有時還會出現山豬肉鍋、鹿肉料理等珍饈。

這裡還有從旅館來回約一、二個小時的健行路程，秋季每逢賞楓季節，就會聽到健行客此起彼落的歡笑聲。

泉質 碳酸泉　泉溫 9.7 度
功效 高血壓、動脈硬化、慢性消化系統疾病、手腳冰冷
♨ 長野縣茅野市豐平 4733-1
☎ 0266-76-2525
¥ 一晚附兩餐／ 13,110 日圓起，4 月中旬～ 1 月上旬營業

附著在手上的碳酸氣泡（提供 ・ 泉岳館）

湯屋溫泉　岐阜縣

以紅點鮭、石川氏鮭魚與香魚棲息清流而聞名的小坂川。其分出的支流，也就是大洞川流域的山間，有數間旅館構成一片閑靜的溫泉地，而且客層非常廣泛，囊括了療養客、釣客、登山客與遊客。

湯屋溫泉自古以來早已贏得「勝過胃藥的碳酸泉」之名，而且效果深受好評。此處溫泉是碳酸含量在日本全國屈指可數，值得誇耀的療養泉，加上從以前便流傳著「只要在寒冬中來碗礦泉粥，當年便可除病息災，平安度過」的這個傳說。時至今日，每逢入冬的第一個週日，當地就會舉辦「寒粥祭」，吸引不少湯屋的碳酸泉迷，摩肩接踵，齊聚一堂。

奧田屋

在湯屋溫泉當中，這裡是提供自炊、湯治服務，有湧泉處的旅館。奧田屋為了提引碳酸泉的療效花了不少功夫，例如在浴池裡直接注入用機器加熱的源泉放流溫泉。此外，紅點鮭與鱒魚等滋味鮮嫩的河魚料理，湯屋特產的手打蕎麥麵，飛驒牛肉朴葉燒，以及朴葉壽司等美食，更是讓人垂涎三尺，難以抗拒。

泉質 碳酸泉　泉溫 15.4 度
功效 慢性消化系統疾病、糖尿病、痛風、慢性便秘
♨ 岐阜縣下呂市小坂町湯屋 572
☎ 0576-62-3006
¥ 一晚附兩餐／ 9,720 日圓起

碳酸泉之宿 泉岳館

一邊看著自己全身慢慢沾上碳酸氣泡，一邊浸泡在水溫略低的岩石浴池裡；沉醉在清流旁，有著微微燭光，如詩如幻。在池內注滿放流式碳酸泉的露天浴池裡，氣氛雅致無比。浴後記得喝口名為「蘇打泉」的源泉潤潤喉。晚餐方面，使用碳酸泉煮的源泉涮涮鍋、源泉清蒸飛驒牛，以及特調碳酸泉雞尾酒亦深受好評。

泉質 碳酸泉　泉溫 14.5 度
功效 腸胃病、肝臟病、高血壓、婦女病
♨ 岐阜縣下呂市小坂町湯屋 427-1
☎ 0576-62-3010
¥ 一晚附兩餐／ 12,960 日圓起

大迫水壩湖（提供 · 山鳩湯）

入之波溫泉　奈良縣

一進入紀伊山地的杉木林深處，就會發現川上村大迫水庫的水壩湖沿岸，有個小小的聚落。這個在大台原西北山腳下的仙境湧出的入之波溫泉，發現於平安時代，到了江戶元祿時代就已經是人人皆知的湯治場。擁有品質極佳的自家碳酸泉源泉「山鳩湯」，興建於水壩湖旁，彷彿緊貼在斷崖處。據説入之波自江戶時代便是遠近馳名的藥泉，但卻因為1973年竣工的大迫水庫而沉入湖底。「絕對不可讓入之波絕跡」的理念，讓前人決定在斷崖挖掘開鑿，最後終於得到每分鐘可以自然噴出多達500公升的碳酸泉。

山鳩湯

浴場位在懸崖下，需走一段漫長樓梯才能抵達。這裡有一個可以在窗邊眺望蔥鬱叢山湖面倒影，有著水壩湖光山色的大浴場，裡頭注滿了土黃色溫泉。不用說，這當然是100%源泉放流溫泉。這裡的浴池其實是用原木搭建的，但因沾滿了結晶的湯花，使得浴池呈現水泥狀，形成一個只要是愛泡溫泉的人，看了都會歡喜若狂、風格獨具的浴池。從池子較深且高的浴池湧出的放流式溫泉屬於碳酸泉，溫度稍低。正因如此，就算浸泡的時間稍長，也不會對身體造成負擔，而且還能夠舒張全身的微血管。另外，這裡還有櫸樹打造的露天浴池。

在用餐處還能夠大啖用當地河魚和山菜烹調的釜飯與火鍋，是都市人看了會笑容滿面的美食佳餚。

泉質 二氧化碳碳酸氫鈉泉　泉溫 39度
功效 神經痛、手腳冰冷、肌肉痠痛
♨ 奈良縣吉野郡川上村入之波
☎ 0746-54-0262
¥ 一晚附兩餐／11,880日圓起

三瓶山（提供 ・Kim Nil）

小屋原溫泉 島根縣

因國引神話（和出雲國／島根縣有關的神話故事）而聞名的名峰三瓶山，山腳處是碳酸泉的隱密寶庫。主要都是當地人在利用的小屋原溫泉，泉水富含游離二氧化碳分子，是品質出眾的療養泉。

小屋原是只有一間旅館的溫泉地，開鑿於 200 年前的寬政年間，以尋求溫泉功效的湯治客和療養客為主要客層。不刻意迎合來自都市過路客的經營態度，讓人忍不住想要拍手稱讚。的確，接管將源泉引進浴舍裡，以便提供鮮度出眾的碳酸泉和附設浴池的旅館等煞費苦心的經營態度，真的是不在話下。

熊谷旅館

整個隱身在山中的兩層旅館，乍看之下會以為和湯治旅館一樣寬敞，但其實客房僅有5間。不過裡頭的浴室卻多達4處，不難看出這間旅館重視溫泉的程度。

大廳後方有棟樸實典雅的木造浴舍，走廊旁共有4個浴池。此處的溫泉鐵質含量高，紅褐色的湯花彷彿水泥般附著在浴池上，肯定可以讓愛泡溫泉的人嘴角微揚。

大自然是誠實的！一跳進溫泉裡，過沒多久全身就會沾上氣泡；浴池越接近泉源地，冒出的氣泡就越大，可見溫泉是有生命的。不僅如此，這裡還誠摯提供使用當地產食材烹調的美食。真正喜歡溫泉的人，可別錯過拜訪的機會。

泉質 碳酸泉　泉溫 37.8 度
功效 高血壓、動脈硬化、慢性皮膚病、婦女病、消化系統疾病
♨ 島根縣大田市三瓶町小屋原 1014-1
☎ 0854-83-2101
¥ 一晚附兩餐／ 9,330 日圓起

長湯溫泉　大分縣

知名的露天浴池「螃蟹湯」（提供．大丸旅館）

此處不是絢爛華麗，也不是一個端莊風雅的世界。相對地，迎接我們的是一個與世無爭、樸實無華的療癒景致，而且風景還洋溢著當地人的人情味。長湯是九州第一個發表「源泉放流溫泉宣言」、泉質極高的溫泉地。在這裡，所有設施都是採用 100% 源泉放流溫泉。長湯最吸引人的一句話，就是「日本第一的碳酸泉」，而且長湯碳酸泉的特色，就是以高溫泉居多。此處的碳酸泉平均達 30 度，光這一點就相當吸引人。不僅如此，這裡還是日本「飲泉文化」最盛行的溫泉地。礦物質含量豐富的溫泉，說穿了根本就是可以喝的蔬菜啊！

丸長旅館

在長湯當中，這是間能夠享受高濃度碳酸泉的旅館。此處浴池的尺寸，維持在讓溫泉不易冷卻的大小，這麼做是為了維護泉質。不用說，這裡頭當然是100％源泉放流溫泉。這間瀰漫著日本傳統風情的旅店，提供的會席料理滋味可圈可點，充分利用了當地食材的原有風味。由經營者親自掌廚烹調而成的佳餚，更是擄獲人心。

泉質 碳酸泉　泉溫 41.9 度

功效 慢性皮膚病、神經痛、肝臟病、手腳冰冷、高血壓

♨ 大分縣竹田市直入町大字長湯溫泉 7995-2

☎ 0974-75-2010

¥ 一晚附兩餐／ 15,650 日圓起

大丸旅館外湯　汽水溫泉館

具有深受矚目的高濃度碳酸泉，還有風評極佳的入浴設施，無論是泉質還是功效都相當出類拔萃。不過這裡最有價值的，是僅有32度、泉溫較低的碳酸泉。一浸泡在浴池裡，全身就會沾上銀白色的氣泡。就算長時間浸泡，也不會對心臟造成負擔，而且還能夠舒張微血管，促進血液循環。在身體代謝完全活絡起來的情況之下，整個人可說是暖到心窩。

泉質 碳酸泉　泉溫 32 度

功效 高血壓、動脈硬化、慢性皮膚病

♨ 大分縣竹田市直入町大字長湯 7676-2

☎ 0974-75-2620

¥ 入浴費／ 500 日圓，10:00 ～ 22:00，每月第一個週三公休（1 月與 5 月為第二個週三公休）

不老不死溫泉 海岸處的露天浴池

黃金崎不老不死溫泉 青森縣

搭乘 JR 五能線馳騁於日本海沿岸，在無人車站「艫作站」下車，黃金崎不老不死溫泉以位在海濱，有著視野遼闊的露天溫泉，享譽日本。

然而在過去這 20 年以來，只有格外喜歡溫泉的人才會到此處。這個祕湯之所以能登上日本全國版面，是因為它緩緩接觸日本海的水平線，擁有雄偉壯觀的夕陽景致，而成了海報的主角。這裡是 1970 年才開鑿、湧出的海中溫泉。浸泡在這個鐵質含量豐富，呈現「金黃色澤」的露天強食鹽泉浴池裡欣賞到的生動落日光景，在人工露天浴池為數眾多的今日，更加凸顯出造訪的價值。

黃金崎不老不死溫泉

從可以俯瞰日本海的JR五能線「艫作站」出發，一邊豎耳聆聽日本海的海浪聲，一邊沿著坡道走十分鐘，出現在眼前的是一片礁岩地帶。

浸泡在海浪拍打時彷彿快將礁岩整個敲碎、形狀如同葫蘆的大型混浴露天浴池裡，平視望去的日本海寬曠遼闊、無邊無際。一伸手，就能夠觸摸到滔滔浪花。略有高度的石牆旁，還有女性專用浴池。

能將日本海晚霞一覽無遺的高台上，有一棟新蓋的旅館。舒適自在的新館是過去的海邊漁夫小屋搖身一變而來，而且新館的大浴場裡含有鐵質的黃金泉也是採用放流式。前往此處，只要搭乘度假列車「Resort 白神號」在 JR 五能線「WeSPa 椿山站」下車，就能夠搭乘接駁車直達旅館。

拍攝：mohisid

泉質 含鐵氯化物強鹽泉 泉溫 52.2 度
功效 神經痛、關節痛、割傷、腰痛、慢性皮膚病
♨ 青森縣西津輕郡深浦町大字艫作字下清瀧 15
☎ 0173-74-3500
¥ 一晚附兩餐／ 12,570 日圓起

須川溫泉 岩手縣

須川溫泉源泉（提供・須川高原溫泉）

橫跨岩手、秋田、宮城三縣，這是從海拔 1,126 公尺處的栗駒山湧出的溫泉。每分鐘 6,000 公升的湧泉量在日本全國屈指可數，而且是 pH 值 2.2 左右的強酸性泉。自江戶時代起便是代表東北的湯治場，近年來客層更是廣泛，不僅有登山客與祕湯迷，就連一般的遊客也紛紛加入泡湯陣容之中。

到栗駒山山頂約 2 個小時，整條路線可以觀賞到超過 150 種的高山植物群落生態、湖沼，以及噴火口遺跡等，多樣健行步道讓人樂在其中。不僅如此，從旅館還可以眺望鳥海山的夕陽與雲海等絕景，讓這趟異地療養之旅發揮效果。

須川高原溫泉

周圍瀰漫著濃濃硫化氫味道的「須川高原溫泉」，是一處旅館部與自炊部的客房加起來數量破百、龐大壯觀的溫泉旅館，而且至今依舊採用自江戶時代以來的習慣，一邊將溫泉蒸氣貼放在患部，一邊橫躺療養的傳統療法「蒸氣浴」。旅館後方，位在熔岩穹丘山腳下的大露天浴池裡，更是注滿了泉質出類拔萃的上等溫泉。

泉質 酸性明礬、綠礬泉　泉溫 48.6 度
功效 腸胃病、呼吸器疾病、慢性婦女病
♨ 岩手縣一關市嚴美町祭畤山國有林 46 林班ト
☎ 0191-23-9337（冬季休業）
¥ 一晚附兩餐／10,950 日圓起

須川溫泉 栗駒山莊

這裡接管引用的，是與靠岩手縣那一側的「須川高原溫泉」相同源泉的溫泉。此處以絕景浴池聞名，除了露天浴池，還可以一邊浸泡在有廣大玻璃落地窗的長條形內池，一邊眺望山巒全景。天氣晴朗的話，還能夠遠望鳥海山。這間讓人感受不到高聳入雲的旅館，無論是館內清掃或是管理，通通都盡如人意，好感極佳。

泉質 酸性明礬、綠礬泉　泉溫 48.6 度
功效 腸胃病、呼吸器疾病、慢性婦女病
♨ 秋田縣雄勝郡東成瀨村椿川字仁鄉山國有林
☎ 0182-47-5111（冬季休業）
¥ 一晚附兩餐／14,000 日圓起

石階狀的溫泉街（作者拍攝）

伊香保溫泉　群馬縣

伊香保是一個風情洋溢的石階溫泉鄉，從伊香保關口遺跡到伊香保神社這段約 300 公尺的路程，一共有 365 層重重疊疊的石階。石階街入口附近有一處共同湯，裡頭的溫泉是呈茶褐色的放流式鐵泉，那就是「石階之湯」。石階街興建於超過 400 年以前的天正年間，據說是日本第一個根據都市計畫完成的溫泉街。伊香保神社後方，也就是現在的共同湯「伊香保露天浴場」附近的山谷之間，曾經有座溫泉場。在這片源泉地興建的露天浴場，也同樣含有鐵質，而且還是放流式溫泉。唯有茶褐色的溫泉，才是真正發祥自伊香保的溫泉。

岸權旅館

位在伊香保中心，位處石階街中間的岸權旅館，是創業於天正4年（1576年），全國屈指可數的老字號湯宿。從戰國時代到現在，提供每分鐘湧出300公升含有鐵質的「黃金之泉」，同時採用100％源泉放流溫泉的態度，若說此處是老旅館的榜樣，一點也不為過。

泉質 硫酸鹽泉　泉溫 42 度
功效 神經痛、關節痛、肌肉痠痛、慢性皮膚病（異位性皮膚炎）
♨ 群馬縣澀川市伊香保町伊香保甲 48
☎ 0279-72-3105
¥ 一晚附兩餐／ 16,890 日圓起

千明仁泉亭

自文龜2年（1502年）以來，已經擁有500年歷史的知名旅館。作家德富蘆花曾將此處的晚霞風情，一字一句地呈現在《不如歸》這部曠世巨作之中。當時他經常下榻的旅館千明仁泉亭，其「黃金之泉」採用的就是源泉放流溫泉。而且，不需預約便可入內的個人湯屋共有4處，是間可以望盡榛名山、谷川岳，時而甚至可以眺望、馳騁赤城山與日本最大高原溼地尾瀨之原，風情雅致的木造旅舍。

泉質 碳酸鐵泉　泉溫 41.6 度
功效 動脈硬化、慢性皮膚病、慢性婦女病
♨ 群馬縣澀川市伊香保町伊香保 45
☎ 0279-72-3355
¥ 一晚附兩餐／ 16,950 日圓起

松代城跡（提供・松代莊）

松代溫泉　長野縣

作為真田 10 萬石城下町（真田氏擔任松代藩主時，以松代城為中心成立的城市）而繁榮、興盛的松代市街，位處千曲川與犀川匯流的善光寺平（即今日的長野盆地）東邊，彷彿為兩座山脊所環抱，面積十分遼闊。
漫步在人稱「信州小京都」的松代街道上，宛如置身在歷史博物館中，因為此處擁有不少與真田家族息息相關的史蹟。
早在鎌倉時代，松代溫泉便是日蓮聖人入浴而有靈驗療效的溫泉，到了戰國時代更是武田信玄心中的「隱湯」。據説川中島一戰，武田軍旗下受傷的官兵便是在此處治癒傷口。

國民宿舍 松代莊

豪邁用上不加熱、不摻水100%源泉放流，而且還是高濃度的黃金之泉，有著含量豐富的碳酸氣、鈣、鹽分與鐵質，深深讓人覺得此處的溫泉應該「非常有效」。「利用地產、地銷的信州品牌食材烹調而成的基本會席料理」，在全國的國民宿舍當中，人氣更是榮登首冠。

泉質 含鐵泉　泉溫 45.2 度
功效 割傷、皮膚病、慢性婦女病
♨ 長野縣長野市松代町東條 3541
☎ 026-278-2596
¥ 一晚附兩餐／ 9,150 日圓起；當日來回溫泉 10:00 ～ 22:00 ／大人 510 日圓，小學生 200 日圓，幼兒免費

加賀井溫泉 一陽館

過去曾為熱門旅館，如今只接受純泡湯、不住宿回的溫泉旅客。金黃色的源泉毫不吝惜地採用放流式，讓不少愛泡溫泉的人為這股魄力感到驚喜。此處湧出的泉量每分鐘多達750公升，而且男女湯分別為寬達10公尺的細長型浴池，此外還有露天溫泉。

泉質 含鐵泉　泉溫 40.8 度
功效 割傷、異位性皮膚炎
♨ 長野縣長野市松代町東條 55
☎ 026-278-2016
¥ 入浴費／ 400 日圓，8:00 ～ 19:45，無休

有馬溫泉御所泉源地

有馬溫泉　兵庫縣

日本歷史最久的名湯——有馬溫泉是含有鐵質，呈鐵鏽色的食鹽泉，當地人將其稱為「金泉」。

飛鳥時代的舒明天皇曾經在有馬進行湯治；自從此事出現在日本最早的正史《日本書紀》之後，不論是柿本人麻呂、藤原道長、藤原定家，還是井原西鶴，對於生活在各個時代的人而言，到有馬泡溫泉已經成為一種地位象徵。

尤其是對有馬溫泉喜愛有加的豐臣秀吉，不僅在此處浸泡、療養身子多達9次，還進而推動保護泉源地，修復六甲川等工程，為江戶時代的有馬打下繁榮興盛的根基。

陶泉 御所坊

有馬名門，同時也是歷史最悠久的旅館。這棟格局氣派，充滿品味的木造三層建築物，至今依舊保留著谷崎潤一郎昔日下榻的房間。

接管引用御所泉源地溫泉的露天浴池，呈現深邃的鐵鏽色。與歷史人物共享這池溫泉，不禁讓人喜出望外，至於網羅全國上等食材烹調而成的會席料理，更是讓人大快朵頤。

- 泉質 含鐵強鹽泉　泉溫 79度
- 功效 神經痛、關節痛、慢性婦女病、慢性皮膚病
- ♨ 兵庫縣神戶市北區有馬町858
- ☎ 078-904-0551
- ¥ 一晚附兩餐／24,500日圓起

飯店花小宿

這是間氣氛雅致沉穩，採隱居風格的小旅館。在過去它曾是外國人專屬飯店，而且只有9間客房，散發出來的靜謐氛圍確實深受喜愛。此處有2間接管引用鐵鏽色放流式溫泉的個人湯屋，24小時隨時都能利用。餐點是在名為「旬重」的地方享用；吧檯內有個爐灶，用木炭燒烤海鮮時冒起的煙霧，讓人聞了垂涎三尺，食慾大開。

- 泉質 含鐵強鹽泉　泉溫 79度
- 功效 神經痛、關節痛、五十肩、慢性婦女病
- ♨ 兵庫縣神戶市北區有馬町1007
- ☎ 078-904-0281
- ¥ 一晚附兩餐／16,000日圓起

栗野岳溫泉 鹿兒島縣

八幡地獄（提供 · 南洲館）

九州數一數二的療養溫泉栗野岳，是與西鄉隆盛有所淵源的溫泉。「南州館」這個屋號，是因為明治 9 年（1876 年）西鄉曾經在此歇宿 3 個月而來的；「南洲」，就是西鄉的號。

興建於霧島連峰西側栗野岳山腰處的南洲館，背後升起了裊裊白煙，而且瀰漫著一股硫磺味。這裡是九州噴氣最為猛烈的「八幡地獄」，而且噴氣帶高達 2 公頃。這沸騰滾滾的泥沼就是栗野岳的源泉！此處共有以明礬綠礬泉為主的 3 種泉質，就「分別將 3 種不同泉質的溫泉接管引用至不同浴舍」這一點來看，不難窺探出館主想要表達的溫泉哲學。

南洲館（歇業）

環繞在赤松原生林之下的南洲館，是由本館、新館、三棟浴舍和兩棟自炊棟所構成。

在九州屈指可數的溫泉療養設施裡，此處擁有十分完善的浴場，當中最熱門的就是「竹之湯」。這個明治39年堆砌的石造扇形浴池裡，注滿了接管引用自八幡地獄的明礬綠礬泉。至於充滿「泥泉」的浴池底部，還沉澱了厚厚的一層結晶物──湯花。

此處提供的是注滿乳白色硫磺泉的「櫻湯」，鐳泉則是設置在作為「蒸氣浴池」來使用的石室裡。此外還附設有飲泉場，充分打造出一個設備完善的療養溫泉旅館。

泉質 明礬綠礬泉　泉溫 80 ～ 90 度
功效 神經痛、關節痛、腸胃病
♨ 鹿兒島縣姶良郡湧水町木場 6357
☎ 0995-74-3511
¥ 一晚附兩餐／ 10,880 日圓起（另設湯治費）

「狹霧湯」的注泉口（提供・夢元狹霧湯）

登別溫泉　北海道

在原生林溪谷底，大型飯店鱗次櫛比的登別，湧出的溫泉泉質出色，名聲更是遠揚國外。在這裡，每間飯店都擁有好幾座浴池，採用放流式的溫泉更是理所當然。這一切都歸功於一天超過 1 萬噸的豐沛泉量。

此處溫泉大半都是湧自直徑 450 公尺的火山口遺跡地獄谷，以及大湯沼的天然湧泉，而且泉質多達 11 種，不過此處的溫泉仍舊以硫磺泉與酸性泉這類代表日本的溫泉為主。一旦走在到處都是身穿浴衣的溫泉客，特產店密集排列的溫泉街中，不禁會被這股瀰漫著濃濃硫磺味的溫泉鄉風情，觸動不少思緒。

瀧乃家

以創業於大正初期的料亭（高級傳統日本餐廳）旅館之姿而聞名的「瀧乃家」，在改建之後，從被庭園圍繞的客房向外望去，與山借景的風光扣人心弦。白濁的硫磺泉、乳白的鐳泉與食鹽泉等4種源泉，全都採用放流的方式注滿大浴場、庭園與屋頂的露天浴池，以及客房露天池，是北海道數一數二的名宿。

泉質 硫磺泉　泉溫 60 度
功效 心臟病、高血壓、關節炎、神經痛、慢性婦女病
♨ 北海道登別市登別溫泉町 162
☎ 0143-84-2222
¥ 一晚附兩餐／ 32,550 日圓起

溫泉錢湯 夢元狹霧湯

每年約有150萬人留宿於此的大溫泉地，同時也是登別唯一的外湯。從地獄谷湧出的天然硫磺泉與明礬泉，是利用地形落差使其向下流動，並且採用極為講究的100％源泉放流方式，將溫泉引至3個浴池裡。雖然沒有露天浴池，但是只要支付一般澡堂的費用，照樣能夠享受上等溫泉，真不愧是登別！

泉質 硫磺泉　泉溫 83.6 度
功效 關節痛、腰痛、慢性皮膚病、動脈硬化
♨ 北海道登別市登別溫泉町 60
☎ 0143-84-2050
¥ 入浴費／ 420 日圓／ 4 月～ 10 月，7:00 ～ 22:00；11 月～ 3 月，7:00 ～ 21:00

乳頭溫泉鄉 · 黑湯溫泉

乳頭溫泉鄉 秋田縣

位於田澤湖高原後方，也就是先達川流經的乳頭山山腳下，有一片彷彿將兩岸縫合起來的山毛櫸原生林，溫泉煙霧裊裊升起。由鶴之湯、妙乃湯、黑湯等 7 處溫泉構成的乳頭溫泉鄉又稱「日本最後的祕湯」。

當中注滿硫磺泉的鶴之湯與黑湯，堪稱帶動日本祕湯熱潮的絕代雙珠，同時也奠定了「祕湯文化」的根基。「漸漸失去的日本原有風貌該如何重現？」每當想起傾注全力致力於此的「鶴之湯」館主佐藤和先生所說的話，都會忍不住點頭會意。

鶴之湯溫泉

走出車外，站在停車場的那一瞬間，整個人彷彿立刻成為充滿時代感的景物之一。站在具關口風格的門柱旁，眼前的大水車一邊發出嘎吱聲，一邊緩緩轉動。這個名為「本陣」的長屋，是秋田藩主前來此處進行湯治時，負責戒備的士兵棲息的宿舍。自然湧出的乳白色硫化氫泉展現的泉質，更增添了幾分魅力，讓人整個身心得到療癒。

泉質 硫磺泉　泉溫 38 ～ 41 度
功效 高血壓、割傷、慢性皮膚病
♨ 秋田縣仙北市田澤湖田澤字先達澤國有林 50
☎ 0187-46-2139
¥ 一晚附兩餐／ 8,550 日圓起

黑湯溫泉

黑湯溫泉的象徵，就是利用山毛櫸柱頂起杉皮屋頂，採用涼亭格局的半露天浴池（混浴）。難得的是，沒有一處的露天浴池比這裡還要更適合單純、樸素的景致。此處是一個有幽靜情趣的深邃世界，高掛在屋頂上的那三條水量充沛的水柱，也是黑湯的知名特色。既然如此，那就讓這溫泉瀑布恣意地衝擊肩膀，或者是將身體整個趴下，讓水柱打在背上吧！

泉質 硫磺泉　泉溫 70 ～ 90 度
功效 高血壓、動脈硬化
♨ 秋田縣仙北市田澤湖生保內字（黑湯澤）2-1
☎ 0187-46-2214
¥ 一晚附兩餐／ 11,700 日圓起（冬季設有休館期間）

高湯神社（提供．吾妻湯）

高湯溫泉 福島縣

「磐梯吾妻」天空之路，是緊接在吾妻小富士與淨土平之後，福島屈指可數的觀光勝地。然後在其玄關口瀰漫著一股濃濃硫磺味的，就是高湯溫泉。

此處是平成22年東北地區第一個發表「源泉放流溫泉宣言」的地方。有9間旅館，1間外湯，所有設施的溫泉都是自然湧出，而且還是100%源泉放流的硫磺泉。大多數的設施都是採用自然流瀉方式，將每分鐘湧出3000公升的乳白色硫磺泉接管引至浴場，有著日本屈指可數的泉質，令人引以為傲。熱門的外湯「暖湯」是一處惹人喜愛，採用木造平房建築樣式的設施。乳白色硫磺泉在接觸到空氣，充分氧化之後，反而對肌膚更加溫和。

吾妻屋

將大正5年曾經歇宿於此的齋藤茂吉所寫的詩歌，還有後藤新平、勝海舟與尾崎行雄所提的字，全都掛在大廳展示，這是創業於明治元年（1868年）的老字號旅館。建造在森林之中的露天浴池奢侈無比，略帶澀味的乳白色硫磺泉觸感滑順，美肌效果更是絕佳。一邊豎耳聆聽野鳥啼叫，一邊沐浴浸泡的奢侈享受，讓人忘卻平淡無奇的日常生活。

泉質 硫磺泉　泉溫 42～51度
功效 高血壓、動脈硬化、糖尿病、異位性皮膚炎
♨ 福島縣福島市町庭坂字高湯33
☎ 024-591-1121
¥ 一晚附兩餐／13,000日圓起

旅館 玉子湯

旅館之名的由來，是因為「只要浸泡過此處的硫磺泉，肌膚就會像雞蛋般滑溜」（日文「玉子」意指雞蛋）。自明治元年創業以來，有著茅草屋頂的溫泉小屋「玉子湯」，便佇立在自然庭園之中，營造出如詩如畫的景色。利用自家豐沛源泉打造出7個浴池，可說是此處值得造訪之處。至於堅持使用當地食材的美食，更是深受好評。

泉質 硫磺泉　泉溫 44.5～51度
功效 割傷、慢性皮膚病、神經痛
♨ 福島縣福島市町庭坂字高湯7
☎ 024-591-1171
¥ 一晚附兩餐／14,190日圓起

紅葉谷大吊橋（提供 · 下藤屋）

奥鹽原溫泉鄉 栃木縣

流經鹽原溫泉鄉的箒川上游，冒出濃濃霧氣的新湯與元湯這兩個地方，稱為奥鹽原溫泉鄉。奥鹽原的特色，就是位在鹽原最深處、尚未商業化這一點。至於另外一點，就是此處擁有鹽原罕見的硫磺泉，以及絕大多數的設施都是採用源泉放流的方式來提供溫泉。這片得天獨厚的自然環境，讓奥鹽原溫泉鄉得以在關東泉質上保持數一數二的位置。

元湯是鹽原溫泉的發祥地，開鑿於1200年前的平安時代。新湯的歷史亦非常悠久，也有江戶前期開業的老旅館。另外，除了「貉湯」，還有3處外湯，均可讓人體驗溫泉色彩最為濃厚的鹽原。

山之宿 下藤屋

天和3年（1683年）創業的「下藤屋」是一間以鋼筋水泥為建材，打造出日式風格，同時格外受女性喜愛的旅館。後山湧出的硫磺泉直接接管引至檜木浴池裡，顏色呈乳白色，觸感柔順的優質溫泉讓人不禁嘴角微揚，笑容滿面。至於下藤屋最有價值的，莫過於提供的會席料理，品質之高，幾乎足以代表當今的鹽原。

泉質 硫磺泉 泉溫 79.2 度
功效 神經痛、皮膚病、高血壓
♨ 栃木縣那須鹽原市湯本鹽原 11
☎ 0287-31-1111
¥ 一晚附兩餐／ 13,800 日圓起

秘湯之宿 元泉館

此處為鹽原溫泉的發祥地，元湯溫泉的代表旅館。每逢秋季的「鹽原溫泉古式湯祭」，這裡的硫磺泉就會供奉在祭壇上。擁有三條乳白色與綠色的自家源泉，讓愛泡溫泉的人永遠對此保持新鮮感，不會生厭。早餐提供的「溫泉粥」可是使用湧自岩縫，能夠有效治療腸胃疾病的名湯「邯鄲之湯」熬煮而成的。

泉質 硫磺泉 泉溫 48 ～ 57 度
功效 痛風、關節痛、糖尿病、動脈硬化、腸胃病（飲泉）
♨ 栃木縣那須鹽原市湯本鹽原 101
☎ 0287-32-3155
¥ 一晚附兩餐／ 9,000 日圓起

奧鬼怒濕原（提供 · 加仁湯）

奧鬼怒溫泉鄉　栃木縣

此處是由分布在鬼怒川源頭的加仁湯、八丁之湯、日光澤溫泉，以及手白澤溫泉這 4 處構成的溫泉地，總稱奧鬼怒溫泉鄉。

不管是哪一處，都是只有一棟旅館、名副其實的祕湯。要到加仁湯與八丁之湯，可從女夫淵溫泉搭乘接駁車到旅宿，不過想要前往日光澤與手白澤，就只能徒步將近 1.5 個小時前往了。這 4 處溫泉當中，位在最深處的手白澤，在嚴冬期間亦照常營業。除了發現於江戶中期，堪稱奧鬼怒歷史最久的溫泉八丁之湯，其他 3 處都是硫磺泉。另外，此處也是前往海拔 2040 公尺的鬼怒沼濕原健行的據點。

加仁湯

這是一棟難以讓人聯想到是祕湯旅館，以鋼筋為建材，雄偉壯觀的四層旅館。從女夫淵溫泉可以搭乘旅館的接駁車，但也有不少人選擇單程4公里，步行約80分鐘的方式前往此處。此處泉色乳白帶青，瀰漫著硫化氫氣味的溫泉，幾乎可說是祕湯。不管是混浴的大露天浴池，還是女性專用的露天浴池，均堅持使用100％源泉放流溫泉，毫不容許妥協。

泉質 硫磺泉　泉溫 45.9 ～ 63.7 度
功效 神經痛、慢性皮膚病、關節痛
♨ 栃木縣日光市川 871
☎ 0288-96-0311
¥ 一晚附兩餐／ 10,950 日圓起

手白澤溫泉

從女夫淵溫泉沿著山毛櫸山道步行約兩個半小時。在這擁有6間客房、別有洞天的旅館裡，自然湧出的是每分鐘泉量達300公升的硫磺泉，同時也用來提供館內的暖氣設施。在露天浴池裡抬頭仰望滿天星辰，是幸福至極的時刻。來自山中的溫泉不僅滋潤了肌膚，也溫暖了心窩。至於使用當地安全食材烹調的美食品味，更是高雅出眾。

泉質 單純硫磺泉　泉溫 52.2 度
功效 慢性消化系統疾病、關節痛、促進健康、手腳冰冷
♨ 栃木縣日光市川 870-2
☎ 0288-96-0156
¥ 一晚附兩餐／ 14,500 日圓起

越後湯澤溫泉 新潟縣

冬天的越後湯澤（提供．湯澤町觀光協會）

就「從東京搭乘上越新幹線約 70 分鐘」這個方便的車程來看，應該可以將此處視為首都圈的溫泉地。白雪靄靄的越後湯澤溫泉之所以頓時躍上日本全國溫泉勝地，是因為昭和初期諾貝爾文學獎作家川端康成的名作《雪國》，就是以此處為舞台背景。

除了以主角駒子為名的公共浴場「駒子之湯」，有空的話，也可順道拜訪園內立著「雪國之碑」，上頭刻著文豪親筆提寫的「穿過縣界長長的隧道……」這句話的主水公園，還有溫泉街上，讓人沉浸在川端世界的「雪國館」、旅館「高半」與共同湯「山之湯」。

雪國之宿 高半

創業900年的老字號旅館，因為川端康成執筆寫下《雪國》時，曾經下榻於此而聞名。當時文豪逗留的「霞之間」今日已公開供一般民眾參觀，而且每日還會播放《雪國》電影版。地處高地，可以眺望三國山巒的浴池裡，注滿的則是讓這間名宿實志名歸，可讓肌膚更加細緻的100%源泉放流溫泉。

泉質 單純硫磺泉 泉溫 43.4 度
功效 慢性皮膚病、慢性婦女病、糖尿病
♨ 新潟縣南魚沼郡湯澤町湯澤 923
☎ 025-784-3333
¥ 一晚附兩餐／13,500 日圓起

湯元共同浴場 山之湯

「山之湯」是越後湯澤數一數二的源泉，據說川端康成在提筆撰寫《雪國》時常到此處浸泡。總是讓人想起往昔，觸感宛如絲綢的「山之湯」源泉，從鋪滿小巧磁磚的浴池裡毫不吝惜地溢出池外。裝潢設備雖不華麗，但是木造浴室卻贏得大家的好感。

泉質 單純硫磺泉 泉溫 44.3 度
功效 神經痛、手腳冰冷、慢性消化系統疾病
♨ 新潟縣南魚沼郡湯澤町湯澤 930
☎ 025-784-2246
¥ 入浴費／500 日圓，6:00 ～ 21:00，週二公休

麻釜（提供 野澤溫泉）

野澤溫泉 長野縣

長野與新潟的縣界處，位在毛無山山腳下煙霧瀰漫的北信州知名溫泉街，就是野澤。在旅館與特產品店密集排列、坡道重重的巷弄之間，竟然散布了 13 處外湯，讓人能夠盡情體會昔日的溫泉風光。這條溫泉街上有 30 幾處泉源地，全都是自然湧出的單純硫磺泉，而且湧出量每分鐘達 1700 公升，相當豐富。「生源泉」就是野澤的標語！雄偉豪邁佇立在溫泉街中央的外湯「大湯」，至今依舊保留了江戶時代的湯屋，也就是公共澡堂的傳統建築樣式，甚至還得到米其林旅遊指南的介紹，頓時為此地吸引大量來自歐美的旅客。至於「真湯」與「熊之手洗湯」等外湯，也同樣深受大家喜愛。

常盤屋旅館

創業於嘉永年間，是野澤數一數二的老旅館。特別是這裡的泉質格外受到好評，像「千人浴池」與「藥師之湯」採用的是自家湧泉，而且還是最奢侈的「源泉放流溫泉」。不僅如此，館內亦設置飲泉處。美食方面則有常盤屋溫泉搭配信州品牌豬肉「美雪豬」的溫泉涮涮鍋、信州黑毛和牛，以及當季的山珍海味。

泉質 單純硫磺泉　泉溫 70 度
功效 腸胃病、痛風、皮膚病、腰痛
長野縣下高井郡野澤溫泉村大字豐鄉 9347
0269-85-3128
一晚附兩餐／ 15,500 日圓起

桐屋旅館

創業於明治21年（1888年）的「桐屋旅館」，位在長野縣北信地方，以氽燙野澤菜這個秋季風景詩而聞名的麻釜源泉附近，是一間具有閑靜空間的日式旅館。正因為是老旅館，有不少旅客再次舊地重遊，目的就是為了坐在客房裡眺望此處的庭園景致。至於讓旅館引以為傲的，則是兩條自然湧出的自家源泉，而且還是採用放流的方式，為大家提供泉質溫和的單純硫磺泉。

泉質 單純硫磺泉　泉溫 60.9 度
功效 神經痛、肌肉痠痛、美膚效果
長野縣下高井郡野澤溫泉村大字豐鄉 8714-2
0269-85-2020
一晚附兩餐／ 12,400 日圓起

別所溫泉（別所溫泉觀光協會提供）

別所溫泉 長野縣

在人稱「信州最早溫泉」的別所溫泉之中，鹽田平這個煙霧騰騰、地方神社寺院眾多之處，被譽為「信州的鎌倉」。鱗次櫛比，約有20間左右溫泉旅館的溫泉街中心，有聚集眾人信仰的北向觀音堂，也有以國寶八角三重塔而聞名，開基於9世紀前半的古剎安樂寺。過去，別所這個地方曾經擁有7處外湯，人稱為「七苦離之湯」。當中有鎌倉時代的大湯，傳聞深受天台宗第3代座主慈覺大師喜愛的大師湯，以及川端康成曾經入浴的石湯等遺跡。其古泉之姿今日依舊可見，並為當地居民及觀光客所熟悉。

旅館 桂莊

位在北向觀音旁，擁有7間氣氛靜謐悠閒，專屬大人的日式客房。此處的內池與半露天浴池共有3座，均提供出租的浴池包場服務。視野遼闊的窗景，營造了一個可以一邊欣賞四季變遷、一邊靜心享受放流式溫泉的奢侈環境。以「蔬菜是主角」為主題，提供桂莊特有信州味覺的蔬菜創作料理，更是讓人胃口大開，回味無窮。

泉質 單純硫磺泉 泉溫 50.9 度
功效 糖尿病、慢性皮膚病、手腳冰冷、關節痛
♨ 長野縣上田市別所溫泉 1671
☎ 0268-38-2047
¥ 一晚附兩餐／17,000 日圓起

共同湯 石湯

池波正太郎在《真田太平記》這部歷史小說當中，曾經將此處設定為「真田幸村的隱湯」。川端康成也曾在家書中提到此處的浴池「底部有一大片岩石，形狀凹凸不平，幾近渾然天成……」雖然平成10年此處將屋頂改建為兩側凹下，中央凸起呈弓形的唐破風建築格式，打造出氣派莊嚴的浴舍，但是注滿清澈溫泉的岩石浴池，依舊瀰漫著昔日原有的風貌。

泉質 單純硫磺泉 泉溫 50.9 度
功效 神經痛、關節痛、手腳冰冷、痔疾、慢性消化系統疾病
♨ 長野縣上田市別所溫泉 1641
☎ 0268-38-5750
¥ 入浴費／150 日圓起，6:00 ～ 22:00，第二及第四個週二公休

十津川峽（提供 · 十津川莊）

湯泉地溫泉　奈良縣

曾經出現在天文 22 年（1522 年）本願寺高僧湯治療養日記《私心記》，以及《大河名所圖會》（1791 年）裡頭，是奈良歷史最悠久的溫泉。

這裡有 6、7 間溫泉旅館和 2 間附設露天浴池的村營共同浴場，所有設施都是採用源泉放流溫泉。由於位於險峻峽谷之中，有著春夏秋冬千變萬化自然景觀的溫泉，讓來訪旅人的心靈更加清澈舒暢。

在這個無色透明、有益肌膚的單純硫磺泉裡浸浴，用香皂清洗也不成問題。不僅如此，這個在紀伊半島數一數二，人稱有抗氧化作用的溫泉，還能夠有效療癒身心。

十津川莊

僅有8間客房，幽靜清閒，是間可一望無際觀賞十津川主流溪谷的溫泉旅館。一邊仰望深秋楓紅或滿天星辰，一邊在河邊的露天浴池泡溫泉，真是人生一大享受。淡淡的硫磺味，讓人深刻感受到喧囂都市與此處的距離，而且十津川的當季河魚與山菜，以及冬季的牡丹鍋等美食，道道都和溫泉一樣「貨真價實，童叟無欺」。

泉質 單純硫磺泉　泉溫 60 度
功效 關節痛、慢性婦女病、神經痛
♨ 奈良縣吉野郡十津川村武藏 701
☎ 0746-62-0035
¥ 一晚附兩餐／13,110 日圓起

公眾浴場 瀧之湯

這個村子的面積有96%都是山林地，大量使用當地木材興建的浴舍，洋溢著溫煦氣氛。裡頭是飄散著一股淡淡硫磺味的放流式內池，以及潔淨用的沖洗處。溪谷底部的露天池野趣盎然，展演出山峽之地特有的格局。只要置身在這個絲毫看不出是村營公共浴場，奢侈華麗的純泡湯溫泉裡，就足以讓身心得到療癒。

泉質 單純硫磺泉　泉溫 60 度
功效 慢性婦女病、神經痛、關節痛
♨ 奈良縣吉野郡十津川村小原 373-1
☎ 0746-62-0400
¥ 入浴費／600 日圓，8:00（8～11 月為 7:30）～21:00，週四公休

雲仙地獄（提供 · 宮崎旅館）

雲仙溫泉　長崎縣

以普賢岳為最高峰的三峰五岳總稱為雲仙岳。在昭和 9 年（1934 年），雲仙這個地方成為日本第一個國立公園以前，就有發音與「雲仙」兩字相同，寫著「溫泉」的標記。雲仙溫泉位在雲仙岳西南方，海拔 700 公尺處，而且還飄散著一股濃濃的硫磺味。江戶時代，在德國醫生兼博物學家西博德（Philipp Franz von Siebold）和另一位德國醫師坎普弗爾（Engelbert Kaempfer）的介紹之下，此地成為日本最早有外國人拜訪，而且遠近馳名的國際溫泉療養地。譽為「九州輕井澤」的雲仙溫泉，8 月的平均溫度非常涼爽，僅有23度，是一個標準的避暑勝地。在這樣的情況下，真的很難想像「雲仙地獄」煙霧彌漫的模樣。

雲仙宮崎旅館

「色彩漸深豔，嬌滴欲垂杜鵑花，山林原野間，風兒緩緩隨夏來，微光熠熠迎面來」（色ふかく つつじしづるも 山の原 夏向かう風の 光りつつくる／出自詩人北原白秋）。這裡擁有一個寬敞、遼闊的日本庭園，每逢初夏，將近1500株的美麗杜鵑花相繼綻放。正因緊鄰雲仙的觀光勝地「雲仙地獄」，所以從地獄湧出的源泉放流硫磺泉泉質深受好評，是實至名歸的名宿。而且美食、待客各方面，更是無可挑剔。

泉質 硫磺泉　泉溫 70 ～ 90 度
功效 慢性皮膚病、美容效果
♨ 長崎縣雲仙市小濱町雲仙 320
☎ 0957-73-3331
¥ 一晚附兩餐／ 18,900 日圓起

公眾浴場　小地獄溫泉館

這座公共浴場接管引用的，是每日湧泉量約440噸的小地獄源泉。小地獄溫泉開鑿於享保年間，因吉田松陰曾在此浸浴而聞名。平成5年改建的現存木造浴舍，採用了通頂的八角形建築樣式。濃濃的乳白色硫磺泉大量放流於浴池中，讓喜愛溫泉的人忍不住想要此處駐足。

泉質 硫磺泉　泉溫 86 度
功效 神經痛、慢性皮膚病、慢性婦女病
♨ 長崎縣雲仙市小濱町雲仙 500-1
☎ 0957-73-3273（青雲莊）
¥ 入浴費／ 460 圓，9:00 ～ 21:00，無休

屈斜路湖（提供 ・ 欣喜湯）

川湯溫泉　北海道

位在摩周湖附近的川湯，是泉質在日本等級相當高的溫泉勝地，所有設施都是採用100%源泉放流溫泉，同時也是北海道第一個發表「源泉放流溫泉宣言」的地方。其名由來，據説是因為此處的河川也會湧出溫泉之故。這個地方的溫泉街隨處可見帶有硫磺香的溫泉煙霧，相當詩情畫意。

川湯擁有日本全國屈指可數的強酸性泉，pH值高達1.8，遠超過草津。正因如此，這裡的溫泉以「有效治療動脈硬化和慢性皮膚病」聞名。另外，就算無法用香皂清洗身體，溫泉美肌效果依舊非常出色，難怪自古以來會如此深受女性喜愛。

旅館 欣喜湯

為了將包含酸性氧化硫的明礬、綠礬泉這個為數不多的療養泉效果發揮得淋漓盡致，這裡不僅採用了「100%源泉放流溫泉」，同時還設置了好幾處不同泉溫的浴池，是一間「十分講究溫泉」的旅館。當地酪農生產的牛肉、鄂霍次克海的海鮮、北方大地的蔬菜，舉凡食材，都和溫泉一樣講求鮮度。

泉質 酸性硫磺泉　泉溫 50.5度
功效 慢性皮膚病、手腳冰冷、痔疾、關節痛
♨ 北海道川上郡弟子屈町川湯溫泉1-5-10
☎ 015-483-2211
¥ 一晚附兩餐／6,064日圓起

川湯觀光飯店

這裡有pH值1.7左右的酸性泉可以去除角質，讓肌膚更加滑溜，在女性心中評價甚高；另外，富含的硫磺成分還能夠加強保濕效果。令飯店引以為傲的「展望黃金大浴場」，提供了一個享受「100%源泉放流溫泉」的機會。餐點則是在「包廂式」的餐廳享用，而且還能夠大啖來自北海道的山珍海味。

泉質 酸性硫磺泉　泉溫 44.1度
功效 糖尿病、高血壓、手腳冰冷、病後恢復期
♨ 北海道川上郡弟子屈町川湯溫泉1-2-30
☎ 015-483-2121
¥ 一晚附兩餐／7,314日圓起

酸湯露營地（提供 · 酸湯溫泉旅館）

酸湯溫泉 青森縣

位在八甲田山系最高峰，也就是大岳西邊的山腳處，是瀰漫著一股濃濃硫磺味的酸湯溫泉所在地。此處於昭和 29 年（1954 年）獲指定為國民療養溫泉地第 1 號，同時也是日本代表的湯治場。

之所以取名為酸湯，是因為這裡的溫泉屬於味道和檸檬一樣酸的強酸性泉。元祿 15 年（1702 年）成為津輕藩直營的湯治場，豐沛的泉量與功效廣為人知之後，不少湯治客特地從南部藩（岩手）與松前藩（北海道）遠道而來。酸湯位在海拔 925 公尺的高處，只要搭配紫外線和山中臭氧含量較多的高地氣候等作用，據說只要停留 10 天，萬病就會出現療效。

酸湯溫泉旅館

雖說是此處唯一旅館，但是除了母屋，還有屋頂相連的4棟湯治部、3棟旅館部和浴舍棟密集排列的建築，宛如一架浮現在綠意樹海中的航空母艦。

酸性強烈的硫磺泉是從6處泉源地中湧出的天然溫泉，連佔地達80坪、聞名的「千人浴池」（混浴，有女性時段）裡的羅漢杉浴池及地板，都已經變成褐色或黑色了。如此古樸、充滿歲月痕跡的氣氛，絕妙的營造出充滿歷史感的湯治場風情，在都會人之間的熱門程度更是根深蒂固，不可動搖。

除了從底部直湧而出的「熱湯」，這裡還有「四分六湯」、「冷湯」與「湯瀧」等浴池，依序入池，才是傳統道地的浸泡方式。

泉質 酸性硫磺泉　泉溫 48 度

功效 神經痛、關節痛、腸胃病、肌肉痠痛

♨ 青森縣青森市大字荒川字南荒川山國有林小字酸湯澤 50

☎ 017-738-6400

¥ 一晚附兩餐／ 10,950 日圓起

遠望岩木山（提供 · 山岳飯店）

嶽溫泉　青森縣

從別名「津輕富士」的岩木山南邊山腳處湧出。弘前藩第四代藩主津輕信政時代開鑿的嶽溫泉，在藩的庇護之下，發展成青森屈指可數的名泉。

正因為是信仰之山的溫泉，所以過去津輕的當地居民，習慣在嶽溫泉進行「湯垢離」這個淨身儀式之後再登山。不過當時禁止女人登山，於是女性就在嶽溫泉雙手合十，朝向山頂，敬拜神明。

呈現白濁色的溫泉，是療效特佳的酸性硫磺泉。這個真正來自山上的乳白色溫泉與硫磺香，彷彿可以讓疲憊的身心充滿活力，整個人煥然一新。

山岳飯店

創業於延寶2年（1674年）的老字號旅館，洋溢著民藝風格的古雅建築物深受都會客好評。這間飯店最大的特色，就是採用通頂格局，以羅漢杉為建材的大浴場。只要整個人浸泡在乳白色的溫泉裡，全身上下內外的疲憊就會立刻煙消雲散。美食方面，除了知名的「又鬼飯」（獵人飯），還能品嚐到熊肉、鹿肉與兔肉等野味。

泉質 酸性泉　泉溫 48.2 度
功效 關節痛、慢性皮膚病、慢性婦女病、燒燙傷
♨ 青森縣弘前市大字常盤野字湯之澤 19
☎ 0172-83-2329
¥ 一晚附兩餐／ 10,950 日圓起

繩文人之宿

有1間母屋與2間別屋，總客房僅有3室，是間即便宛如隱寓，也處處十分講究的旅館。此處讓人忘卻繁忙都市，將山珍海味圍繞著地爐烘烤的炭火料理，更是博得眾人好評。以青森羅漢杉搭建的浴場，不摻一滴水，帶著一股硫磺香與泛青色澤，貨真價實的放流式溫泉更是讓人看了為之屏息，讚嘆不已。

泉質 酸性泉　泉溫 45.5 度
功效 肌肉痠痛、慢性消化系統疾病、慢性婦女病、燒燙傷
♨ 青森縣弘前市大字常盤野字湯之澤 14
☎ 0172-83-2123
¥ 一晚附兩餐／ 13,470 日圓起

泉源地「大噴」的源泉（玉川溫泉提供）

玉川溫泉 秋田縣

位在八幡平西端、燒山西邊的山腳下，噴煙景象駭人的玉川，是最具有「溫泉力」且深受矚目的湯治場。周遭環境覆蓋在山毛櫸原生林之下，唯有龐大的單一旅館，孤寂的佇立在裸露出火山特有粗獷地表的溪谷上，展演出迥異的奇趣景致。環繞走一圈約 30 分鐘的探勝散步道，途中可以看到玉川的泉源地「大噴」，此處溫度高達 98 度、pH 值 1.2 的酸性泉每分鐘可以噴出 9000 公升。就單一的湧泉口而言，如此的泉量榮登日本首冠，同時也是日本第一的強酸性泉。

玉川溫泉

此處的療養泉深受日本國內外溫泉客的重視，強烈酸性泉的入浴方式，就是先在源泉50％的浴池裡浸泡習慣之後，再移到源泉100％的浴池裡。如「強烈酸性泉」一詞所示，身體若是不慎擦傷，或者眼睛不小心沾到溫泉水的話，後果恐怕會不可收拾。萬一出現「暈池」，症狀也會非常嚴重，故浸泡之前最好先向旅館或湯治客請教入浴方式。讓身體吸收從地板放射的微量鐳元素，進而提升免疫力的岩盤浴，是玉川特有的入浴方式。

與其為了治療而來到此處，不如趁身體還很健康的時候，每年來這一、二次，事先加強免疫力，進而實踐「預防醫學」。

泉質 酸性氯化物泉 泉溫 98 度
功效 割傷、慢性皮膚病、神經痛、慢性消化系統疾病
♨ 秋田縣仙北市田澤湖玉川澀黑澤
☎ 0187-58-3000
¥ 一晚附兩餐／7,300 日圓起（另設湯治費）

藏王溫泉下湯共同浴場（提供・風丸）

藏王溫泉　山形縣

森林野趣盎然的「藏王溫泉大露天風呂」規模大、泉質佳，令人看了不禁脫帽致意。每分鐘湧出820公升的強酸性泉，形成一條溫泉小河，緩緩注入階梯狀的4座岩石浴池。位在藏王連峰山腰處，海拔高達900公尺的這個地方，就是充滿濃濃硫磺味的藏王溫泉。別名「東北草津」的這個溫泉，擁有pH值達1.35，等級逼近玉川的強酸性。話雖如此，浸泡過的人卻鮮少因此得到硫磺泉皮膚炎。漫步在高湯通上，浸泡在「下湯」、「川原湯」、「上湯」等提供上等泉質的公共浴場裡，深信一定能夠讓人衷心感受到藏王的「溫泉力」。

和歌之宿　若松屋

雖然是擁有360年歷史的老字號客舍，卻是鋼筋水泥四層建築、客房有27間的舒適旅館。堅持使用當地食材烹調的會席料理，水準不容小覷，是東北屈指可數的湯宿。歌人齋藤茂吉譽名為「靈泉」的自家源泉，泉質也不亞於此處的佳餚。有著乳白色的酸性明礬泉，肯定能俘虜女性的心。

泉質 酸性硫磺泉　泉溫 48.8度
功效 神經痛、慢性皮膚病、割傷、肌肉痠痛、糖尿病
♨ 山形市藏王溫泉951-1
☎ 023-694-9525
¥ 一晚附兩餐／15,000日圓起

松金屋 Annex

讓創業於江戶後期的「松金屋」引以為傲的，就是可以眺望遠景的景觀浴池。浸泡在放流著白濁強酸性硫磺泉的木頭浴池裡，朝日連峰的主峰朝日岳、飯豐山和吾妻山等山巒連綿不斷，放眼望去，一覽無遺。這裡的露天浴池使用的是岩石浴池，更令人高興的是，合理的住宿價格竟然還能夠讓人大啖使用當地時令食材烹調的鄉土料理。

泉質 酸性硫磺泉　泉溫 49.1度
功效 神經痛、慢性皮膚病、慢性婦女病
♨ 山形縣山形市藏王溫泉1267-16
☎ 023-694-9706
¥ 一晚附兩餐／11,550日圓起

鹿之湯全景

那須湯本溫泉　栃木縣

在江戶時代的「溫泉排行榜」當中，東邊榮登首冠的是草津，那須湯本緊接在後。不管是草津還是那須，湧出的都是強烈的酸性泉。至於那須這個地方的溫泉，大約是在1300年前，有隻白鹿因為在此浸泡溫泉療傷的場景為人所見，進而發現，這也是共同湯「鹿之湯」的名稱由來。

江戶時代此處早已是擁有百戶旅館的溫泉街，不僅駐守在江戶的大名（即諸侯）會前來此處進行湯治，俳聖松尾芭蕉在「奧之細道」旅行時也曾在此留宿。當時，芭蕉在拜訪歷史悠久的那須溫泉神社與近在咫尺的殺生石時，便寫下了這句俳句：「湯をむすぶ 誓ひも同じ 石清水」（掬泉淨身心，誓約結緣二神間，岩間石清水）。

旅館　山快

此處接管引用的是與元湯「鹿之湯」相同的源泉，只要浸泡在白色的濁泉裡，肌膚就會變得十分滑溜。那須溫泉的氧化還原作用，可讓肌膚更加白皙，細緻美麗。僅有10間客房的小旅館「山快」，附設浴池採用的是100%源泉放流溫泉，另外還有家庭浴池。美食方面提供的則是親手烹調的京都風料理，而且早晚兩餐都可在客房裡慢慢享用。

泉質 酸性硫磺泉　泉溫 39 度以上
功效 糖尿病、慢性皮膚病、割傷、關節僵硬
♨ 栃木縣那須郡那須町湯本 22
☎ 0287-76-3070
¥ 一晚附兩餐／ 10,800 日圓起

共同浴場　鹿之湯

那須溫泉的象徵，同時也是日本代表的共同湯。穿過架設在湯川上的迴廊，就會看到一棟壯觀氣派的純木造浴舍。此處的浴池就男湯而言共有6池，泉溫從41度至48度，共有6種。這裡自古以來便流傳著，泡溫泉之前要先從後腦勺淋下熱水數次，以免血壓突然上升的入浴方式。如此作法可提升溫泉藥效，預防入浴之後暈眩、噁心等狀況出現。

泉質 酸性硫磺泉　泉溫 41 度以上
功效 糖尿病、慢性皮膚病、割傷、關節僵硬
♨ 栃木縣那須郡那須町湯本 181
☎ 0287-76-3098
¥ 入浴費／ 400 日圓（六日及國定假日 500 日圓），8:00 ～ 18:00，無休

晚秋的萬座（提供 · 豐國館）

萬座溫泉 群馬縣

海拔 1800 公尺高，位處上信國境的草津白根山西邊山腰處，瀰漫著一股濃郁的硫磺味。萬座溫泉之名曾經出現在江戶中期的書籍之中，但是真正的開發卻要到明治 6 年（1873 年），也就是「日進館」（即今日的「萬座溫泉日進館」）興建之後才開始。

近年來在度假村開發的熱潮之下，一般人對萬座溫泉的印象莫過於避暑勝地或滑雪度假村。不過，萬座這個地方泉量豐富，而且還得天獨厚擁有充滿「溫泉力」的酸性硫磺泉，再加上地處高地，空氣清新朗爽，是日本少數一級溫泉療養地條件齊全的溫泉勝地。

萬座溫泉日進館

這是間可盡情享受溫泉樂趣的旅館，泉量豐富的天然酸性硫磺湧泉，毫不吝惜地從館內的9座浴池當中潺潺放流。只要浸泡在散發出硫化氫臭味的乳白色溫泉裡，就能夠一邊浸浴，一邊仰望滿天星辰，此處簡直就是讓身心獲得重生的佳泉。不少湯治客前來此處的目的，就是為了尋求出色的自然景觀，以及有效治療萬病的溫泉。

泉質 酸性硫磺泉 泉溫 80 度
功效 糖尿病、腸胃病、關節痛、自律神經失調、腰痛
♨ 群馬縣吾妻郡嬬戀村干俣萬座溫泉 2401
☎ 0279-97-3131
¥ 一晚附兩餐／ 7,000 日圓起

豐國館

堪稱萬座溫泉的原點，過去曾為氣氛熱絡的湯治場，是昔日風光場景今日依舊可見的旅館。這棟昭和3、4年竣工的西式木造三層建築，周圍景致不僅大發異彩，在昭和4年用日本鐵杉興建的浴池，氣氛更是絕佳。身體只要一沉浸在水溫略高的乳白色溫泉裡，滿溢而出的嘩啦水聲，更是加深了身在桃源鄉的美好記憶。

泉質 酸性硫磺泉 泉溫 75 度
功效 高血壓、糖尿病、腸胃病、關節痛
♨ 群馬縣吾妻郡嬬戀村大字干俣萬座溫泉 2401
☎ 0279-97-2525
¥ 一晚附兩餐／ 7,000 日圓起（另設湯治費）

湯畑（提供・草津町）

草津溫泉　群馬縣

這是曾讓貝爾茲博士（Erwin Bälz），一位來自德國的近代溫泉醫學之祖讚嘆「簡直擁有神奇療效」的草津溫泉。白根山東側的山腳下，瀰漫著一股強烈的硫磺味，以「天下名泉」稱霸日本的草津溫泉，其最大象徵，就是每分鐘可以湧出多達 4000 公升酸性泉的「湯畑」。草津自古以來便習慣泡「時間湯」，一種浸浴在水溫將近 50 度，強烈酸性泉裡的入浴方法，也是一種鍛鍊身體的療法。擁有 18 處外湯，也是草津引人之處。湯畑附近深受大家喜愛的「白旗之湯」，以及進行時間湯的「千代之湯」，這些浴池通通都可以依照喜好精挑細選，是草津獨有的享受。

天乃字屋

江戶後期創業的「天乃字屋」（ての字屋），有著泉質佳、從湯畑接管引至附設露天浴池的「玉搖之湯」，以及浸泡後肌膚感覺溫潤的「天然岩石浴池」。另外宛如水簾般，從牆上裸露岩面湧出的白濁溫泉，也嘩啦嘩啦地注入用古檜木打造的浴池之中。採用數寄屋建築樣式的客房，以及京都風格的懷石料理，全都展現出溫泉旅館文化登峰造極的境界。

泉質 酸性硫磺泉　泉溫 46～48 度
功效 消除疲勞、美膚效果
♨ 群馬縣吾妻郡草津町草津 360
☎ 0279-88-3177
¥ 一晚附兩餐／30,000 日圓起

山本館

面對湯畑的老旅館「山本館」創業於江戶後期，當時的浮世繪師十返舍一九也曾下榻此處。大正初期興建的木造三層建築，採用的是黑灰色的數寄屋建築樣式。全檜木打造，別有風格的浴池更是一絕。這裡看不到窗外景色，也沒有露天溫泉。但是只要有十返舍一九曾經在此浸泡的上等酸性泉，那就足夠了。

泉質 酸性硫磺泉　泉溫 42～44 度
功效 神經痛、肌肉痠痛、皮膚病
♨ 群馬縣吾妻郡草津町草津 404
☎ 0279-88-3244
¥ 一晚附兩餐／17,400 日圓起

出湯溫泉　新潟縣

五頭連峰
（提供・五頭溫泉鄉旅館協同組合）

此處流傳著弘法大師曾在此地以錫杖擲地，因而湧出泉水的「開湯緣起」傳說，是越後歷史最悠久的溫泉。出湯溫泉位在五頭連峰縣立自然公園境內，自然景觀十分豐富，不僅可以觀賞到西伯利亞白鳥到此處過冬的瓢湖，還有五頭山登山口和獲選為「森林浴之森日本百選」的縣民休憩森林。

江戶時代為華報寺門前町，今日依舊保有昔日面貌的出湯溫泉，曾經是越後繁榮興盛的湯治場。現在來到此處不僅有5間旅館、華報寺與2間公共浴場，還有難得一見的足浴專用浴舍呢！

清廣館

開業300多年的「清廣館」，現存的建築物是昭和3年（1928年）興建的木造三層建築，同時也是國家登記有形文化財。這裡的溫泉是天然湧泉，氡氣絕佳的浴場採用的是100%源泉放流溫泉。美食方面除了有機的越光米，其他部分的食材也大多堅持使用新潟當地生產，十分講究。

泉質 單純弱放射能冷礦泉　泉溫 30.6度
功效 神經痛、關節痛、高血壓、動脈硬化
♨ 新潟縣阿賀野市出湯802
☎ 0250-62-3833
¥ 一晚附兩餐／12,000日圓起

出湯溫泉 弘法足湯

設置在專用浴舍裡的足浴場。含有「氡」這個弱放射能的天然湧泉，會先加熱至32度之後再以放流的方式提供。這是一個藉由吸入水蒸氣裡所含的放射能「氡」，進而活化體內細胞、提高自然治癒力的設施；另外還附設飲泉場。

泉質 單純弱放射能冷礦泉　泉溫 18.1度
功效 慢性消化系統疾病、慢性婦女病、病後恢復期
♨ 新潟縣阿賀野市出湯
☎ 0250-61-3003（五頭溫泉鄉旅館協同組合）
¥ 入浴費／100日圓，10:00～16:30，週四公休

自在館館內

栃尾又溫泉　新潟縣

以療養泉聞名的溫泉通常以微溫泉居多，因為可久泡在浴池中，讓皮膚吸收溫泉成分，增加血液循環，促進新陳代謝，極為有益身心。自古以「子寶之湯」為人所知，讓越後三山綠蔭環抱的栃尾又溫泉就是這樣的溫泉之一。地處新潟與福島縣界，在奧只見湖不遠處。

栃尾又是一處含氡的溫泉勝地。氡這種放射能易溶於水，可為肌膚吸收，亦可經由呼吸器將氣體吸入體內。因為是微溫泉，久泡不僅可以活絡副交感神經，還能夠舒眠，就連免疫力也會跟著提高。

共同湯　下之湯

此處將36.5度的源泉直接放流至浴池，另外還有加熱好的「浴後淨身池」。正因為一般的入浴時間長達兩個小時，所以這裡自古才會出現泡「長夜之湯」這個習慣。特色是只要浸泡在現湧而出的鐳泉裡，全身就會沾上氣泡。另外，栃尾又溫泉這3間旅館的公共浴場裡，還有「上之湯」與「奧之湯」這兩座浴池。

泉質 放射能泉　泉溫 36.5 度
功效 神經痛、肌肉痠痛、腸胃病、關節痛、五十肩
♨ 025-795-2216（寶巖堂）、025-795-2306（神風館）、025-795-2211（自在館），僅限在這 3 家旅館投宿者入浴

自在館

坐落在清流湯之澤川，可以欣賞搖頭擺尾的紅點鮭，並從大廳眺望四季野鳥，是這個桃源鄉的地點。自在館是由洋溢著大正復古風情的酒館，以及以鋼筋為建材的本館所構成，利用炭火燒烤方式烹調的越後鄉土料理，也大受歡迎。與上述3處公共浴場不同的是，這裡不僅擁有自家源泉，還附設了加熱的內湯和露天的個人湯屋。

泉質 放射能泉　泉溫 36.5 度、30 度
功效 慢性皮膚病、婦女病、痛風、高血壓、動脈硬化
♨ 新潟縣魚沼市栃尾又溫泉
☎ 025-795-2211
¥ 一晚附兩餐／ 11,280 日圓起（另設湯治費）

增富溫泉 山梨縣

岩石浴池（提供・不老閣）

位在秩父多摩甲斐國立公園西側，在本古川沿岸湧出溫泉的增富，與下部、湯村及大鹽等溫泉均，曾是武田信玄的隱湯。

據說，當信玄在本古川上游發現金礦之際，曾聽當地人提及此處有十分靈驗的新泉地，進而帶領著武田軍隊的傷兵前來此處進行湯治。

大正年間，從花崗岩層湧出的增富溫泉，是「世界上少數鐳含量豐富的溫泉」（12800 Mache）這件事明確之後，此地瞬間成為全日本家喻戶曉之處，進而升格為日本屈指可數的「療養泉之鄉」，直到今日。此處的泉溫略低，大約 30 度，不過當地卻也流傳著過去曾經大量湧出高溫泉水的《湯神傳說》。

不老閣

大正2年（1913年）創業的「不老閣」是傳承「寺之湯」這座旅館的傳統，進而成為日本療養專用的第一流溫泉旅館。

後山有座天然岩浴池。20度左右的新鮮鐳泉從頭頂上方的巨石流出，也從浴池底部的岩盤湧出。只要久泡在池中，就能夠舒張微血管，促進新陳代謝，就算在寒冷的嚴冬，手腳依舊暖烘烘，不覺冰冷。

這裡還有「蒸氣吸入室」，除了浸泡在溫泉中，從鼻或口將溫泉氣吸入體內，也能夠展現療效。館內浴池裡的源泉為30至36度。另外還有加熱的浸浴用浴池，以便維持溫泉的療效。

泉質 單純放射能泉 泉溫 19～36 度
功效 肝臟病、糖尿病、腸胃病、痛風、腎臟病
♨ 山梨縣北杜市須玉町小尾 6672
☎ 0551-45-0311
¥ 一晚附兩餐／11,976 日圓起（另設湯治費）

三朝溫泉 鳥取縣

共同湯「株湯」（作者拍攝）

以天台宗古剎三德山三佛寺而聞名的三德山，山腳下溫泉煙霧裊裊升起的地方叫三朝，附近有條三德川。河川兩岸約有30間充滿風情、鱗次櫛比的旅館，是山陰屈指可數的溫泉鄉。

三朝受人矚目的地方就是泉質，此處是世界少數含有鐳這個放射能的溫泉地。之所以讓人引以為傲，是因為微量的鐳可以活絡免疫細胞。

以混浴露天浴池而聞名的「河原之湯」，氣氛雅致。不過，附設飲泉處的共同湯「株湯」距離泉源地近，或許是三朝最能夠感受到鐳泉力量的浴池。

旅館大橋

讓充滿溫泉情趣的三朝大放異彩的，就是「旅館大橋」這棟木造三層的建築物。此處最自豪的，就是從浴池底部的岩縫之間，自然湧出鐳泉的「巖窟之湯」。鐳泉重鮮度，因此將直接湧出的溫泉注入浴池的話，就能夠將其功效發揮到淋漓盡致。還有精心挑選山珍海味，烹調而出的會席料理，也同樣深受眾人好評。

泉質 含放射能食鹽泉 泉溫 63.1 度
功效 神經痛、關節痛、氣喘
♨ 鳥取縣東伯郡三朝町三朝 302-1
☎ 0858-43-0211
¥ 一晚附兩餐／ 25,920 日圓起

藍之宿 木屋旅館

佇立在擁有足浴場與飲泉場的溫泉本通一隅，氣氛雅致的木造三層建築「木屋旅館」是創業於明治元年（1868年）的老字號旅社，而且格外深受女性喜愛。對於當季食材非常講究的美食固然令人垂涎欲滴，不過懂得泡溫泉的內行人，卻是將目標放在地下的「樂泉之湯」。直接湧出的鐳泉觸感之佳，深深觸動心弦，浸泡後身心感動不已。

泉質 單純反射能泉 泉溫 56 ～ 80 度
功效 關節痛、痛風、糖尿病、氣喘、消化系統疾病
♨ 鳥取縣東伯郡三朝町三朝 895
☎ 0858-43-0521
¥ 一晚附兩餐／ 16,200 日圓起

關金溫泉・關之湯番

關金溫泉　鳥取縣

位在倉吉市南邊，溫泉煙霧繚繞的關金，舊名「古金湯」，是山陰地區歷史悠久的名泉。

江戶時代的關金是往來美作地區，繁榮、興盛的宿場町，別名「湯關宿」。此處無色透明、無臭無味，宛如白銀的美麗溫泉，是世界上罕見含有鐳這個放射能，泉質十分優良的療養泉。

雖然不如三朝溫泉那樣顯赫輝煌，但是歷史悠久。傳聞此處是奈良時代天平勝寶 8 年（756 年）開鑿，與日本國家重要文化財「大瀧山地藏院」的創建時代相同。

矢送川沿岸山腳下，狹窄的坡道兩側民宅層層重疊，後方佇立著 4、5 間共同湯與溫泉旅館，如實地展現出山陰地區應有的幽靜風情，是一個洋溢風情的溫泉鄉。

共同湯　關之湯

關金這個地方雖然有一個氣派壯觀的溫泉中心，但是在保留昔日風情的宿場町，即溫泉街最後方，有一個明治時代由當地人出資開鑿的「關之湯」，更值得在此大力推薦。新鮮度是鐳泉的生命，如果不採用放流式，就會失去療效。

在這個木造瓦頂、規模不大的公共浴場裡，連用檜木打造的浴池、男性浴場，也僅能容納3、4個人。但是這個注滿溫泉的浴池，卻讓人深深地感受到在鄉下泡澡的好處。

令人開心的是，注泉口旁擺了幾個杯子供人飲泉。可以飲泉的共同湯出奇罕見，而且這裡提供的是沒有異味，容易入喉的溫泉水。無論何時，都希望這間共同湯能夠永存不滅。

泉質 單純放射能泉　泉溫 45.7 度

功效 高血壓、動脈硬化、關節痛、神經痛、痔疾

♨ 鳥取縣倉吉市關金町關金宿 1227-1

☎ 0858-45-3186

¥ 入浴費／200 日圓，6:30～21:00（4～9月），7:00～21:00（10～3 月），每月 1 日與 15 日公休

川棚溫泉的知名美食，瓦片炒麵

川棚溫泉　山口縣

位在山口縣西端，是西側可眺望玄界灘，東側以鬼城連山為背景的名泉。傳聞川棚溫泉能夠有效治癒疾病，例如長門長府藩的第三代藩主毛利綱元，就曾經為了疾病療養前來此處進行湯治，而且還立即見效。於是，感動不已的綱元便在此興建藥師院，並於元祿6年（1693年）設置湯治場「御殿湯」與御茶屋（住宿處，亦即別墅）。走在川棚，隨處可見御殿湯街道的遺跡，讓人不禁遙想起此處的過往風貌。另外，川棚還是讓漂泊的俳人種田山頭火一見傾心，說出名句「湧いて あふれる中に ねている」（浸浴湧泉中，恣意入眠）的溫泉勝地。

小天狗

這裡是以美食深得好評的湯宿，像是河豚料理、玄海灘的海鮮，以及川棚的知名美食「瓦片炒麵」。溫泉和生魚片一樣，好壞在於鮮度。「小天狗」腹地內有含鐳的自家源泉，而且還採用放流的方式，將內池與露天浴池注滿新鮮清澈的鐳泉，如此心意，令人感動。

泉質 弱放射能泉　泉溫 43.5 度
功效 神經痛、關節痛、腸胃炎（飲用）
♨ 山口縣下關市豐浦町川棚 5153
☎ 083-772-0215
¥ 一晚附兩餐／11,000 日圓起

Peaceful 青龍泉

這是位於川棚溫泉街上的溫泉澡堂。善用自家源泉得天獨厚的豐沛泉量，以極為低廉的澡堂費，提供不摻一滴水、100%的源泉放流溫泉的經營方式，讓下關市民等外地溫泉客歡喜不已。這裡不僅有主浴池、露天浴池、三溫暖、清水池與舒暢SPA，還有4間個人湯屋呢！

泉質 弱放射能泉　泉溫 41.1 度
功效 神經痛、痛風、動脈硬化、慢性皮膚病
♨ 山口縣下關市豐浦町川棚湯町 5159-2
☎ 083-772-0215
¥ 入浴費／420 日圓，9:00～21:00（2、4、6、9、12 月的第一個週五公休）

熊之川溫泉附近（提供・夢千鳥）

熊之川溫泉　佐賀縣

奈良時代弘法大師發現的熊之川溫泉，位在從佐賀市街沿著嘉瀨川往北走約 15 公里處，周圍是環繞蒼綠群山的河畔。此處是佐賀藩初代藩主，鍋島勝茂進行湯治的名泉。在大正時代，就連中國知名文學家郭沫若也曾經在此療養 10 個月，是縣都佐賀市的奧座敷（內廳）。保有昔日湯治場風情、閑靜山峽之中湧出的微溫氡泉與上游5公里處的古湯溫泉，均為指定的國民療養溫泉地，今日依舊擁有忠心不變的溫泉迷。

旅館 夢千鳥

宛如隱寓靜靜佇立在山村中，是間客房僅有5間的溫泉旅館。除了男女各一的內池，另外還有兩座家庭浴池，讓人彷彿置身在別墅，盡享溫泉樂趣。浴後可讓肌膚更加滑溜的露天浴池，有著可欣賞春夏秋冬變遷的景色，深受大家喜愛。除了手工製作的豆腐，散發季節感的創作料理也贏得眾人好評。

泉質 單純弱放射能泉　泉溫 38 度
功效 消除疲勞、神經痛
♨ 佐賀縣佐賀市富士町上熊川 288
☎ 0952-51-0155
¥ 一晚附兩餐／12,960 日圓起

熊之川浴場

熊之川是此處歷史悠久的溫泉設施，包含加熱源泉浴池在內，共有3處浴池。不過，溫泉客的目標都放在含有氡這種放射能，而且泉溫僅有30度的源泉放流溫泉「源泉浴池」。注滿清澈溫泉的浴池，泡過之後神清氣爽。不少常客都會在此花上半天時間，在加熱浴池與源泉浴池之間來回、輪流浸泡。

泉質 弱放射能泉　泉溫 30.8 度
功效 痛風、關節僵硬、病後恢復期
♨ 佐賀縣佐賀市富士町上熊川 118
☎ 0952-63-0021
¥ 入浴費／700 日圓（上午 9 點以後），500 日圓（下午3點以後）300 日圓（下午5點以後），9:00～20:30（第一與第三個週二、冬季每週二公休）

外湯的魅力

歷史悠久的溫泉地一定會有「共同湯」，有的地方將其稱為「外湯」。與外湯相反的是「內湯」，由住宿設施專門接管、引用的溫泉就是內湯，不過以前的溫泉地通常只有外湯。

據說，有馬溫泉的旅舍在江戶時代就已經有超過100間的數量。然而，旅舍內卻沒有內湯，因此湯治客與溫泉客都是到一之湯或二之湯等外湯浸浴。一直到戰後，有馬的旅舍才開始引進內湯。和有馬一樣，從江戶時代開始聞名全國的城崎溫泉等其他溫泉地的情況，也是大同小異，如出一轍。

大多數的溫泉地一開始都會在挖到溫泉的地方，也就是湧泉處興建外湯，而且旁邊一定會設置神壇，或是興建溫泉神社來供奉、祭祀。如此行為，證明了古時人們將地底湧出熱水這種自然現象，以及「這池熱水具有神奇療效」等情況視為是一種超現實現象。

溫泉神社・那須溫泉神社

在挖鑿技術不甚發達的時代，溫泉只能仰賴自然湧出。泉源地與湧泉處都是在人類智慧無法發揮作用的地方，所以人們才會特地架設神壇，將其作為村莊與村民的財產，免得溫泉淪為特定個人的私有財產。這就是村民的「共同湯」（外湯）的由來。

外湯聚集了鄰近、常來此處進行湯治的人。只要人群聚集，就能成立市集，如此一來，溫泉地就會更加熱絡，充滿活力。不久，就會有「想為逗留此處的人興建旅舍」的念頭。

像草津溫泉這些位處寒冷地帶的溫泉地，過去每逢冬季旅舍就會封閉；但是為了接納那些即便如此也要逗留此處的人，這些旅舍便開始全年開放。儘管如此，就連聞名的草津，也要到明治時代的冬季，才開始有湯治客來訪。

逗留在喜愛的旅舍，有空就到外湯泡溫泉；投宿在湯治旅舍的人得自炊來處理三餐這個習慣，至今依舊是理所當然的事。就因為如此，提供自炊食材的商店便陸續出現。既然是長期逗留，那麼就必須要為那些湯治客提供娛樂。在此情況之下，就會看到説書場、戲棚與茶店紛紛在附近搭建。如此一來，以外湯（共同湯）為中心的小鎮（所謂的「町」）就會慢慢擴大。

這樣的場景，只要走一趟以每分鐘可以噴出將近4千公升、源泉豐沛的「湯畑」為中心發展成溫泉鄉的草津溫泉，必定能點頭理解。草津之所以讓日本人不論男女老少都感到舒適自在，應該是這裡依舊保留著與日本舊時溫泉地景致雷同的氣氛，而且如此氛圍，想必早已深深烙印在日本人的心靈和DNA之中吧！在城鎮、市中心讓人感到神聖莊嚴的溫泉煙霧，裊裊升起的光景，為大多數的人帶來一份安穩與平靜，甚至得到療癒，這也是「溫泉力」的影響。

來到長野縣的野澤溫泉，可以看到當地居民用湧泉處的麻釜源泉，汆燙特產的野澤菜。而且附近還有居民將外湯稱為「總湯」和「大湯」，可見溫泉與地區居民的生活根本就是密不可分。如此風景光是看在眼裡，就足以讓人心平氣和。

在日本人心目中堪稱療癒心靈原始風景的溫泉地，至今依舊可見深受當地居民喜愛的外湯（共同湯）。想要形成溫泉鄉，就不能沒有外湯；珍惜並且守護堪稱溫泉鄉脊柱的外湯，更是現代溫泉地的生命線。唯有將歷史與文化傳承下去，方能真正讓日本人的身心得到療癒。

其實剛才提到日本的溫泉代表地，也就是草津溫泉這個地方，就有18處外湯，就連野澤溫泉也有13處，而且這些外湯還開放給當地居民和溫泉客使用。

上：野澤溫泉外湯「麻釜」（麻釜才有；提供・野澤溫泉）
下：野澤溫泉外湯「河原湯」

上：野澤溫泉發源地的外湯「熊之手洗湯」
下：野澤溫泉外湯「中尾之湯」

歷史悠久的外湯

只要到溫泉地，我一定會先去外湯（共同湯）走走，這是我長久以來的習慣。如前所述，外湯充滿了歷史。而且以常理來講，外湯也是該處溫泉街泉質最好的地方。根據我所提倡的「松田式」溫泉地評價法來看，歷史悠久的溫泉街外湯的泉質與泉量如果差強人意，那麼旅舍的溫泉便難以令人期待。因此我個人判斷，一條溫泉街如果連外湯也封鎖的話，就代表這個地方的溫泉條件（泉量不足等）顯然已經惡化。

外湯是溫泉街的門面！所以在選擇溫泉的時候，不妨將標準放在外湯的好壞上。

接下來，我要為大家介紹幾處建築物充滿歷史與特色，並且採用「源泉放流式溫泉」、泉質出色，能夠與當地居民交流的主要外湯。

鳴子溫泉「瀧之湯」（宮城縣）

「瀧之湯」的源泉是擁有 1200 年歷史的鳴子溫泉發源地。現在這棟建築物重現了江戶初期的溫泉小屋，是以純青森羅漢杉打造，風情古雅的共同湯。此處的硫磺泉，可是不摻一滴水的100％源泉放流溫泉。

泉質 硫磺泉　泉溫 46.2 度

♨ 大崎市鳴子溫泉湯元 84

☎ 080-9633-7930

¥ 入浴費／ 200 日圓，7:30 ～ 22:00

飯坂溫泉「鯖湖湯」（福島縣）

傳聞為飯坂溫泉的發源地「鯖湖湯」，是開疆擴土的日本武尊在東征途中發現的溫泉，並且曾於此處進行湯治。近年來經過一番改建之後，木造建築變得氣派堂皇，有用羅漢柏與櫸樹興建的浴場，還有用御影石打造的浴池，營造出極盡華麗充滿魅力的浴舍。泉溫45.6度的熱水，也曾經吸引芭蕉和與謝野晶子來此浸浴。

（提供 · 福島市觀光開發株式會社）

泉質 鹼性單純泉　泉溫 51 度

♨ 福島市飯坂町湯澤 32- イ

☎ 024-542-5223

¥ 入浴費／大人 200 日圓，孩童 100 日圓，6:00 ～ 22:00（週一公休，遇假日隔日休）

那須湯本溫泉「鹿之湯」（栃木縣）

舒明天皇2年（630年）流傳下來的那須溫泉發源地。純木造的浴舍裡，男湯有6座浴池，女湯有5座浴池，放流著溫度相異的酸性硫磺泉。浸泡2、3分鐘之後就需起身休息的「短熱浴」，是此地的浸泡習慣。

女性專用浴池

泉質 酸性硫磺泉　泉溫 57.2 度

♨ 那須郡那須町湯本 181

☎ 0287-76-3098

¥ 入浴費／平日 500 日圓，六日及國定假日 1500 日圓，8:00 ～ 18:00

草津溫泉「千代之湯」（群馬縣）

草津這個地方有19處外湯，當中最主要的3處設施亦開放給一般民眾使用。或許是距離湯畑較近的關係，當中以「白旗之湯」最熱門。不過，附設可以體驗草津獨特入浴方式「時間湯」的「千代之湯」，也不容錯過，更何況這裡距離湯畑其實也不遠。

（提供 · 草津町）

泉質 酸性硫磺泉　泉溫 51.3 度
♨ 吾妻郡草津町草津
☎ 0279-88-2508（時間湯需預約）
¥ 入浴費／免費，5:00 ～ 23:00

野澤溫泉「大湯」（長野縣）

繼承江戶時代獨特的「湯屋造」建築樣式，散發出一股獨特風格的「大湯」，是信州名泉野澤的象徵。浴場雖然不夠寬敞，但是品質優良的硫磺泉卻毫不吝惜地溢出浴池。就連法國的米其林旅遊指南也曾經介紹過！值得推薦的有「中尾之湯」與「真湯」。全村13處外湯通通可以免費入浴。

（提供 · 野澤溫泉觀光協會）

泉質 單純硫磺泉　泉溫 67 度
♨ 下高井郡野澤溫泉村豐鄉
☎ 無
¥ 入浴費／免費，5:00 ～ 23:00（12 ～ 3 月為 6:00 ～ 23:00）

湯之峰溫泉「壺湯」（和歌山縣）

中世以後流傳的《小栗判官與照手姬》這個故事當中，曾經提到小栗在此處浸浴49天的溫泉之後得以甦醒，其後便以「重生之湯」而聞名。將岩石鑿洞而成的小型岩石浴池，可是大排長龍的熱門個人湯屋，地位堪稱日本溫泉的原點，同時還與熊野古道榮登世界遺產的行列之中。

（提供 · 田邊市）

泉質 含硫磺碳酸氫鈉泉　泉溫 53.5 度
♨ 和歌山縣田邊市本宮町湯峰 110
☎ 0735-42-0074
¥ 入浴費／ 800 日圓，6:00 ～ 21:30

有福溫泉「御前湯」（島根縣）

這個別名「山陰伊香保」，洋溢著湯治場風情的溫泉鄉是3處外湯的核心地。「福之湯」這個原為14世紀初開山的福泉寺的公共浴場，在昭和5年重新改建為紅磚屋，同時改名為「御前湯」。鹼性單純泉色澤透明，觸感宛如絲綢般滑溜，深受女性喜愛。

（提供 · 江津市）

泉質 鹼性單純泉　泉溫 47 度
♨ 江津市有福溫泉町 710
☎ 0855-56-3353
¥ 入浴費／ 400 日圓，7:00 ～ 21:30 不定休

長門湯本溫泉「恩湯」（山口縣）

擁有六百年歷史，位於長門湯本溫泉源頭處的公共大浴場「恩湯」，於 2020 年進行全新翻修並重新開幕了。大浴池設於新建的木造單層建築裡，就位在源泉的上方，所以不但屬於源泉放流式溫泉，還是從源泉直通浴池的直泉。其中最特別的，是當你浸泡在深度 1 公尺的深湯同時，還可以欣賞到源泉從岩盤自然湧出的有趣景觀。另外也設有個人湯屋（需事先預約）。

（提供 · 長門市）

泉質 鹼性單純泉　泉溫 38.8 度
♨ 長門市深川湯本 2265
☎ 0873-25-4100
¥ 入浴費／大人 990 日圓，孩童 500 日圓（一日無限入浴券：大人 1500 日圓，孩童 600 日圓），10:00 ～ 22:00（每月的第三個星期二公休）

別府溫泉「竹瓦溫泉」（大分縣）

別府光是市府與地區營運的公共浴場，就已經超過 130 處。當中位在市中心，溫泉煙霧彌漫的「竹瓦溫泉」堪稱別府的象徵。明治 12 年（1879 年）年營建、昭和初期改建，氣派豪邁的唐破風建築樣式乍看之下，宛如歌舞伎劇場，說這是日本外湯的橫綱，一點也不為過。

（提供 · 別府市）

泉質 鹼性碳酸氫鈉泉　泉溫 53.8 度
♨ 別府市元町 16-23
☎ 0977-23-1585
¥ 入浴費／一般池 300 日圓，6:00 ～ 22:30，沙湯池 1,000 日圓，8:00 ～ 22:30（沙湯池每月第三個週三公休）

滿願寺溫泉　川湯（熊本縣）

鎌倉時代中國蒙古軍隊來襲之際，武將曾經前往祈禱的滿願寺附近，有一條志津川。河畔旁的露天公共浴場十分獨特，在白天，當地老人家會在浴池旁淘米、洗衣，孩子們則騎著腳踏車從眼前的小路揮手而過。這裡是生活依舊與昔日美好時光緊密結合的溫泉代表地，今日這樣的溫泉地已不多見。至於這裡的溫泉，則採用混浴。

（提供 · 南小國町）

泉質 單純泉　泉溫 38 度
阿蘇郡南小國町 願寺志津
無
入浴費／ 200 日圓（有收費箱）

山鹿溫泉　櫻湯（熊本縣）

根據現有紀錄，距今約370年前，此處本為細川藩主茶屋的「櫻湯」。明治初期大幅翻修之後，到了平成24年，山鹿自家源泉這個長久以來深受市民喜愛的溫泉，竭盡全力將江戶時期的建築樣式，毫不保留地重現在世人面前，例如採用唐破風建築樣式的南北向玄關，以及呈十字交叉，造型獨特的屋頂。將木頭橫樑與樑柱裸露出來，魄力十足的通頂空間有寬敞、遼闊的大浴場，觸感如同絲綢的溫泉依舊一如往昔，毫無改變。

（提供 · 櫻湯）

泉質 鹼性單純泉　泉溫 40.0 度
熊本縣山鹿市山鹿 1 番地 1
0968-43-3326
入浴費／ 350 日圓，6:00 ～ 24:00
（第三個週三公休）

其他主要的外湯

＊費用、營業時間等實際情況依當地提供資訊為準。

溫泉名	設施名	所在地	電話	入浴費用
藏王溫泉	上湯共同浴場	山形縣山形市藏王溫泉	023-694-9328	200 日圓，6:00 ～ 22:00
上山溫泉	下大湯共同浴場	山形縣上山市十日町	無	150 日圓，6:00 ～ 22:00（冬季 6:30 ～ 22:00）
伊香保溫泉	石段之湯	群馬縣澀川市伊香保町伊香保	0279-72-4526	410 日圓，9:00 ～ 21:00（11 ～ 3 月至 20:30 第二與第四個週二公休，八月無休）
四萬溫泉	御夢想之湯	群馬縣吾妻郡中之條町四萬	0279-64-2321	免費，9:00 ～ 15:00
山田溫泉	大湯	長野縣上高井郡高山村奧山田	026-242-2314	400 日圓，6:00 ～ 21:00（第三個週三公休）
澀溫泉	大湯	長野縣下高井郡山之內町平穩	0269-33-2921	500 日圓，10:00 ～ 16:00（不定休）
越後湯澤溫泉	山之湯	新潟縣南魚沼郡湯澤町湯澤	025-784-2246	500 日圓，6:00 ～ 21:00（週二公休）
伊東溫泉	和田壽老人之湯	靜岡縣伊東市竹之內	0557-37-0633	300 日圓，14:30 ～ 22:30（週三公休）
湯泉地溫泉	瀧之湯	奈良縣吉野郡十津川村小原	0746-62-0400	800 日圓，8:00 ～ 21:00（週四公休）
白濱溫泉	崎之湯（露天池）	和歌山縣西牟婁郡白濱町 1668 番地	0739-42-3016	500 日圓，因季節而異（週三公休）
城崎溫泉	一之湯	兵庫縣豐岡市城崎町湯島	0796-32-2229	800 日圓，7:00 ～ 23:00（週三公休）

溫泉名	設施名	所在地	電話	入浴費用
有馬溫泉	金之湯	兵庫縣神戸市北區有馬町	078-904-0680	800 日圓，8:00 ～ 22:00（第二與第四個週二公休，元旦休）
岩井溫泉	岩井湯被溫泉	鳥取縣岩美郡岩美町岩井	0857-73-1670	380 日圓，6:00 ～ 22:00
三朝溫泉	株湯	鳥取縣東伯郡三朝町三朝	0858-43-3022	400 日圓，8:00（週一為 10:00）～ 21:45
道後溫泉	道後溫泉本館	愛媛縣松山市道後湯之町	089-921-5141	460 日圓起，6:00 ～ 23:00
武雄溫泉	武雄溫泉大眾浴場	佐賀縣武雄市武雄町大字武雄 7425	0954-23-2001	500 日圓起，6:30 ～ 24:00
雲仙溫泉	雲仙小地獄溫泉館	長崎縣雲仙市小濱町雲仙	0957-73-3273	460 日圓，9:00 ～ 21:00
筌之口溫泉	筌之口溫泉共同浴場	大分縣玖珠郡九重町田野筌之口	0973-73-5505	300 日圓，24 小時
別府鐵輪溫泉	澀之湯	大分縣別府市鐵輪風呂本一組	無	100 日圓，6:30 ～ 20:30
人吉溫泉	元湯	熊本縣人吉市麓町	0966-24-1950	300 日圓，6:00 ～ 22:00（元旦休）
紫尾溫泉	紫尾區營大眾浴場	鹿兒島縣薩摩郡薩摩町紫尾	0996-59-8975	200 日圓，5:00 ～ 21:30

都市近郊的「放流溫泉」設施

都市近郊服務完善，提供純泡湯而無住宿服務（日帰り）的溫泉設施越來越多了。當中有的是「源泉放流溫泉」，有的甚至是豐沛泉量不輸給外湯的溫泉。接下來主要介紹三大都市圈的純泡湯溫泉設施。

＊資訊內容依序為：溫泉名、地址、電話號碼、入浴費、說明。

♨ 前野原溫泉　清之湯處（SAYA 溫泉）

♨ 東京都板橋區前野町 3-41-1
☎ 03-5916-3826
¥ 870 日圓

東京真正的「源泉放流」溫泉。直接從泉源地接管注入浴池的強食鹽泉，呈茶綠色，藥草蒸氣三溫暖更是深受女性好評。

♨ 鶴之湯

♨ 東京都江戶川區船堀 2-11-16
☎ 03-3689-0676
¥ 460 日圓

從船崛站徒步 5 分鐘，是緊鄰車站的溫泉澡堂，創業於江戶時期。露天浴池是採用「源泉放流溫泉」的黑湯。另外還有注入源泉，溫度冰涼的「源泉水浴池」。

♨ SPA & HOTEL 和

♨ 東京都大田區西蒲田 7-4-12
☎ 03-5710-2222
¥ 2,300 日圓（六日為 2,600 日圓）

大田區的特產「黑湯」，提供的是名為「美肌之湯」的碳酸氫鈉泉。有加熱的浴池，以及泉溫約 18 度，直接注入源泉的浴池，兩者均採用放流式。

♨ 稻城天然溫泉　季乃彩

♨ 東京都稻城市向陽台 6-13
☎ 042-370-2614
¥ 800 日圓（六日及國定假日為 950 日圓）

從南武線南多摩站徒步 5 分鐘，是一處在車站附近就能夠享受「黑湯」的熱門溫泉。露天岩石浴池與臥躺浴池，均為「源泉放流溫泉」。

♨ 小平天然溫泉　小川羅馬公共澡堂

♨ 東京都小平市小川町 1-2494
☎ 042-344-1126

古代羅馬風格的建築物讓人印象深刻，露天區還有「源泉放流」浴池。能夠讓肌膚更加濕潤光滑的碳酸泉與蒸氣浴，深討女性歡心。

♨ 河邊溫泉　梅之湯

♨ 東京都青梅市河邊町 10-8-1 河邊城大樓 B/5F
☎ 0428-20-1026
¥ 860 日圓

充滿開放感的庭園露天區有「源泉放流」等 4 種浴池，就連內湯也有 6 種浴池，泉質滑溜的溫泉是「美肌之湯」。

♨ 天然溫泉　綠湯　都賀館（歇業）

♨ 千葉市若葉區若松町 545-20
☎ 043-423-2626
¥ 700 日圓（六日及國定假日為 800 日圓）

露天岩石浴池「獵鷹之湯」是採用放流式的強食鹽泉，保溫效果十分出色。至於碳酸浴池與低溫鹽浴三溫暖，還具有排毒效果。

♨ 樂天地天然溫泉　法典之湯

♨ 千葉縣市川市柏井町 1-1520
☎ 047-338-4126
¥ 700 日圓（六日及國定假日為 800 日圓）

包含「源泉放流」浴池在內，共有 8 種浴池與 4 種三溫暖。提供的強食鹽泉「可暖身，肌膚更加光滑」，深受好評。

♨ 埼玉清河寺溫泉

♨ 埼玉縣埼玉市西區大字清河寺 683-4
☎ 048-625-7373
¥ 700 日圓

好感度極佳！尤其是露天區的氣氛格外引人。泉溫 38.3 度的食鹽泉湧泉以「源泉放流」的方式提供，「生源泉湯」更是療癒身心。

♨ 熊谷天然溫泉　花湯 SPA 休養村

♨ 埼玉縣熊谷市上之 1005
☎ 048-501-1126
¥ 700 日圓

此處的亮點在於「生源泉放流式溫泉」，除了有可以享受餐點與喝茶樂趣的「溫活咖啡館」，還有信樂燒的壺湯、絲綢湯、露天浴場，以及 8 種岩盤浴。（溫活，是指平常藉由暖和身體的方式來提高對自己身體的注意力，是積極面對及解決手腳冰冷等女性，特有症狀的活動。）

♨ 溝口溫泉　喜樂里

♨ 神奈川縣川崎市高津區千年 1068-1
☎ 044-741-4126
¥ 800 日圓（六日及國定假日為 970 日圓）

每分鐘湧泉量達 430 公升的天然溫泉，琥珀色的碳酸氫鹽泉「美人湯」在露天浴池採用放流的方式來提供，艾草鹽三溫暖亦相當熱門。

♨ 藤野山波溫泉

♨ 神奈川縣相模原市綠區牧野 4225-1
☎ 042-686-8073
¥ 700 日圓（平日下午 5 點以後 450 日圓）

此處注滿了可讓肌膚光滑柔嫩的鹼性硫酸鹽泉「源泉放流浴池」，最為熱門。除了櫻花，可以眺望叢林群山的露天浴池，亦讓人心情舒適。

♨ 源泉溫泉藥石汗蒸房　風與月

♨ 靜岡縣濱松市濱北區平口 2861
☎ 053-584-6199
¥ 780 日圓

此處奢侈用上天然岩石搭建，採用真正的「放流溫泉」，是可以感受到春夏秋冬的露天浴池。浸泡在可以凝望庭園，並以信樂燒為浴缸，放置在半露天浴場裡的壺湯，也能療癒身心。

♨ 越谷天然溫泉美人湯　湯之華

♨ 埼玉縣越谷市大間野町 3-61-1
☎ 048-985-4126
¥ 730 日圓

提供 22 種浴池的溫泉設施，人稱「美人湯」的新鮮碳酸泉，採用的是「源泉放流」的方式。具有美容效果的浴池，讓選擇更是充實豐富。

♨ 百觀音溫泉

♨ 埼玉縣久喜市西大輪 2-19-1
☎ 0480-59-4126
¥ 800 日圓（六日及國定假日為 850 日圓）

保濕、保暖效果極佳，泉溫 57 度的自噴強食鹽泉以「源泉放流」的方式提供。滑溜的「美人湯」深受好評，寬敞的大浴池亦十分舒適；另外還有附個人湯屋的包廂。

♨ 宮前平溫泉　湯煙之庄

♨ 神奈川縣川崎市宮前區宮前平 2-13-3
☎ 044-860-2641
¥ 1,240 日圓（六日及國定假日為 1,500 日圓）

從東急田園都市線宮前平站步行約 4 分鐘，近鄰車站的溫泉。露天浴池採用的是放流式溫泉。除了熱門的碳酸琥珀湯®，另外還有岩盤浴、搓澡與三溫暖。

♨ 多寶溫泉　蝸牛之湯

♨ 新潟縣新潟市西蒲區石瀨 3250
☎ 0256-82-1126
¥ 800 日圓

擁有 3 種源泉，是泉量豐沛的溫水浴設施。面積達 50 帖榻榻米的大庭園露天浴池是美肌效果極佳，採用放流的方式注滿浴池的硫磺泉。

♨ 天然溫泉　燕子花

♨ 愛知縣刈谷市東境町吉野 55
刈谷 Highway Oasis 內
☎ 0566-35-5678　¥ 820 日圓

電動按摩浴池、按摩浴池、高濃度低溫碳酸泉、天然溫泉碳酸泉、岩盤浴、搓澡等服務項目，琳瑯滿目！另外，露天浴池裡還有放流式壺湯和天然溫泉放流式浴池。

♨ 舒暢天然溫泉　湯樂

♨ 愛知縣津島市西愛宕町 2-208
☎ 0567-23-4126
¥ 1,100 日圓

可以在露天浴池裡享受「源泉放流」的天然溫泉，內湯與露天浴池分成日式與西式。另外還有高溫、鹽浴與霧氣，這 3 種三溫暖。

♨ 天然溫泉　JAB

♨ 三重縣四日市市波木町 1077-73
☎ 059-322-5111
¥ 620 日圓

提供每分鐘可以湧出 750 公升 53 度的天然溫泉，堅持採用「源泉放流」的方式來提供新鮮溫泉。另外還有 8 種浴池與迷你游泳池。

♨ 舒暢之鄉　湯樂

♨ 大阪市住之江區北加賀屋 3-5-37
☎ 06-4702-4126
¥ 720 日圓（六日及國定假日為 770 日圓）

從四橋線北加賀屋站徒步 7 分鐘，所有浴池都是採用「完全放流溫泉」！而且還是泉溫 28.2 度，每分鐘湧出 420 公升的純溫泉，可以浮在水面上的「死海浴池」亦相當熱門。

♨ 藏前溫泉　更紗之湯

♨ 大阪府堺市北區藏前町 1-3-5
☎ 072-252-1533
¥ 650 日圓

泉溫 52 度，是每分鐘可湧出 720 公升的溫泉！金黃色的食鹽泉採用「源泉放流」的方式注入露天浴池中，採用 10 種中日植物的蒸氣浴池也不錯。

♨ 松原天然溫泉　you、湯～（歇業）

♨ 大阪府松原市別所 2-4-35
☎ 072-333-1126
¥ 1,800 日圓（下午 5 點以後為 1,000 日圓）

完全不摻水，也不加熱或做循環使用的「100%源泉放流溫泉」。每分鐘可湧出 230 公升，鹽分濃度可匹敵海水的強食鹽泉，對於身心「療效」特佳。

♨ 天然溫泉　延羽之湯

♨ 大阪府羽曳野市廣瀨 186-3
☎ 072-950-1126
¥ 850 日圓

以山里為概念，男女湯加起來面積達 500 坪的露天浴池區，採用的是「放流溫泉」。每分鐘可湧出 750 公升，是泉質滑溜的溫泉。

♨ 天然溫泉　湯藏（歇業）

♨ 大阪府門真市新橋町 33-11
☎ 06-6907-4126

寬敞的露天浴池採用的放流式溫泉，深受眾人喜愛。還有碳酸浴池、電氣浴池、岩石浴池、壺湯等 10 種浴池。另外，在劇場餐廳還可以觀賞大眾戲劇。

♨ 貓頭鷹之湯

♨ 和歌山市本町 2-1 FORTÉ WAJIMA 地下 1 樓
☎ 073-423-4126

從地底 1500 公尺處湧出的高濃度天然碳酸泉，採用的是「源泉放流」。碳酸泉雖然稀少，卻有益健康與美容。另外，中藥三溫暖亦十分熱門。

♨ 天然溫泉　天翔之湯

♨ 京都府京都市右京區西京極大門町 19-4
☎ 075-316-2641
¥ 430 日圓

只要付出大眾澡堂的費用，就能夠享受「源泉放流」的天然溫泉。有露天浴池、深浴池、電氣浴池與三溫暖。保濕及保溫力出色的食鹽泉，深受女性喜愛。

♨ 美肌溫泉　Aguro 之湯（あぐろの湯）

♨ 兵庫縣神戶市長田區南駒榮町 1-6
☎ 078-691-1126
¥ 850 日圓

泉溫 44.8 度，每分鐘可湧出 320 公升的豐富食鹽泉，完全不加熱或摻水，而且還以「源泉放流」的方式提供真正的溫泉。而且保濕、保溫效果佳，深受女性喜愛。

♨ 塚新天然溫泉　湯之華廊

♨ 兵庫縣尼崎市塚口本町 4-8-12
☎ 06-6423-4426
¥ 800 日圓

以黑色為基調的建築物，同樣採用黑色的浴室牆壁，氣氛格外平和。土黃色溫泉讓人聯想到山上溫泉，這在都會中非常罕見，採用「源泉放流」的浴池更是讓人開心。

♨ 宇品天然溫泉　微湯

♨ 廣島縣廣島市南區宇品東 3-4-34
☎ 082-252-1126
¥ 750 日圓

此處礦物質含量豐富的天然溫泉，可讓肌膚更加緊實，露天的「源泉湯」採用的是放流式。另外還有絹肌之湯、迴游浴池、碳酸泉與三溫暖。

♨ 名湯　寶乃湯

♨ 兵庫縣寶塚市中筋 3-3-1
☎ 0797-82-1126
¥ 750 日圓

從福知山線中山寺站徒步 10 分鐘，大量自噴的強鹽泉採用了放流式，將茶褐色的溫泉注滿庭園露天浴池，而且女湯還有 3 種三溫暖可以選擇。

三、溫泉入浴知識與樂趣 ♨

溫泉的起源

火山性溫泉

日本大多數的溫泉地，例如千島、那須、鳥海、富士、乘鞍、大山和霧島，都是沿著第四紀（約兩百萬年前至現在）火山帶分布。至於世界上像環繞太平洋的環太平洋造山帶，以及從印尼、馬來半島到法國、德國的阿爾卑斯造山帶等地方，也是火山遍布。另外，地震頻繁的地方也會湧出溫泉。

循環水說

溫泉的起源，與火山爆發最主要的因素——岩漿的活動密不可分；這是提倡〈循環水說〉最有力的根據。1847年德國化學家羅伯特・威廉・本生（Robert Wilhelm Bunsen）在發表此論說時，便提到溫泉的起源應該來自雨水與雪融水。

從天而降的雨水沿著大地岩縫滲流到地底下數公里至十幾公里處之後，會累積在多孔質岩層裡。如字面所示，這是一個表面佈滿孔洞的岩層，岩層好比一塊海綿，讓水滲入其中。這個岩層底下有一個溫度高達700至1300度，名為岩漿庫的地層。

假設我們生活的地表氣壓單位是1，那麼這一帶就是5萬倍，也就是5萬氣壓。據推測，這個地方就算不特地加熱讓水沸騰，溫度也會上升至250度左右。

火山（有珠山）與洞爺湖溫泉

只要降雨，這個地方就會不斷地有新的雨水滲透入其中。熱水比重較輕，容易被擠壓，並且會從地層縫隙朝地表上升。越接近地表，溫度與壓力就會下降，因此水溫會漸漸降至接近沸點（100度）。這就是〈循環水說〉的概要。

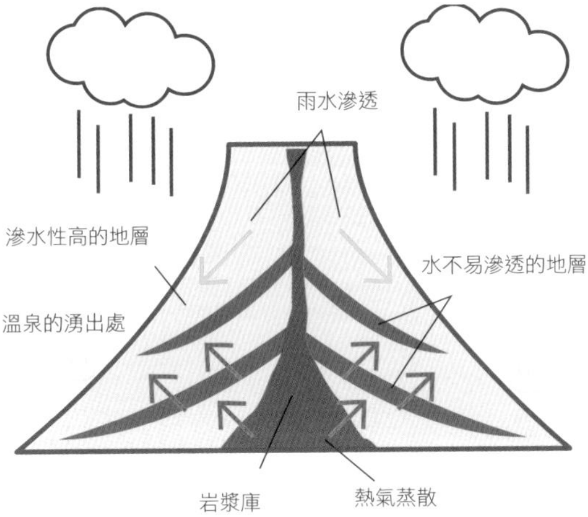

溫泉的形成過程

溫泉所含的成分，會因為上升時通過的地層而改變。最常提到的典型範例，就是長崎縣的島原半島。島原半島西邊是小濱溫泉與雲仙溫泉，中間隔著1990年爆發的普賢岳的地方就是島原溫泉。據推測，這些溫泉應該都是來自半島西部，面對橘灣地底的岩漿庫。

有趣的是，面對橘灣的小濱是食鹽泉，雲仙是硫磺泉，島原則是重碳酸鹼性泉，這三個地方的泉質壁壘分明，各具特色。最接近岩漿庫的小濱泉溫高達100度上下，但是島原只有40度，算是最低。

岩漿起源說

法國地質學家雷昂斯・埃里・德・博蒙（Léonce Élie de Beaumont）在1847年認為，火山噴出的物質與湧出的溫泉成分類似，因而主張溫泉應該來自岩漿。

之後，澳洲的地質學家愛德華・休斯（Eduard Suess）於1902年在比較溫泉湧出量較多之地與降水量之間的關係，同時分析其所含的成分之後，也提出與德・博蒙一樣的主張；認為溫泉是從地底岩漿處開始上升，而且是第一次從地球內部湧出地表的水，因此稱為「初生水」。這就是〈岩漿水說〉，或稱〈初生水說〉。

溫泉裡頭的確可以找到與岩漿相同的成分，然而現在大多數的溫泉都是以前述的循環水為主軸來作解釋，因此人們通常都會以〈循環水說〉來說明。

非火山性溫泉

也有些溫泉的起源已證實與火山活動並無關連。事實上，像是兵庫縣的有馬與城崎、紀伊半島的白濱、湯之峰與南紀勝浦（均為和歌山縣）、十津川（奈良縣）、四國的道後（愛媛縣），這些日本具代表性的古泉周圍，均無任何火山存在。

最為有力的另一個證明是，2011年3月11日發生的東日本大地震，太平洋板塊與北美洲板塊擠壓造成的地震。可是，日本全國各地溫泉溫度卻突然上升、泉量增加，有的泉質甚至產生變化，讓人不得不將焦點放在非火山性溫泉上。非火山性溫泉的熱源，大致如下：

①其他天體引力讓地球本身因為潮汐（潮水漲落＝伸展收縮）而產生的摩擦熱。
②地殼變動產生的摩擦熱。
③地殼與岩漿所含的物質產生的化學變化。
④地殼與岩漿所含的放射性物質發出的熱源。

以有馬溫泉為例，這裡的溫泉水因為成分與岩漿裡的游離氣體類似，長久以來人們一直以為此處的溫泉熱源應該來自岩漿，然而近來卻又有研究指出有馬這個地方並沒有岩漿，後來才得知，此處的溫泉主要來自海洋板塊運動所形成的熱水。

資料分析之後，事實證明潛藏於西日本下方的菲律賓板塊（海洋板塊）所含的水，在有馬地底下比較淺的地方脫水（分離）之後，以此為熱源的地下水會變成溫泉，並且上升至地面。

除了近畿地方之外，這類溫泉亦見於日本中部、東海和部分關東地方。

化石海水型溫泉

不管是火山性溫泉還是非火山性溫泉，自古以來就在不為人知的情況之下源源不絕地自然湧出地面。但是，大家是否曾經聽過東京都心早在江戶時代，就已經有高溫溫泉湧出地面一事呢？

現在東京湧出的溫泉是化石化的水，也就是過去本為海洋的地方，因為造山運動而隆起、陸封的「化石海水」。其他還有雨水滲透至地底之後，與特定的岩石及礦物產生反應，水質以鹼性為主的水。不管是哪一種，這些都屬於「積水」。

但是，這些水為何可以稱為溫泉呢？詳情如後所述，就現行的「溫泉法」來看，只要具備：

①泉溫超過25度。

②所含的特殊成分超過某一數量……這兩個條件的其中一項，就可以稱為溫泉。

尤其是①的「無論有無成分，只要水溫超過25度，即屬溫泉。」這個定義更是讓化石海水得以重見天日。

地球內部擁有熱源，而且越往深處，地溫就會隨之上升。以東京為例，每深入地下1百公尺，地溫就會上升2.3度。東京平均氣溫為16.2度（2005年調查），如果能夠順利找到水脈，只要向下挖鑿5百公尺，就能夠得到「天然」溫泉（譯註：日本溫泉法規定，水溫須超過25度才能稱為溫泉，台灣溫泉法則是規定30度）。至於「鑿掘工法」這個文明利器，更是讓化石海水榮獲了溫泉這個品牌名稱。

不過這樣的溫泉，就和用吸管將積水吸起來的樣子相同，枯竭的可能性非常高。另一方面，對於地盤下陷等對環境的影響，也讓人擔憂不已。

源地與湧出型態

泉源地與湧出型態

「功效實在是太神奇了！」讓堪稱日本近代醫學之父的德國人貝爾茲博士（Erwin Bälz／1849～1913）讚嘆不已的草津溫泉，位在白根山東邊，海拔約1,200公尺的高地；此處瀰漫著一股強烈的硫磺味。

以「天下名湯」遠近馳名的草津，最大的象徵就是在溫泉街正中央每分鐘可湧出4千公升、泉量極為豐沛的「湯畑」，

自然湧泉，草津溫泉的湯畑

這是寬20公尺，長達60公尺，堪稱草津規模最大的泉源地（湧泉處）。

江戶時代以後，從湯畑接管引泉的共同浴場與旅館，甚至特產店及商店，全都以這個湧泉處的湯畑為中心，接二連三地發展起來，形成了一條溫泉街，並繁盛至今；也奠定了日本典型的溫泉街發展模式。

近年來，利用陸地衛星探查溫泉的技術與深度鑿掘的工法突飛猛進，就連在東京等都市也能夠挖掘到溫泉泉脈，溫泉設施如同雨後春筍，紛紛誕生。但唯有像草津這樣自然湧出的溫泉，才稱得上是天然溫泉的湧出型態。

和這樣自然湧出的溫泉稱為天然湧

自然湧出的湧泉處，新雪谷湯本溫泉

泉，但是現在已經成為寥寥無幾、價值極高的溫泉，其泉質更是不容小覷。因為溫泉一旦接觸到空氣，或者是受到動力攪拌的話，品質就會因為氧化而變差，因此自然湧出可說是最為理想的湧出狀態。

以番茄來比喻的話，天然湧泉算是番茄熟透的狀態；其充分熟成的圓滑觸感，可望帶來出色的還原力效果。

除了草津溫泉的湯畑，其他湧泉量較多的知名泉源地，還有登別溫泉的「地獄谷」與「大湯沼」，須川溫泉（岩手縣）每分鐘可湧出6千公升的「靈泉」。同樣位在東北地方的湯治場玉川溫泉（秋田縣）的「大噴」（每分鐘可湧出9千公升），野澤溫泉（長野縣）的「麻釜」，別府溫泉（大分縣）的國家指定名勝「海地獄」、「白池地獄」、「血池地獄」等為人所知的各個「地獄」。

有些地方和同為國家指定名勝的「龍卷地獄」一樣，是以在固定時間的同一間隔內，噴出熱水與水蒸氣的間歇泉為泉源。像是讓德川家康以及歷代將軍家甘願成為其所俘虜的熱海源泉地，大湯間歇泉。由日本劇作家山東京山所著，成書於江戶後期的《熱海溫泉圖彙》（1830年），也曾描繪出此處魅力十足的溫泉噴泉景象。

「湯の湧くこと昼夜三度、長の時に湧き出る。六ツ四ツ八ツ、年中時違ふ事なし（略）。石竜熱湯を吐くごとく二間余もへだたる大石へ熱湯を吐きけるありさま響は雷のごとく湯気は雲のごとく天に上昇見るに身の毛もよだつばかり也、此の湯を四方の客舎に引き湯船にたくはへ冷して浴せしむ。」

溫泉湧出時段，日夜共三次。即六點、十點與午後兩點，全年不變。（略）宛如石龍將熱水噴吐在兩間（約3.6公尺）遠的巨石上，水聲震耳欲聾，煙霧如雲朵飄渺升天的模樣，令人看了毛骨悚然。四處旅館皆引用此處溫泉，蓄於浴槽之中，待稍涼之後再入浴。」

無奈的是，家康極為喜愛的大湯間歇泉，後來因為地震和隨意鑿掘溫泉等緣故，導致水位下降。至於現在的大湯，則是人工間歇泉。

像這樣水位因為時代變遷而下降，使得天然湧泉不再紛湧而出的溫泉地，並非只有熱海。相對地，像草津或者是登別這些大溫泉地，至今依舊擁有豐沛天然湧泉之處，反而比較罕見。出現這種情況的原因之一，就是他們長久以來一直維護著自然環境，絕不恣意鑿掘溫泉而來。

熱海的間歇泉

那些得不到天然湧泉的溫泉地，就只能仰賴鑿掘以確保新的泉脈。過去原本只能挖掘到數百公尺深的技術，隨著現在石油鑽探技術的進步，於 1960 年以後就已經能夠朝地心挖鑿到 1 千至 2 千公尺深，大幅增加了挖掘到溫泉的可能性。日本鑿掘距離最深並且成功挖到泉脈的溫泉，就是以核燃料循環設備聞名的青森縣六所村六所溫泉。這個地方從 2714 公尺深之處，湧出了 92.3 度的強食鹽泉。

人工鑿掘而來的溫泉可以分為挖掘自噴泉與動力抽取泉。前者因為水壓泉量充足，挖鑿之後可以自噴，也就是憑靠泉水本身力量湧出的溫泉。以番茄來比喻的話，應該是「橘色」的熟度。

另一方面，動力抽取泉指的是，無法自動湧出地表，必須仰賴動力抽取泉水的溫泉。最近包含公共溫泉在內的新興溫泉，絕大多數都是動力抽取泉；以番茄來比喻的話，應該算「綠色」狀態吧！利用水中馬達或是空氣抽水式泵浦，將水從地底深處抽出時，往往需要攪拌源泉，因此抽出的溫泉通常會比較早開始氧化。

引泉方式

從泉源地（湧泉處）湧出的源泉（也就是溫泉水）會接管引至旅館與共同湯各溫泉設施。如果是自家源泉（也就是各家設施私有的自用源泉），就可以從泉源地直接接管，將溫泉引至自家浴池裡了。就科學來講，這是能最無損溫泉水質的理想狀態。

擁有數處自家源泉時，有的地方會先將湧出的溫泉集中儲存在蓄水槽裡，再提供至浴池，反而會讓源泉混合在一起，失去其本有特色。再加上，蓄水槽近年又發生過問題，極有可能成為退伍軍人菌（Legionella）孳生的溫床。若想要以溫泉品質做為優先考量的話，就要避免採用蓄水槽。

不過，必須共用數個共同源泉的溫泉地，為了引泉方便，還是要先將接管引來的溫泉水儲存在蓄水槽裡，之後再配送至各家旅館。

另一方面，擁有多家大規模溫泉旅館，但卻苦於泉量不足的溫泉地，則是大多採取「集中管理」的方式。

前者是先將源泉集中在蓄水槽裡，之後再配送至各家旅館，讓溫泉單方向直流，泉質就能夠維持在最佳狀態。相對地，集中管理系統採用的是輸送水管的方式，也就是在溫泉街配置互通的輸送水管，供各家旅館應需要打開水龍頭，讓浴池注滿溫泉。沒有用到的溫泉，就再送回蓄水槽裡，加熱再輸送出去。也就是說，溫泉會在溫泉街上不斷循環。在這種情況之下，溫泉不僅會氧化，泉質也會非常容易變差。

當初因為泉量不足而引進這個採用循環方式的集中管理系統的，是山陰地區的名門世家——城崎溫泉（兵庫縣）。昭和47年（1972年），當時這個地方原本需要用上1,200噸的泉量，但是採用這個集中管理系統之後，溫泉只要7百噸就已足夠。

日光湯元溫泉的眾多源泉小屋（拍攝・編輯部）

集中管理系統的優點，就是有效利用極為有限的溫泉資源，並且搭配電腦系統，自動管理，讓溫度固定的溫泉能夠源源不絕地輸送至各個設施。至於缺點就如同前面所提及，泉質容易劣化，而且還會失去溫泉的特色。

有的大型旅館將浴場取名為「展望大浴池」，並且以此為招牌，吸引溫泉客。但是仔細想想，這麼做根本就是違背常理。因為水是「從高處往低處流」。既然都來到溫泉旅館了，大家要求的會是一望無際的遠景，還是能夠有效治癒身心的溫泉品質呢？

在這種情況之下，輸送至旅館的溫泉是如何運送到浴場裡的浴池呢？當然是利用動力將溫泉運送至展望大浴場或展望露天浴池，而且還要儲藏在屋頂的蓄水槽裡。當然，這段期間溫泉會不斷氧化、劣化。然而，溫泉最大的敵人就是氧化，畢竟溫泉是在沒有氧氣存在的地底深處誕生的。

其實，浴場本來就應該要設置在一樓，或者是地下樓等地勢較低的地方。最理想的浴場，必須位在比泉源地還要低的地方，不藉助動力，以自然流瀉的方式從注泉口注入浴池之中。也就是和沒有動力可以利用的江戶時代一樣，讓溫泉自然流下，因為溫泉最討厭的，就是攪拌。

善用地勢高低，將自然湧出的源泉引至浴池是最理想的方式，可惜現在幾乎已不多見。東北的高湯溫泉（福島縣），絕大多數的設施都是採用這種方式。至於我平時利用的，則是北海道的新見溫泉，以及登別溫泉這個同樣位在北海道的公共浴場「夢元狹霧湯」。這幾處溫泉簡直就是自然紀念物。有機會的話，大家一定要去體驗一下此處充分熟成的泉質。

就算沒有用泵浦將溫泉輸送至屋頂，現在大多數的溫泉設施也會採用油壓方式，亦即用高壓泵浦，把在低地抽出的溫泉壓送至上方浴池裡。

剛才我們提到，採用自然流瀉的方式從注泉口注入溫泉是最理想的。不過還有一種更為極致的浴池，那就是「直泉」，亦即直接在湧出源泉的泉源地設置浴池，「讓源泉直接湧入浴池裡」，這樣就能夠浸泡在沒有接觸到空氣的「生源泉」裡。就科學上，如此出色的溫泉根本就是絕無僅有。這樣的溫泉地有東北的蔦溫泉（青森縣）、乳頭溫泉鄉的鶴之湯溫泉（秋田縣），以及北關東的法師溫泉（群馬縣），這些大多都是歷史名湯，而且當地只有一間旅館（一軒宿）。

從浴池底部湧出直泉的缺點，就是泉溫過高，無法直接入浴。例如剛才提到的蔦、鶴之湯與法師這三處湧出的，都是最適合日本人浸浴，溫度約在40度前半，水泡紛湧而上的溫泉，幾乎可說是充滿奇蹟、幸福至極的溫泉浴池。

奧津溫泉「奧津莊」的直泉

三朝溫泉「旅館大橋」的直泉

一旦考量到入浴溫度，除了大湯溫泉（秋田縣）湧出50.8度食鹽泉的公共浴場「荒瀨之湯」，以及藏王溫泉（山形縣）湧出48.1度強酸泉的「川原湯公共浴場」，一般湧出直泉的溫度幾乎都偏低，像是新雪谷藥師溫泉（北海道）、壁湯溫泉（大分縣）、古湯溫泉的「鶴靈泉」（佐賀縣）、白木川內溫泉與湯川內溫泉（均為鹿兒島縣）……這些都是一級溫泉療養地。

只要悠哉地浸泡在微溫泉裡，就能夠讓溫泉成分慢慢地從皮膚滲入體內，促進血液循環，刺激副交感神經，進而提升免疫力。直泉雖然是最為原始的浸泡方式，卻也是最科學、最出色的沐浴方式。

溫泉的提供型態

放流式浴池與循環式浴池

運用技法將「直泉」或者是自然流瀉的溫泉接管引入浴池裡時，最理想的提供型態當然就是「100％源泉放流溫泉」。凡是重視溫泉泉質的經營者，對於入浴者而言，在浴池裡所要浸泡的溫泉一定會非常講究。

不管從地底湧出的溫泉泉質有多出色，湧出型態與配泉方式有多理想，最後我們要浸泡的浴池如果不能一直提供接近源泉的泉質，一切都是枉然。

浴池裡的溫泉利用型態大致可以分為「完全放流式」、「循環式」、「放流式與循環式並用」這三種。

「完全放流式」指的是，任由從浴池底部湧出的源泉（直泉），或者是從注泉口注入浴池裡的源泉水，不斷溢出浴池的狀態，我將這種方式稱為「源泉放流」，或者是「100％源泉放流溫泉」，並致力讓這個說法更加普及。所謂「源泉」，指的是從地底湧出的溫泉；如果加上「100％」，就能強調這裡的溫泉「不摻水也不加熱」，也就是讓從注泉口，或者是浴池底部湧出的新鮮源泉，不斷地溢出浴池，是最原始的溫泉利用型態。

另一方面，「循環式」的溫泉我都稱為「循環浴池」，也就是用循環過濾器讓同一池溫泉（因為摻水的情況非常普遍，因此故意不寫成源泉）不斷循環，重複使用數日的方式。這樣的溫泉又稱為「循環泉」，主要用在泉量不足的設施，或者用來清掃浴池，以便省時省工。

循環浴池的構造如圖所示，先用砂子或陶瓷濾芯過濾使用過的溫泉，去除毛髮、污垢與垃圾，用鍋爐加熱之後，再加氯殺菌消毒，倒回浴池裡。肉眼可見的髒污都已經過濾乾淨，因此這種溫泉的特色，就是看起來和自來水一樣清澈透明，但也常帶有一股和醫院一樣的氯臭味。

不用說，就算注入100％的源泉，也不是原來的溫泉，因為溫泉是有生命的，一旦接觸到空氣，就會隨著時間慢慢氧化，進而流失所含的成分。不僅如此，入浴者身上的老舊廢物也會混入水中，導致溫泉成分劣化。這種現象，我稱為「溫泉的老化現象」。

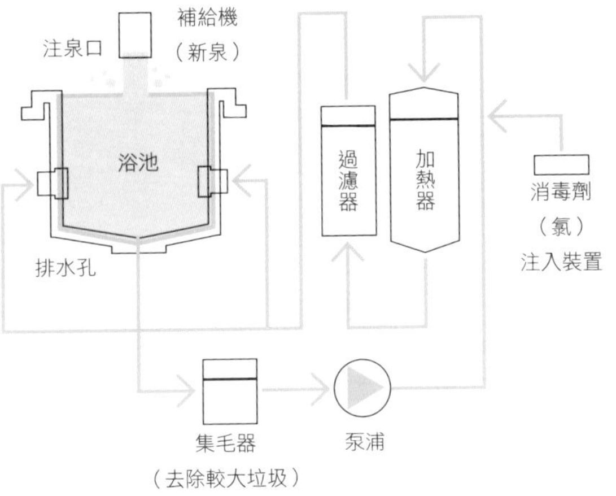

循環浴池的基本構造

想要判別循環浴池，最簡單的方法就是看溫泉有沒有溢出浴池。不過近年，受到退伍軍人菌感染事件的影響，衛生局規定溫泉必須稍微溢出池外，以便沖走浴池表面的污垢，所以就算泉水有從池裡溢出來，絕大多數的浴池還是會採用循環溫泉，這一點要特別留意。一邊從注泉口注入新的源泉，另一方面又讓浴池裡的溫泉不斷循環，也就是放流與循環兩者並用的方式，我稱為「半循環浴池」。然而不變的是，這種浴池依舊是以循環溫泉為主。

和澡堂一樣，以循環過濾的方式充分利用少量溫泉的循環浴池和半循環浴池，乍看之下似乎是善用文明利器，屬於21世紀的溫泉設施，但是浴池裡的溫泉並沒有每天更換（也就是將溫泉水放掉），這樣有時反而會營造出一個讓大腸桿菌，甚至會導致入浴者死亡的退伍軍人菌孳生。

何謂退伍軍人菌？

退伍軍人菌（細菌）是一種棲息於土壤或淡水等自然環境中的常駐菌，通常會寄生或繁殖在阿米巴原蟲上，以容易在溫度固定的人工溫水中大量繁殖為特徵，因此對於退伍軍人菌而言，循環浴池具備了最佳的生活條件。

人類若是感染退伍軍人菌，身強力壯的人和孩童發病機率比較低，相對地，高齡者與抵抗力差的人會比較容易發病。一旦被感染，就會引起類似肺炎或流行性感冒的龐提亞克熱（Pontiac fever）。萬一是猛爆性肺炎，一週內恐怕就會喪命。平成14年（2002年）7月，宮崎縣日向市公共溫泉設施在溫泉史上發生了一場前所未有的慘劇。當時將近3百名入浴者感染，7名死亡。如此悲劇，至今依舊記憶猶新。

現今，循環浴池和澡堂或者是游泳池一樣，通常都會加氯殺菌。但是日向市的溫泉設施卻是因為這方面的管理做得不夠徹底，才會釀出如此慘劇。

但是在含有各種成分的溫泉裡加氯殺菌消毒，究竟會有多少成效？這一點也令人有疑慮。其實，氯在鹼性溫泉裡並不容易發揮功效，再加上添加的氯必須達一般劑量的10至30倍，所以根本就是在泡「氯泉」（作者自創的用詞），而不是溫泉。舉例來講，PH值9.0的鹼性泉若要添加氯，使用的劑量至少必須是PH值7.0中性溫泉的30倍，否則效果會難以彰顯。不用說，所含的溫泉成分不僅會產生變化，就連登記在「溫泉分析書」之中的成分，有時也會因此消失。

但是最可惜的，就是原本充滿還原力的溫泉，卻因為加氯而迅速氧化，也就是失去了溫泉的科學生命力。溫泉一旦失去特有的活性，就不再是溫泉了。

加氯的危險性

循環式浴池裡的溫泉如果好幾天都沒換水，退伍軍人菌就會孳生。我們之前提到，想要避免這種情況發生，就必須要在溫泉水裡加氯，但是氯對人體造成的影響也會令人擔憂。畢竟，我們是為了維持身心健康才泡溫泉的，然而添加的氯反而會與水中所含的有機物化合，產生出三鹵甲烷（Trihalomethane）這種致癌性物質。

另外，氯是一種非常強烈的氧化劑，會讓我們體內的活性氧增加。自古以來，人們「浸浴溫泉是為了養顏美容」，然而我們必須注意到一點：氯是傷害或破壞肌膚細胞，甚至加速老化的最大成因。只要肌膚一接觸到氯，就非常容易受到紫外線的影響，而且動不動就長出女性肌膚大敵的黑斑與雀斑等。而對於罹患過敏性皮膚炎的人而言，循環浴池添加的氯，超出了將自來水加熱的家庭浴池好幾倍，就算這裡頭注滿了功效理應極佳的溫泉，卻只會讓症狀繼續惡化，而且還會對眼睛的視網膜造成影響，甚至導致過敏。

循環浴池如果不用氯劑好好消毒殺菌的話，就會讓我們遭受大腸桿菌或退役軍人菌等病毒危害。話雖如此，我們還是必須要體認到一點，氯畢竟是一種毒性強的化學物質，對人體造成傷害是在所難免的事。

所以當我們浸泡在這樣的浴池裡時，最好和去大眾澡堂的時候一樣，出浴後沖個澡或淋個水，將全身洗淨。但浸泡的如果原本就是源泉放流溫泉的話，那麼就不要沖洗身上的溫泉成分，稍微輕拭身上的水分就好，這才是正確的入浴方法。

退伍軍人菌（Legionella）

本為普遍存在於自然界的常駐菌，卻因為某種原因滋生繁衍。高齡者、嬰幼兒以及免疫力較差的成人一旦被感染，就會罹患肺炎或類似流行性感冒的龐提亞克熱（Pontiac fever），不少人甚至因此而致死。報告指出，這種菌以循環浴池、空調冷卻水，以及噴泉為主要感染源。

溫泉的科學本質

溫泉的成分

溫泉為何能治癒身心呢？我們應該明白，這與讓溫泉成為溫泉的物質，也就是成分有關。

溫泉就好比天然藥材，自古以來治癒了日本人的身心。那些被稱為「藥泉」或「靈泉」的溫泉，堪稱象徵。

上述提及，溫泉的形成可以分為火山性與非火山性。滲入地下的雨水與雪融水，會囤積在地底數千公尺以下的多孔質岩層裡。此處是孔洞遍布的岩層，彷彿海綿般讓水得以滲透。這層岩層的下方是名為岩漿庫，溫度達700至1300度的高溫層，讓多孔質岩層所含的水分得以受熱。

倘若我們生活的地表氣壓數值為1氣壓，那麼這個深度的氣壓會是地表的5萬倍，也就是5萬氣壓。由此可以推測，此處的溫泉並不是處於沸騰狀態，而是處於250度左右的熱水狀態。

新的雨水與雪融水會不斷地滲入地底。滾燙的溫泉，因為比重比溫度較低的雨水或雪融水輕，所以會被推擠到上層，從地縫中朝地表上升。當然越接近地表，溫度就會降低，壓力也會減輕，到最後水溫會慢慢接近沸點的溫度。

像這樣長時間在地底深處循環的過程當中，溫泉會慢慢吸收岩漿庫的氣體、礦物、礦物質與放射性物質等各種物質，進而含有成分。如此概念，其實是有理可循的。

之前提到，變成溫泉噴出地面的水，原本就處於高溫高壓的環境之中，而且地底深處，還是無氧狀態；這也是正確了解溫泉本質不可或缺的要件。也就是說，溫泉是在噴出於地表之後因為接觸空氣才氧化的。

氣壓急驟下降，再加上氧化反應造成的不穩定狀態，讓溫泉裡頭所含的成分產生化學變化。像是色呈白濁，變成鐵鏽色等現象，以及出現在浴池裡的各種沉澱物與「湯花」，就是在這種情況之下產生的結果。站在化學的立場來看，「氧化現象＝老化現象」。所有東西只要一氧化，就會漸漸失去生命力。既然如此，同樣具有生命的溫泉情況應該也是一樣。正因如此，老化之前的溫泉，也就是「生源泉」才是真正能夠促進人類或動物身心健康，進而治癒的上天恩澤。源泉放流溫泉的科學價值，便在於此。能夠讓多達60兆個人體細胞「活性化」，充滿溫泉力的溫泉，才是溫泉真正的本質。

我們已經提到，根據溫泉法認定溫泉時，必須從地表湧泉口採集源泉分析才行。不是我們入浴時採集從注泉口注入浴池裡的溫泉，也不是採集已經注滿浴池的溫泉。

看到這裡，讀者或許已經發現到一點。倘若溫泉在科學上或醫學上沒有療效的話，那麼我們要想一想，長久以來人們為何要浸泡在似乎沒有什麼療效，卻又號稱溫泉的清水裡呢？循環浴池，這個最具代表性的文明利器之一，席捲日本列島也不過是這四半世紀，25年的事。特別是進入平成之後，也就是從1990到2005年這段期間，以第三部門（社團法人、財團法人、基金會、非政府組織或非營利組織）為中心的公共溫泉熱潮所帶來的影響，應該也不小吧！

以「生源泉」聞名，象徵野澤溫泉的「麻釜源泉」

溫泉的還原力

接下來要站在科學的立場來分析溫泉的本質。近年來，能夠有效降低活性氧，這個導致老化或致癌的物質，以及具有抗氧化能力的水果、蔬菜、蕈菇等食品和飲料，深受世人矚目。活性氧會讓物質「氧化」，也就是生鏽。

不管是鐵生鏽，還是生鮮食物腐敗，原因都在於氧化。另一方面，氧化的相反是還原。還原的作用與氧化相反，不僅可以預防老化、生鏽及腐敗，還可以活化人類細胞，讓肌膚重拾青春。世界上，不論東西方，溫泉自古以來之所以被稱為「青春之泉」，以現代科學來解釋的話，原因在於溫泉本來就具有還原力，除此之外，別無其他。

也就是說，溫泉在湧出地表之前具有還原性質，因此在科學上的價值，可說是具備了還原性。湧出之後因為時間經過，或者是加氯，才變成「氧化性」的。換句話說，溫泉開始老化了。

只要換個觀點，看看溫泉還保有多少還原力，或者是有多偏向氧化性，說不定就能夠用科學的方法來測量溫泉的鮮度。

利用科學來測量的方法，有「氧化還原電位」（ORP = Oxidation-Reduction Potential）這種評價方法。在氧化還原反應當中，電子會隨著原子或分子移動，朝穩定平衡的反應狀態進行。只要在這個氧化還原反應的過程當中了解到電子的濃度變化，就能夠判斷出水質有多接近穩定的平衡狀態。

順帶一提，電子若是不足，水質就會氧化，過剩就會還原；而相互牽制的話，就是處於平衡狀態。

我們體內佈滿了長達10公里，幾乎可以繞行地球兩圈半的血管。只要活著，流動於血管中的血液就會呈弱鹼性，當然排出體外的尿液也是屬於弱鹼性。大家都知道水果與蔬菜含有抗氧化物質，但是現代人卻經常攝取肉類或乳製品等動物性蛋白質或加工食品。其實，這些幾乎都是氧化食品。

要知道，長久以來溫泉之所以能夠讓人類身心健康，甚至治癒疾病，全都是因為隱藏在溫泉水裡頭的「還原力」。今後在採行對症療法時，若要以溫泉為主要藥物，以求得現代醫療所欠缺的功能，勢必要利用現湧而出，也就是鮮度高、還原力出色的溫泉才行。這才是不管是在1300年前的奈良時代，或者是3百、4百年前盛行湯治的江戶時代，甚至22世紀，只要地球存在，就永遠不會改變，魅力神奇無比的溫泉本質。

溫泉法規中的溫泉

「溫泉」的誕生

溫泉二字在現代日文當中念成「おんせん」，是從16世紀到江戶時代前期才出現的，算是比較新的念法。正確來講應該是「をんせん」。「を」在日文五十音中，屬於「ワ」行的字，發音接近UO。在這之前，溫泉的日文是「ゆ」。

幕府時代的醫師，同時也是第一位向日本人介紹西歐化學的宇田川榕菴，是第一位分析溫泉的化學家。榕菴在江戶時代出版的唯一一本化學書《舍密開宗》中，便一邊介紹當時西歐的溫泉理論，同時依照泉質加以分類，一邊彙整自己的溫泉化學。

榕菴以化學家的立場，第一次用「礦泉」二字替代溫泉。他把水分成可以飲用的普通水「常水」與含有礦物質的「礦泉水」。礦泉，指的是湧出礦泉水的井水。

此外，榕菴還依照溫度將礦泉分成五類，也就是熱泉、溫泉、暖泉、冷泉，以及寒泉。

不管有多喜歡溫泉，還是有不少人認為礦泉是「加熱泉」。然而翻開《舍密開宗》，卻發現溫泉在西歐其實等級低於礦泉。

明治19年（1886年），日本政府（內務省衛生局）編纂了第一本範圍囊括日本全國的官方溫泉調查報告書《日本礦泉誌》（共三卷）。當中記載的溫泉名之所以會標記成

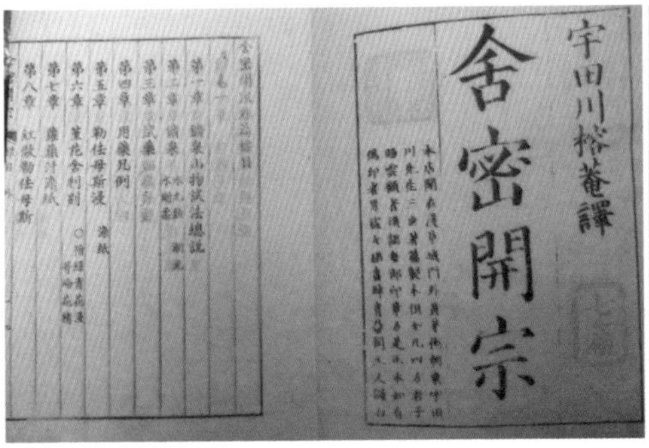

《舍密開宗》天保8年（1837年）／作者藏

溫泉（化學）分析之祖，宇田川榕菴

「○○礦泉」，原因除了沿襲宇田川榕菴提出的化學根據，別無其他。同書上卷的開頭，寫出了礦泉的定義。

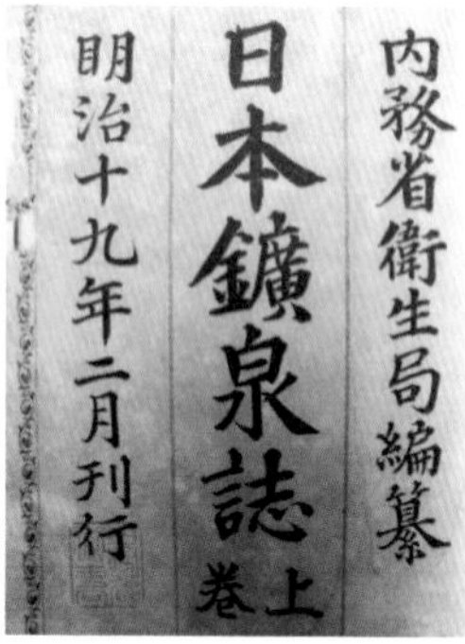

《日本礦泉誌》明治 19 年／作者藏

「所謂礦泉，有三點別於常水。抑或固體成分及氣體含量多，抑或高溫湧出，抑或味臭。又，能治癒疾病，或舒緩症狀，具有如此功效，方為礦泉。」

礦泉（mineral spring）與我們平常所喝的水相比，所含的礦物質比較豐富，因此成分濃，溫度高，而且所指的通常是具有治癒效果的泉水。《日本礦物誌》的礦泉如同表1所示，分為溫泉與冷泉。成分濃，溫度低的礦泉稱為冷泉。而這個冷泉，就是一般世人所說的「加熱泉」真面目。

至於溫泉，還可細分為微溫泉、溫泉與熱泉。

溫泉的定義

日本現行的「溫泉法」是昭和23年（1948年）7月制定的。在日本憲法頒布隔年制定溫泉法的目的，是為了主張以下內容。

「第一條：本法之目的，在於保護溫泉及合理利用，同時增進公共福祉。」

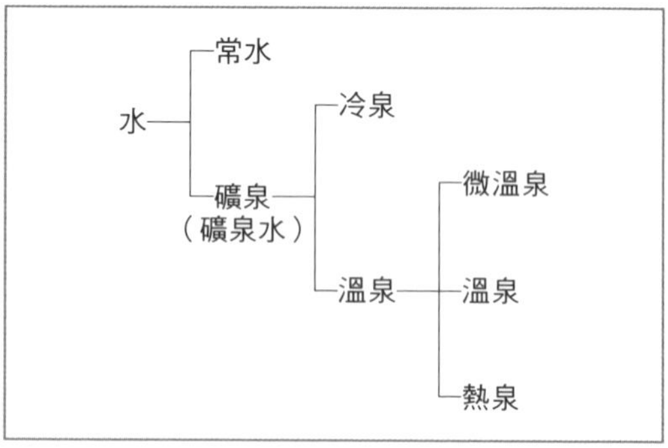

〔表 1〕《日本礦泉誌》的分類，分為礦泉、冷泉與溫泉。

宇田川榕菴的《舍密開宗》出版之後，經過明治、大正兩個時期，一直到昭和前期，這段期間人們一直使用「礦泉」一詞。不過戰後根據溫泉法，榕菴之前所說的「溫泉」又再次開始使用。

不過這並不是單純的措辭問題。根據溫泉法，榕菴以前所說的「溫泉」定義，似乎已經失去其原有含義。

戰後制定的溫泉法所說的「溫泉」，定義寫明在第二條。

「第二條：本法所說的『溫泉』，指從地底湧出的溫水、礦泉水以及蒸氣等其他氣體（以碳酸氫為主要成分的天然氣除外），同時具備附表所提的溫度以及物質之水質。」

溫泉法的定義

所謂溫泉

所謂溫泉，指的是從地底湧出的溫泉、礦泉或水蒸氣等其他氣體（以碳氫化合物為主要成分的天然瓦斯除外），同時符合下列表格記載的溫度，或者含有下列物質者。

① 溫度超過 25 度（從溫泉泉源地採集時的溫度）

② 物質（下列記載中的其中一種）

物質名	含量（每 1kg）
溶存物質（不含氣體類）	總量 1000mg 以上
游離碳酸（CO_2）	250mg 以上
鋰離子（Li^+）	1mg 以上
鍶離子（Sr^{2+}）	10mg 以上
鋇離子（Ba^{2+}）	5mg 以上
鐵離子（Fe^{2+}、Fe^{3+}）	10mg 以上
錳離子（Mn^{2+}）	10mg 以上
氫離子（H^+）	1mg 以上
溴離子（Br^-）	5mg 以上
碘離子（I^-）	1mg 以上
氟離子（F^-）	2mg 以上
氫砷酸離子（$HA_sO_4^{2-}$）	1.3mg 以上
偏亞砷酸（HA_sO_2）	1mg 以上
硫（S）	
〔對應 $HS^- + S^2O_3^{2-} + H_2S$〕	1mg 以上
偏硼酸（HOB_2）	5mg 以上
偏矽酸（H_2SiO_3）	50mg 以上
碳酸氫鈉（$NaHCO_3$）	340mg 以上
氡（Rn）	20（百億分之 1 居里單位）以上
鐳（作為 Ra）	1 億分之 1mg 以上

〔附表〕

這個溫泉法最需要注意的一點，就如同〔附表〕所示，只要超過攝氏25度，不管含有什麼成分，均可視為溫泉。換句話說，沒有包含這些礦物質也無妨。

近年來，隨著探查與鑿掘技術的突飛猛進，溫泉法讓水溫勉強達到「25度以上」這個條件的泉水稱為溫泉。這條法規，可說是讓溫泉無盡「自來水化」的真正主因。

由此可以看出，以公共溫泉設施為中心，採用過濾、循環以及加氯殺菌的浴場遍布日本列島各處的遠因在於溫泉法。若問「何謂溫泉？」大多數的人不是回答「含有其他成分」，就是「水溫較高」。但是就算沒有包含任何成分，只要水溫達25度，便可稱為溫泉。然而25度的水並不適合入浴，必須加溫才行。但是採用放流式提供的話，用來加熱的鍋爐費會增加負擔，所以才會採用可以重複用水的循環浴池。但是重複使用好幾天的溫泉，其實是充滿危險細菌的熱水。在這種情況之下，添加氯劑用以殺菌的「氯泉」隨之誕生。

如同目前我們看到的，所謂的溫泉，本來應該是指含有某種豐富礦物質的溫水。然而現行的溫泉法認定的溫泉當中，卻脫離了本應具備這個條件的溫泉定義。

順帶一提，據說在東京鑿掘溫泉，每向下鑿掘1百公尺，地溫就會上升2到3度。而東京的年均溫為16.7度，如果能夠順利抓到水脈，5百公尺內就能夠挖掘到世人口中的「天然溫泉」了。

只要含有〔附表〕記載那18種物質中的其中一種，而且含量超過規定，或者是氣體除外的溶存物質總量超過1千毫釐的話，就能夠達到溫泉法認定的第二個條件。只要滿足這個條件，就算水溫只有10度，依舊可以將其稱為溫泉。這才是我

溫泉的分類

礦泉湧出地表時的溫度，或者是鑿掘時的溫度稱為泉溫。並且可以依照泉溫，將礦泉分類如下：

溫泉	
冷礦泉	不到 25℃
低溫泉	超過 25℃，不到 34℃
溫泉	超過 34℃，不到 42℃
高溫泉	超過 42℃

〔表 2〕溫泉的分類（出處：《礦泉分析法指針》）

們原本所說的溫泉。

另一方面，日本環境省的「礦泉分析法指針」（2002年改訂）根據表2的泉溫，將溫泉分為溫泉（42度以上為「高溫泉」、34度至42度為「溫泉」、25度以上至34度為「低溫泉」）與冷礦泉（25度以下）。本來含有豐富礦物質的水才是礦泉，但是這裡卻特地在礦泉之前加上「冷」這個字，讓人以為「礦泉＝加熱泉」。然而一般來講，其他國家卻是將日本人口中的「溫泉」用礦泉這個詞來表現。mineral sPring、mineralquelle、sources d'eaux minerals……。像是擁有橫綱頭銜的前相撲選手朝青龍，在蒙古呼吉爾特（Хужирт，Khujirt）這個溫泉療養地休養時（亞洲唯一擁有溫泉療養保健制度的地區），便將рашаан（礦泉）稱為халуун рашаан，也就是熱溫泉（халуун意指「熱的」）。

用「溫泉」替代「礦泉」的理由，在於溫泉一詞語感比較溫暖，再加上日本的溫泉絕大多數都是高溫泉（《逐條解說溫泉法》，環境廳自然保護局設施整備課監修，昭和61年）而來的。這個，恐怕算不上科學定義，其背後其實隱藏著日本已經脫離了國際認知的礦泉（mineral spring）範疇，而且不管成分為何，僅將浸泡溫泉的目的放在休閒上，用意就是為了透過官方立場，公開認同溫泉營造的氣氛。

溫泉與療養

溫泉論與醫學家

日本人與溫泉的歷史，因緣匪淺。考古學者藤森榮一在《繩文的世界》中，便向世人報告昭和39年（1964年）曾經在長野縣挖掘到六千年前繩文人的溫泉遺跡。奈良時代以後，除了《風土記》與《續日本記》，各種書物紛紛出現溫泉的相關記述。

《出雲國風土記》（733年左右）對於島根縣的玉造溫泉記載如下：

「此里河畔，溫泉湧現。（中略）浸浴此泉，容貌煥發；浸浴數次，萬病治癒。自古以來，毫無例外，效驗宛如靈丹妙藥，故世人將其稱為神泉……」（加藤義成現代文譯本）

從歷史已經知道，天平年間的古代人不僅利用溫泉祓禊身心，祛除不淨，還利用溫泉治癒疾病。新的信仰之心開始萌芽，而人們將溫泉稱為「神泉」一事，根本就不足為奇。

興起於江戶中期，人稱「古方派」的醫學革新運動先驅者，同時也是「當代首席名醫」，享譽盛名的後藤艮山（1695～1733年），就是讓「神泉」在江戶時代第一次戴上醫學光環，並且運用在溫泉療法上的人。

「百病起於一氣之留滯」源自艮山知名的病因論「一氣留滯論」。人類生病的原因，與天候、食物及精神有關，但這些都不是真正的原因。真正的病因，是囤

日本溫泉醫學之祖，後藤艮山

積在人體中的氣，留滯不動所造成的。這個論說，就是要闡述醫療的目的，即「順暢鬱滯之氣」之說。

「氣積鬱滯不暢」，指的就是現代醫學中所說的自律神經，也就是交感神經及副交感神經失調的現象。至於艮山明確道出現代醫學觀點的一氣留滯論，在當時算是非常先進新穎的觀念。

身兼出色臨床醫師的艮山建議，生病的時候可以浸泡在溫泉裡，以調整自律神經。溫泉在過去原本專屬於天皇家等貴族階級，但自從艮山這位知名醫學家將浸泡溫泉的目的放在醫學上之後，竟掀起了一股「湯治風潮」。這是艮山為了戒除人們崇尚高價、不易取得的藥材的這股風潮，並以庶民的立場，讓老百姓將目光轉向近在咫尺的溫泉，所得到的結果。

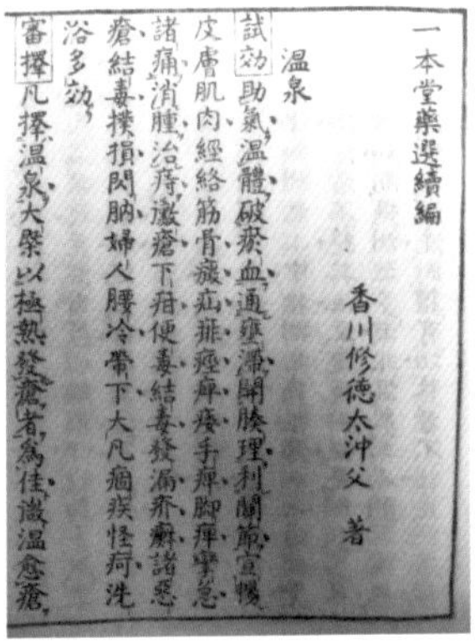
一本堂藥選續編
香川修德太沖父 著
溫泉
試効 助氣、溫體、破瘀血、通壅滯、開腠理、利關節、宣暢皮膚肌肉、經絡筋骨、癥疝、痱痙、痺痿、手痺、腳痺、攣急、諸痛、消腫、治痔、瘻瘡、下疳、便毒、結毒、發漏、疥癬、諸惡瘡、結毒、撲損、閃肭、婦人腰冷、帶下、大凡痼疾怪病、洗浴多効、
審擇 凡擇溫泉、大槩以極熱發瘡者為佳、識溫愈瘡、

香川修德《一本堂藥選續編》（1738）／作者藏

傳聞艮山有兩百位弟子，其得意門生香川修德（1683～1755年）所寫的《一本堂藥選續篇》（元本3年＝1738年），是日本第一本溫泉醫學書。

以目錄的方式將該書內容列出，可分為「試效（功能療效）」、「審擇（溫泉選擇）」、「浴試（入浴應驗）」、「浴度（入浴次數）」、「浴法（入浴方法）」、「浴禁（入浴禁忌）」……可以看出日本溫泉浴解說手冊的原型，就是三百年前香川修德所制定的內容；至於欠缺的部分，就是溫泉成分的分析與泉質類別的功效。不過，這點之後也會提到。其實到了江戶後期，宇田川榕菴就已經闡明解說了。香川修德提到：

「溫泉可助心氣，暖身軀，去舊血，清血路，開肌理，順關節，紓緩肌膚、身體、筋絡（血管）、筋骨、癥疝（疝氣）、痱痙（中風）、痺痿（四肢痿軟無力）、手痺（手部麻痹）、腳痺（腳部麻痹）、攣急（抽風痙攣）等多處不適，還可治療痔瘡及脫肛。另外像黴瘡（梅毒）、下疳（陰部潰瘍）、便毒（橫痃）、發漏（發疹）、疥癬（皮膚病），抑或結毒、撲損（跌打損傷）、閃肭（肌肉扭傷）、婦人腰冷、帶下（白帶）等各種痼疾（舊疾）怪疴（奇病），只要多浸浴溫泉，大多能展現療效。」（小笠原春福現代文譯本，以下同）

知名醫學家一旦列出這些溫泉功效，那些無法觸及昂貴藥材的平民百姓，一定會轉向「湯治」這個溫泉療法。

「浴試」這個項目提到：

「欲確定是否適合浸浴，初次入浴之際，倘若心胸開懷舒暢，覺得飢腸轆轆、食慾大開，發現食物垂涎欲滴的話，代表此泉適合浸浴；若是心胸淤塞、食慾不振，代表此泉尚不適合浸浴。先起身，隔日再次入浴，若無前日情況出現，而且胃口大開，代表此泉已可入浴。」

如此見解，確實精闢。對於溫泉適合與否能夠解說如此詳細的書籍其實不多。

接下來是「浴法」。

「心平氣和，如子戲水，純真無邪。先入浴池，暫且暖身。又，更應知身體周圍需暖才行。」

「思來，泉水之熱，可助元氣，貫穿全身，化為汗水而出。雖會滯留患部，但漸行漸通，無論氣力，均可回復。」

這番話說明了，溫熱可以促進血液新陳代謝的身心健康論。只要浸浴在溫泉裡，就能夠讓自律神經均衡調整，並且透過荷爾蒙及免疫系統，讓體內失調的器官恢復正常。可見日本江戶中期的溫泉醫學早已提出溫泉本質。

身為現代人的我們，不妨再看看「浴禁」這個項目。

「入浴中需避寒風或外氣之害。試想，一旦入浴，必會出汗，肌理自會舒張，易染傷寒。若不留意謹慎，定會造成傷害。故此時千萬不可入浴，否則會開闢疾病之道。」

《一本堂藥選續篇》之後，儒學家兼醫學家的原雙桂（1718～1767年）於寬政6年（1794年）出版《溫泉考》，而醫學家柘植龍州（1770～1820年）也在文化6年（1809年）出版《溫泉論》。

原雙桂堅持入浴後保溫這一點值得刮目相看。因為想要增加免疫力，勢必要提升體溫，活絡白血球中的淋巴球才行。至於溫泉，具有將白血球這個掌管身體免疫功能的細胞數量和作用，調節至適當值的作用。我們的身體如果偏酸性，就會容易生病，但是只要提高體溫，就會恢復到鹼性。

正因為我們現代人，幾乎是處在以對症療法為主，有時甚至動不動就讓人當上藥罐子的西方醫學（現代醫療）之中，所以勢必要找個機會，透過這本溫泉醫學黎明期出版的溫泉論，好好學習「養生心得」。

在全書由四卷分三冊所構成的《溫泉論》當中，柘植龍州確切指出溫泉之所以為溫泉，原因在於溫度（泉溫）與成分。

日本在這個時代奠定了獨有的溫泉療法「湯治法」，並於昭和39年（1964年）東京奧運開辦前後，以民間療法（傳統醫學）之姿，將溫泉與日本人的生活維持有密不可分的關係，持續傳承至今。不僅如此，現存的湯治場還依舊保留著以往湯治法。

江戶時代以後，日本的溫泉場以龍州的泉質論為基礎，並且根據經驗發展出各種適應症。以《養生訓》聞名，今日依舊擁有不少忠實讀者，同時也是江戶前期的儒者兼本草學者的貝原益軒（1630～1714年），其實也是溫泉學者。益軒在《有馬湯山記》（正德元年＝1711年）中提到溫泉場有「湯文」，也就是各地的入浴方法，人們必須入境隨俗。

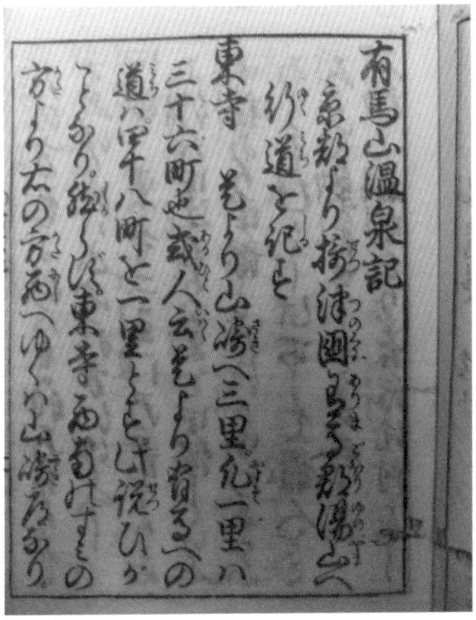

貝原益軒《有馬湯山記》正德元年（1711）／作者藏

深得益軒喜愛的有馬溫泉其中一部分的湯文（湯治養生記）內容如下：

「一、溫泉以溫為主，過高無法散熱；身子過熱恐引起傷風，反會受寒。此種情況好比柿子，熱水燙過反而味澀，但溫水燙過則味甜。

一、餐後不可直接入浴，更不可梳洗頭髮，需慎重斟酌。

一、湯治期間應禁止飲酒。若要飲用，先溫熱則無礙。然而入浴前後依舊不宜飲用。」

溫泉學家也與各地湯文有關，例如因支持、贊同龍州的《溫泉論》而聞名的醫師，宇津木昆台（1779～1848年）就是其中一位。他在《有馬溫泉功能略記》中便大致提到：

「浸浴時嚴禁精疲力盡、撐腸拄腹、飢火燒腸、酩酊大醉、汗流浹背……」

這句名言，合情合理。

被後藤艮山、香川修德評為「日本第一溫泉」的城崎溫泉之湯文，則以倉谷安齋（生歿年不詳）的《但馬城崎湯治指南車》最為有名。

「一、每日不可多次入浴。入浴一次，溫泉藥效會從表面滲入體內，行經筋絡（血管），治癒五臟六腑。這段期間，約一個半時辰。

一、不可清晨入浴。早晨浸浴會精神不振、耗損體力，反而矯枉過正，需慎行。」

不僅如此，安齋還提到空腹入浴會頭暈，浸浴過久會目眩，餐後不可立刻入浴，浴後亦不可馬上用餐。

然而，現代人幾乎忘了這個溫泉浴的基本規則，難怪溫泉街上總是不乏救護車的蹤影。

江戶期以後，以藤艮山與香川修德為代表的溫泉學與溫泉醫學，因為幕末奇才宇田川榕菴的出現，而登上高峰。醫師身兼蘭學者的宇田川榕菴，在天保8年（1837年）寫下日本第一套化學書《舍密開宗》，共七卷（請參照145頁），其中一卷便以溫泉為題，首次刊載出溫泉成分的分析成果。相對於日本以往獨自發展的溫泉學，榕菴徹底從西方化學的立場來分析研究。不可不提的是，榕菴的溫泉分析成果甚至超越西方。只要翻開他的著作《諸國溫泉試說》與《西洋礦泉譜》，便可看出他不僅站在科學立場來分析溫泉，制定泉質，就連含有成分與適應症也都詳細記載，簡直就是以醫師為本業的榕菴，一人稱霸的舞台。

榕菴周全縝密的分析，讓人看了瞠目結舌，而且還有條有理。他的溫泉行腳、分析及適應症記錄之旅長達16年，正值30歲至45歲這段期間。榕菴在其短短48年的人生當中，同時也是最為年富力強的時期，傾注熱情與智力在「溫泉化學」之上。

榕菴在《溫泉雜記》中提到，「所謂溫泉，即便在當地立刻使用，效力依舊會減弱；倘若入瓶密封，運至他國，效用恐會消失殆盡。」溫泉一旦湧出地面，就會立刻氧化，含有的成分也會隨之劣化。這一點，榕菴其實早已明瞭。

有位醫師對於榕菴開拓的這個新的溫泉醫學領域，感到興奮不已，甚至著手分析溫泉，那就是曾經鑽研當時來自西方的蘭醫學，出身於越後（今日新潟縣）的小村英菴（1766～1837年）。他在其著作《越後藥泉》（文政11年＝1828年）當中，便非常細心地將越後的溫泉分析與適應症彙整成篇。

貝爾茲與草津溫泉

明治維新之後，服務於東京司藥場（國立衛生試驗所的前身）的德國人格奧爾格・馬丁（Georg Martin）、中島桑太，以及內務省衛生局長長與專齋等人，雖然延續了溫泉分析這項工作，卻從未想過要深入研究溫泉的化學本質。

其實踏入這個領域的機會出現過好幾次。明治政府體認到從歐美先進國招募優秀人才的必要性，因而決定「聘請外國人」；當時27歲的德籍醫師貝爾茲博士（Erwin Bälz，1849～1913年）便是其中一人。

明治9年（1876年）訪日的貝爾茲，是東京醫學校（現為東京大學醫學部）的內科正教授，他將西方近代醫學傳入日本的豐功偉業，贏得世人極高評價，人稱「日本近代醫學之父」。另一方面，貝爾茲將焦點放在日本傳統的溫泉療法上這件事，完全出自他優越的資質。照理來講，對日本的溫泉也意義非凡才是。

自從後藤艮山讚揚溫泉的治癒力之後，湯治不僅深入日本人心中，還成為日本傳統醫學和民間療法，並且流傳至今。其所帶來的效力也深受貝爾茲認同，因為溫泉在醫學上的影響力實在是太深遠了。如果沒有貝爾茲，不可否認的，日本的溫泉看在西方科學眼裡，恐怕只剩「遊樂式的溫泉場」了。

埃爾溫・貝爾茲（草津町提供）

草津「時間湯」拌泉的風景明信片／作者藏

明治17年（1884年），貝爾茲以「關於持續性湯治」為題，在《柏林臨床醫學》這本專業期刊中發表論文。這是一篇長時間浸浴在以微溫泉而聞名的川中溫泉（群馬縣）裡有關的論文，也是第一則將日本傳統的溫泉治療法介紹給國外的文章。

貝爾茲與草津溫泉的關係也極為深厚。因為草津以「時間湯」為代表的獨特入浴方式和療效，深深擄獲了這位年輕醫師的心。另一方面，貝爾茲還因為看到罹患難治之症的湯治客，毫無進行任何醫學措施，只是浸浴在設備簡陋到只有搭上屋頂的共同湯裡一事，訝異無比。除了草津與川中，貝爾茲還將腳程拉到伊香保及箱根等地，傾注熱情研究溫泉，甚至在明治13年（1880年）讓《日本礦泉論》一書付梓。看來他似乎是想藉由近代科學的成果，加以驗證日本多樣又充滿個性的傳統溫泉醫學。

貝爾茲在明治20年（1887年）年向宮內省（今日掌管日本皇室相關事宜的宮內廳）提出《應為皇國模範之一大溫泉場建設意見書》，指出應該在箱根建設一個安置各種浴法設備，並且配備兼具學術知識之醫師的溫泉場，讓此地成為日本溫泉場的典範，無奈這個理念並未得到政府理解。

於是，貝爾茲只好在可以俯瞰草津溫泉街的高原上取得1萬2千坪的土地，自己籌劃建設一個溫泉療養地。「草津除了無以倫比的溫泉，還有日本最棒的深山空氣，幾近理想的飲用水。這樣的土地若也出現在歐洲的話，應該會和捷克知名的溫泉勝地，卡羅維瓦利（Karlovy Vary）一樣熱鬧吧！」（《貝爾茲的日記》菅沼龍太郎・譯）。

豈知在前方等待的，卻是意外的挫折。草津以「法律不允許將溫泉湧出口分給外國人」為由，拒絕了這個提議。就連貝爾茲過去對草津這個地方的讚賞與指導，也不曾理解。失望落魄的貝爾茲，只好無奈地帶著日籍妻子，離開這個生活了29年的日本。

當時草津的封閉性，其實也是日本的封閉性。即使是在從榕菴的時代經過至少半個世紀的明治中期，不管時代有多進步，在封閉與無知的影響之下，經過科學驗證、貨真價實的「溫泉醫學」仍失去了在日本扎根的機會，直到今日。

儘管如此，湯治依舊存於日本，這是無庸置疑的事實。因為溫泉確實具有療效，不僅可以引出自然痊癒力，還能夠提高免疫力，進而去除過剩的活性氧這個「萬病之源」的功效，更是足以得到肯定。

溫泉與溫泉街

打從留下文獻的奈良時代開始，溫泉在日本的治療學史中便扮演著舉足輕重的地位。特別是在街道與宿場充分整頓，庶民外出、旅行更為方便的江戶時代之後，那些無法治療疾病和外傷的溫泉，幾乎已不再稱為溫泉了。

就連溫泉街，也可說是與湯治場一同發展的。湯治場當中，有的和薩摩街道的日奈久與長崎街道的嬉野一樣發展成熱鬧的宿場，因此溫泉街可以分為湯治場型與宿場型這兩種。湯治場型在昭和中期以後分為「行樂、歡樂型」與「療養型」；至於宿場型絕大多數則是屬於行樂、歡樂型。其他像青森的酸湯溫泉、秋田的鶴之湯溫泉與阿蘇的地獄溫泉等，在江戶時代曾為藩主湯治場的唯一旅館溫泉地，現在大多都是療養型或者是「祕湯型」溫泉勝地，深受熱情溫泉迷喜愛。

湯治場（療養）型溫泉

肘折溫泉（山形縣）與俵山溫泉（山口縣）是日本東西兩地具代表性的湯治場型溫泉街。

以當季山菜、青蔬和水果等整齊排放而聞名的早市肘折，位在月山。溫泉煙霧裊裊升起的山腳下，擠滿了將近20間的湯治旅館。夾雜其中的數間特產店活力洋溢，此外，還有4處共同湯。當中的「上之湯」別名「疪之湯」，是肘折發源的泉源地，對於治療骨折後傷部復原、術後恢復、婦女疾病、神經痛和風濕格外有效。

湯治型溫泉街 · 俵山溫泉

另一方面，俵山則有將近20間的二、三層木造旅館密布。身穿浴衣的湯治客踏在羊腸石階小徑上前往外湯（共同湯）的身影，讓這個屬於正統派的湯治場，至今依舊瀰漫著溫泉鄉風情。

江戶前期，長州藩主在俵山興建了毛利家的御茶屋（別墅），療效靈驗的溫泉深受世人好評。到了江戶中期，此處的湯治旅館已經多達20間，時至今日依舊是西日本屈指可數，堪稱「風濕名湯」的湯治場。

以湯治場來講，東日本有四萬溫泉（栃木縣）、東鳴子溫泉（宮城縣）、花卷南溫泉峽（岩手縣）；西日本則有別府鐵輪溫泉（大分縣）、長湯溫泉（大分縣）與安樂溫泉（鹿兒島縣）。

宿場（行樂、歡樂）型溫泉

行樂、歡樂型溫泉場原本就是以宿場為原型，通常會在交通方便的土地上發展，主要立地於山間或海邊。不過，在山間發展的溫泉場幾乎都會開闢在河畔旁

在羽州街道發展成宿場町的上山溫泉（山形縣），正好位在米澤街道的分歧點上，同時也是松平氏三萬石的城下町。在歷代藩主允許百姓設置「大湯」（外湯），以及在提供旅行者食宿的旅籠裡汲取內湯的情況之下，此地也發展成繁榮的溫泉街，不僅吸引了湯治客，就連執行參勤交代任務的大名，以及前往藏王山與出羽三山參拜的旅人也接踵而來。今日這個地方依舊保留著武家屋敷大道，形成一個風格獨特的湯町。

宿場型溫泉街・湯村溫泉（兵庫縣）

開闢於菊池川，注入有明海河川流域旁的山鹿溫泉（熊本縣），是蓬勃發展的薩摩街道的宿場町；這條街道在肥後（熊本縣）亦稱豐前街道。山鹿是肥後米一大集散地，稻米批發店鱗次櫛比，富商輩出。當地溫泉之豐沛，讓整個溫泉鄉流傳著「山鹿千軒，何須木盆」（洗衣服不需要用到木盆，直接用放流的溫泉沖洗即可）這句話，進而成為人潮熱絡的「招牌」。就連肥後藩的細川公、薩摩藩的島津公和人吉藩的相良公等大名，在執行參勤交代的時候，也曾在此浸泡溫泉數次。

與中山道交會的甲州街道唯一宿場下諏訪（長野縣），以「擁有溫泉的門前町」而聞名。坐鎮在諏訪湖北岸，從諏訪大社下社秋宮旁發展成門前町的下諏訪溫泉，因名湯「錦之湯」廣為人知，加上擁有「旅籠40間」，在當時堪稱規模最大的溫泉鄉。這個貝原益軒、十返舍一九、葛飾北齋等人亦曾投宿的湯町，今日依舊可見江戶期創業的旅館。

以上都是位在內陸的宿場型溫泉街。海邊的話，羽州濱街道的宿場溫海溫泉，是庄內藩主曾經到此進行湯治的古泉，始於江戶時代的早市，今日依舊熱絡無比。登記為世界遺產，以石見銀山之裝運港而聞名的溫泉津，是石見銀山街道的宿場，這個地方正如其名，也是溫泉地。江戶中期，此處擁有多達40間的運輸船行。在這個讓人不禁遙想起往日時光的溫泉鄉裡，鐵鏽色的藥泉一如往昔，源源不絕。

以「血池地獄」等「地獄」而赫赫有名的大溫泉鄉別府，則是面臨別府灣的日向街道與肥後街道的宿場。此處的溫泉旅館在江戶後期早已超過20間。不光是陸路，別府這個溫泉鄉還是前往四國伊予街道的海路要塞，使得整個溫泉鄉的規模因而擴大。

祕湯型溫泉

群馬縣的唯一旅館法師溫泉，自從在昭和末期掀起「祕湯熱潮」之後，祕湯一詞似乎已在日本人心中扎根了。這個詞意指位在祕境之地或偏僻土地的小型溫泉地，深受已經厭倦都市化的宿場（行樂、歡樂）型溫泉街，以純正溫泉為指向的溫泉迷喜愛。這種溫泉位在商業化低、如假包換的自然環境之中，而且大多數均象徵「源泉放流式溫泉」或「自家源泉」，堪稱純溫泉的代名詞。此外，還附加了當地生產的食材。

乳頭溫泉鄉（秋田縣）的評價，可說是因為祕湯所處位置而奠定的。田澤湖高原後方，也就是乳頭山山腳下先達川流經之地的那片山毛櫸原生林，隨處是裊裊升起的溫泉煙霧。由鶴之湯、大釜、乳頭、妙乃湯、蟹場、孫六、黑湯這七處溫泉構成的乳頭溫泉鄉又稱「日本最後的祕湯」。各具特色的溫泉與景致深得都會客，尤其是女性的喜愛，時至今日依舊不變。近年來，還出現了外國人的身影，加上日文HITO的祕湯，漸漸成為通行國際的字詞。

除了法師與乳頭這兩處溫泉，夏油溫泉（岩手縣）、大平溫泉（山形縣）、姥湯溫泉（山形縣）、奧鬼怒溫泉鄉（栃木縣）、中房溫泉（長野縣）、奈良田溫泉（山梨縣）、祖谷溫泉（德島縣）、垂玉溫泉（熊本縣），這些等級居冠的祕湯，在日本其實很多！

祕湯型溫泉「鶴之湯」（秋田縣）

「祖谷溫泉酒店」露天溫泉（祖谷溫泉酒店提供）

溫泉建築

日本溫泉文化的價值，在於採用木造建築的旅館與浴舍。溫泉近來深受訪日外國觀光客喜愛的原因，應該與此密不可分。因為溫泉囊括了日本文化的精粹，包含飲食文化在內。溫泉旅館是日本「唯一無二」的特色。我們可以說就是因為有了日式建築，日本溫泉文化才得以存續。

另一方面，對日本人而言，溫泉旅館確立自我認同的這個角色日趨重要。近年來，年輕人紛紛表現出欣賞日式風格的意向。現在絕大多數的日本人都住在都市，就算住在透天厝，也是過著西方的生活方式，至於高樓大廈那就更不用說了。正因如此，鋪設榻榻米的溫泉旅館建築，才會成為喚醒日本人精神ＤＮＡ的一級「療癒之地」。

傳統建築樣式與溫泉

溫泉旅館的基本樣式，是傳達日本傳統建築文化的「書院造」與「數寄屋造」。

以古代的寢殿造為原型，經過鎌倉、室町這兩個時代的過渡期，到了桃山時代確立的書院造，從武家文化之中誕生，堪稱今日榻榻米文化的原點。寢殿造的榻榻米原本僅用在人席地而坐的地方，鎌倉時代起開始鋪滿整個主房，室町時代之後一般化。

書院造是設有壁龕與博古架，以及壁龕旁突出於檐廊的裝飾型凸窗「付書院」，格局十分華麗。

另一方面，盛行於江戶時代的數寄屋造，則是採用常見的茶室建築樣式這種

木造三層建築的銀山溫泉「能登屋旅館」

手法。同樣都有設有壁龕，卻有別於花俏的書院造，直接使用未經塗裝的白木為建材，並以無裝飾、樹紋裸露的面皮柱為特色。

即使是數寄屋，採用書院風樣式的稱為書院式數寄屋，如果是採用草庵風樣式，那就是草庵式數寄屋。採用立足於茶道的數寄屋結構與構想的住宅，則稱為數寄屋造。至於一邊繼承這個手法，一邊擷取新建材與新構想，並加以改良以便迎合現代生活的樣式，便稱為「近代數寄屋」。

四方溫泉積善館

幾乎可說是日本現存，唯一傳統建築樣式的數寄屋，始於十六世紀。從中世紀到近代的千利休、近代的小崛遠州，以及昭和初期的吉田五十八等人開創了近代數寄屋，而且歷史長達四個世紀。單一建築樣式的生命能夠如此悠久，是近代以後舉世無雙的例子。數寄屋現在普見於茶屋、一般住宅的和室、日本旅館與料亭。不只是日本人，對於多數的外國觀光客而言，接觸日本傳統建築機會最多的，應屬溫泉旅館。

只要一打開溫泉旅館的客房門或窗戶，就會看到拖鞋處、洗臉台、洗手間與浴室等玄關區，而位在隔扇拉門後方的是座敷，也就是榻榻米房。緊接在座敷這個正房旁的空間通常為次間，不過最近的旅館已不多見這種格局。

這類旅館建築技術在大正到昭和初期，攀升到鼎盛，不管是窗戶還是紙拉門，大多格外獨出心裁。有的旅館甚至採用華麗的花窗玻璃，或者是和銀山溫泉（山形縣）的「能登屋旅館」一樣附設望樓。

明明是日式旅館卻採用西方世界的花窗玻璃，乍看之下異乎尋常。不少富有進取精神的經營者這麼做的原因，是為了讓溫泉旅館的風格更有「格調」、更加「時尚」。近年來，在日式建築裡融入印尼峇里島氣氛的設計型旅館所表達的，就是這種意涵。

最近，那些以附設露天浴池為招牌的客房，高級旅館層出不窮的設計型旅館，指的是在建築師與室內設計師精心規劃之下，從設計到內部裝潢、照明、傢具擺設，甚至是餐具、盥洗用品，整體感覺均獨具巧思的旅館。這類旅館有不少是以木造建材與紙為基本，藉以展演出日式風格，但是當中卻又表現出有別於日式旅館的「無國籍」風格。

榻榻米

榻榻米以稻草與燈心草為材料。浴後赤腳踏在榻榻米上的感覺格外舒適。不用說，除了視覺美，榻榻米還展現了觸覺美。當然，嗅覺美也不容忽視。對於生活已經完全西方化的日本人而言，擁有榻榻米的溫泉旅館已經漸漸成為有別於日常的異空間了。

榻榻米本為座椅的一種，也是寢具。平安時代的貴族社會就是藉由榻榻米來表達坐在上面的人所屬的身分與地位。越是有權者，坐的榻榻米就會越厚，有時甚至會疊放好幾層。

檐廊、寬廊

檐廊是面對座敷（正房）的空間，寬度約半間或一間（「間」為長度單位，約略1.818公尺），採木頭地板。檐廊前方會鋪上一塊表面是平面的段石，以便進出庭院。像這樣設置在一樓後方角落，附有檐廊的房間通常屬於特別室，是貴客專屬的房間。

如果二樓以上設有客房，窗邊的空間便稱為「寬廊」（幅度較寬的檐廊），大多數的日本旅館通常會在此擺置桌椅，甚至設置洗臉台與冰箱，藉以展演出日式旅館應有的風情；有的甚至會鋪上榻榻米。

草津溫泉 山本館的寬廊（提供・山本館）

湯殿

姑且不論浴室形式為何，早在平安時代以後，湯殿所指的就是沐浴的小房間。不管是浴室、風呂還是浴場，只要是天皇貴族的浴室，一律稱為御湯殿。這個地方通常是由浴池與沖洗處所構成。

像是有馬溫泉的「太閤湯殿館」，就可以觀賞到戰國時代末期豐臣秀吉營建的湯殿遺跡。

有馬溫泉秀吉下令營建的浴池遺跡

木造三層建築

提到格調，木造三層旅館在當今以鋼筋旅館為主流的大溫泉地，綻放異彩。

展現日本高超建築技術的木造三層旅館雖未確定是從何時出現的，但是在代表日本的溫泉地草津這個地方，從江戶後期就已經出現為數不少的三層樓旅館。

最有名的，就是十返舍一九的《諸國道中金之草鞋十三》（「善光寺參詣草津道中」）；書中提到「此處旅館均為規模龐大、壯觀氣派的三層建築……」，而且從描繪湯畑與周遭環境的插圖中，也可看到三層樓的旅館。十返舍一九訪問草津是在文政元年（1818年）。其實，只要翻開隔年文政2年清水濱臣所寫的《上信日記》，就會明白當時草津已經有將近40間的三層樓旅館了。

另一方面，像飛驒的「湯元長座」（岐阜縣・福地溫泉）或「忘懷鄉 雅敘苑」（鹿兒島縣・妙見溫泉）這種採用江戶時代富農住家樣式，也就是名為「庄屋造」

的莊園建築風格的溫泉旅館，通常深受都會女性或者是歐美人士的喜愛。這種建築的特色，就是挑高的天花板，搭配裸露的樑柱，進而展演出開放舒暢的空間。不僅如此，寬敞的土間與地爐，不僅是日本人，也撩動了對日本文化充滿興趣的外國人心弦。

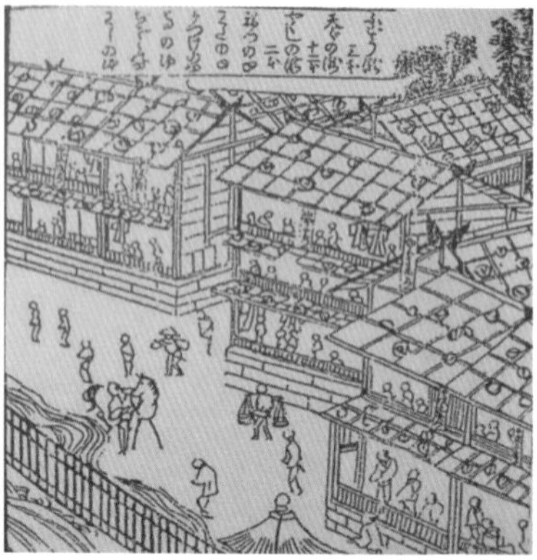

江戶後期・草津的三層建築（十返舍一九）／作者藏

如何欣賞日式旅館

日式旅館最具格調的房間通常會配置在一樓，而且是在最角落的位置上，因為坐在這個地方的視線高度，剛好可以盡情欣賞中庭的四季景致。越往上層房間就越高級，這其實是歐美飯店的概念。

接下來就簡單說明一下讓日式旅館洋溢魅力的壁龕、楣窗、窗戶、紙拉門、天花板與屋頂。

壁龕

日式建築的象徵，格局較為正規的壁龕日文稱為「本床」。有的壁龕地板是鋪榻榻米，有的則是以上等角材為立柱。

旅館客房裡的壁龕大多是簡化過的本床，牆上會掛著書畫，地板也略高，以便擺飾物品。

另外，書院造的本床旁一般都會增設一個空間，稱為「床脇」；床脇是由博古架與壁櫥所構成的。

走進客房，入座之後，先將視線放在壁龕上。因為掛在這裡的書畫表達了屋主的待客精髓。

楣窗

天花板與門楣（門窗上部橫檔）之間的格柵或透雕木板。本為用來採光與通風，到了溫泉旅館卻加強了裝飾意味。而在厚木板上雕刻松、

古泉溫泉「鶴靈泉」的楣窗

竹、梅等花樣之後，再施以繽紛色彩的雕刻楣窗，更展現了無以倫比的華麗氛圍。

壁龕與楣窗可說是最容易表現出屋主心思的部分。一旦進入客房，不妨多看幾眼天花板與楣窗。

天花板

一般旅館與富有格調旅館之間的差別，只要抬頭仰望天花板便可一目瞭然。由於天花板的總面積格外寬敞，只要觀察這個部分使用的是否為實用的建材，就能夠看出旅館的水準等級。

不僅如此，不少日式建築在天花板上花了不少心思。如果能夠留意這個部分，溫泉之旅想必會更有樂趣。接下來要介紹幾種主要的天花板樣式。

箱根湯本溫泉「萬翠樓 福住」方格天花板上的天頂壁畫（提供・萬翠樓 福住）

・竿緣天花板

最常見的天花板，一般住宅的和室大多數都採用這種樣式。木板排好之後，將名為竿緣的細木條呈直角、等距，平行配置在上的天花板。

・方格天花板

等同於竿緣天花板的竿緣部分呈格狀配置，格調較高的書院風客房多採用這種樣式。房內若是採用方格天花板，不妨將其視為高級客房。

・網代天花板

雖屬高級樣式，近來卻難得一見！它是將杉木、日本花柏或竹子等削切而成的薄板（木紙）以純手工的方式斜向或縱橫編織成片之後，再鋪上的天花板樣式。

古泉溫泉「鶴靈泉」的方格天花板

・折上天花板

天花板比周圍的牆面還要高，而且是採用斜面或曲面的方式向上提高。這個提高的部分就稱為「折上」，而且大多數的折上天花板都會搭配方格天花板這個樣式。

・鏡面天花板

沒有竿緣，也沒有方格，整個天花板就只有一片天板，宛如鏡子設置在上。本為原色木料，不過現在大多會在上頭繪畫。

另外還有中間深深凹陷的「船底形天花板」，以及單邊傾斜的「傾斜天花板」。

紙拉門

「日本的房子是由木頭與紙做成的」；代表「紙」的是宣紙拉門與隔扇拉門。日本「湯宿」的精髓，應該就是宣紙拉門與隔扇拉門。以木條組成的格子為骨架，兩面貼上紙與布，立在門檻與門楣之間，可自由開關當作房間區隔的是隔扇拉門，日文為「襖」，但正確來講應該稱為「襖障子」。另一方面，應該稱為「透光拉門」的宣紙拉門是以木格子為裝飾木材，其中一面貼上白色宣紙的拉門。

透過紙拉門照進房間的柔和光影，是習慣掛上窗簾的歐美飯店，不曾出現的日本文化。正因現代日本住宅也都習慣掛上窗簾遮蔽光線，因此真正的日本湯宿反而能夠讓人享受到清晨微妙的光線變遷。

除了「遮蔽」與「隔間」這兩個原有的功能，宣紙拉門與隔扇拉門也算是日本溫泉旅館的特色，以日本「美學」之姿，讓溫泉客充分體會到旅館主人的玩心。也就是說，以木條組合圖案，琳瑯滿目的宣紙拉門，以及繪師在上頭用心繪畫的隔扇拉門，讓旅館幾乎可說是扎根於生活之中的美術館。

古泉溫泉「鶴靈泉」的紙拉門

另外還有設置在書院的「書院拉門」，以及充滿日本趣意的「賞雪拉門」。後者又稱為「上下推拉式拉門」，也就是在一般的紙拉門上增設一個可以上下推拉的小拉門。

據說「隔扇拉門」始於鎌倉時代，並用水墨與金箔在上面作畫。不過這種拉門的歷史，卻可以追溯至奈良時代的「屏風拉門」呢！

窗

一般住宅的窗戶往往偏重功能，索然無味；不過，旅館的窗戶大多以賞雪窗或圓窗等注重裝飾與造型的窗戶為主，格外賞心悅目。在木框上施以裝飾工藝的「裝飾窗」散發出一股匠人氣息，至於出現在歷史悠久日式旅館中的西式花窗玻璃所帶來的嶄新創意，也不禁讓人高聲讚嘆。

箱根塔之澤溫泉「福住樓」的窗戶（提供・福住樓）

若有機會欣賞到「格柵窗」，或者是部分土牆不上漆，讓竹子或蘆葦等材料裸露在外的「木骨胎窗」（又稱枝條編格窗），或者是茶室上下兩段、刻意錯開，中心設置「色紙窗」這類獨居匠意的木骨胎窗，心情一定會如跨越時空，置身在江戶時代的湯宿之中。

遊廊

日式建築的魅力之一，就是一般稱為走廊的各種「遊廊」。所謂廊，指的是將各棟建築物串連起來，並且架設屋頂的細長型走廊，是迴廊、步廊、渡廊、橋廊、透廊、太鼓走廊、石渡廊、中門廊等總稱。地板方面近年來大多鋪設木板，不過有時會是泥土地，甚至鋪上踏腳石。此外，有的兩側立有牆壁，有的僅是單面牆壁，有的甚至只有屋頂。

我們平常所說的走廊這個詞，指的是建築物內部的通道，兩側有房間的話稱為「中廊」。

「迴廊」一詞，讓人聯想到富有格調、貨真價實的溫泉旅館。其實，不少老字號旅館均會設置可以一邊眺望兩側庭園，一邊在館內走動的渡廊，像是修善寺溫泉（靜岡縣）與夏目漱石因緣匪淺的名宿「湯回廊 菊屋」，或者是別所溫泉（長野縣）的「花屋」，這些旅館的走廊幾乎都可以稱為渡廊或是迴廊。歷史較短的溫泉旅館方面，有以「別屋」深受大家喜愛的大分縣由布院溫泉「由布院 玉之湯」，以及熊本縣黑川溫泉的「旅館 Kounoyu」。至於將建築物串連起來的渡廊，也就是迴廊，其實原本是為了在宗教建築或宮殿內將某個區域圍繞起來，以便構成聖域，設有屋頂的走廊。

「步廊」這個現在鮮少耳聞的用詞，所指的是地板鋪上瓦片或踏腳石，做成土間的走廊，歷史悠久的高級旅館偶爾可見。而提到漫長的土間步廊，浮現在腦海的是飛驒福地溫泉（岐阜縣）的名宿「湯元長座」。

「橋廊」亦可稱為廊橋。誠如字面所示，意指廊道地板和橋一樣的走廊。

「渡廊」一般稱為遊廊，是連結建築物或浴舍的走廊。典型的遊廊有法師溫泉（群馬縣）的唯一旅館「法師溫泉 長壽館」。這條橫跨法師川的渡廊將興建於明治8年（1875年）的「本館」、昭和15年竣工的「別館」以及昭和53年的「薰山莊」串連起來。渡廊又可稱為渡殿，有的會加上階梯，有的如同斜坡，有的像拱橋。地板方面，有木板、石子、瓦片、踏腳石、泥土地，建材種類琳瑯滿目，讓人看了眼花撩亂。

多數溫泉旅館之所以會出現橫跨河川的渡廊，原因在於在這段漫長歷史當中不斷補添、增建，與宛如迷宮的館內格局相互結合，讓日本旅館孕育出與眾不同的風情。

通往法師溫泉「長壽館」別館的渡廊
（提供 · 法師溫泉 長壽館）

渡廊中常見設有屋頂，但是兩側沒有牆壁、類似穿堂的走廊，這稱為「透廊」。有時，亦可稱為透渡殿。

一個小小的走廊就分得如此精細，可見日本的溫泉旅館根本就是讓建築文化得以存續的博物館。

屋頂

屋頂在日本建築當中不僅用來防雨水和露水，對於外觀更是重視。

如圖所示，屋頂的樣式大致可以分為正脊兩側呈斜坡狀的「懸山頂」（稱人字形屋頂、兩坡水屋頂）、四邊呈斜坡狀的「廡殿頂」（或稱四坡水屋頂），以及上方為懸山頂，下方搭配廡殿頂的「歇山頂」。

懸山頂有靠近白川鄉的平瀨溫泉（岐阜縣），廡殿頂有箱根塔之澤溫泉（神奈川縣）的「福住樓」，歇山頂有道後溫泉（愛媛縣）的「道後溫泉本館」與山田溫泉（長野縣）的共同湯「大湯」。

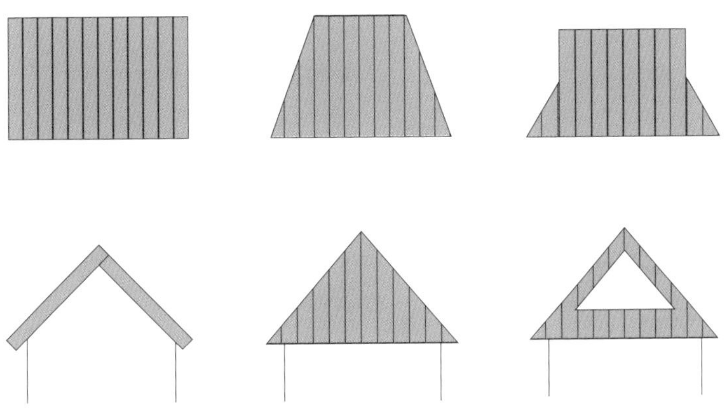

懸山頂（切妻造り）　廡殿頂（寄棟造り）　歇山頂（入母屋造り）

另外，增設在懸山頂兩側的山形板「破風」也值得觀賞。這個部分可以根據位置與形狀細分為「唐破風」與「千鳥破風」。

唐破風並非傳自中國（唐代），而是日本傳統的屋頂形式。左右兩側日文稱為「照り」，也就是向下凹陷的破風板；中間稱為「むくり」，也就是向上凸起的部分。最典型的溫泉旅館有三朝溫泉（鳥取縣）的名宿「旅館大橋」，與小涌谷溫泉（神奈川縣）的「三河屋旅館」。浴場方面有象徵別府溫泉（大分縣）的共同湯「竹瓦溫泉」。另一方面，千鳥破風則是在於屋頂面是懸山頂破風，以強首溫泉（秋田縣）的「樅峰苑」，採用深湯（站立）形式的鉛溫泉（岩手縣）「藤三旅館」為人熟知。

唐破風的野澤溫泉「大湯」
唐破風的奧津溫泉「奧津莊」

歌山頂的「道後溫泉本館」
唐破風的三朝溫泉「旅館大橋」

盡享日本風情的溫泉旅館

這個部分要介紹的是除了前面內容提及的旅館，不論建築、美食還是浴池樣樣齊全，最具代表性的日本湯宿。就請大家細細體會這讓人流連忘返的日本風情。（照片為各家旅館提供）

平磯溫泉　銀鱗莊

北海道小樽市櫻 1-1
0134-54-7010
一晚附兩餐／ 34,710 日圓起

花卷南溫泉峽　菊水館

岩手縣花卷市湯口字大澤 181
0198-25-2233
一晚附兩餐／ 7,494 日圓起

會津東山溫泉　向瀧

福島縣會津若松市東山町湯本川向 200
0242-27-7501
一晚附兩餐／ 18,510 日圓起

湯田中溫泉　萬屋

長野縣下高井郡山之內町平穩 3137
0269-33-2111
一晚附兩餐／ 18,510 日圓起

強首溫泉　樅峰苑

秋田縣大仙市強首字強首 268
0187-77-2116
一晚附兩餐／ 15,060 日圓起

白布溫泉　湯瀧之宿 西屋

山形縣米澤市大字關 1527
0238-55-2480
一晚附兩餐／ 12,000 日圓起

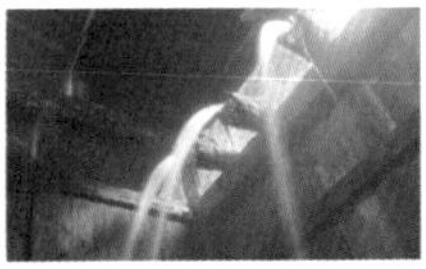

別所溫泉　旅館花屋

長野縣上田市別所溫泉 169
0268-38-3131
一晚附兩餐／ 19,590 日圓起

澀溫泉　歷史之宿 金具屋

長野縣下高井郡山之內町平穩 2202
0269-33-3131
一晚附兩餐／ 17,430 日圓起

♨ 箱根塔之澤溫泉　元湯 環翠樓

- ♨ 神奈川縣足柄下郡箱根町塔之澤 88
- ☎ 0460-85-5511
- ¥ 一晚附兩餐／ 19,440 日圓起

♨ 箱根小涌谷溫泉　三河屋旅館

- ♨ 神奈川縣足柄下郡箱根小涌谷 503
- ☎ 0460-82-2231
- ¥ 一晚附兩餐／ 20,130 日圓起

♨ 天城湯島溫泉　落合樓村上

- ♨ 靜岡縣伊豆市湯島 1887-1
- ☎ 0558-85-0014
- ¥ 一晚附兩餐／ 30,240 日圓起

♨ 湯之峰溫泉　旅館吾妻屋

- ♨ 和歌山縣田邊市本宮町湯峯 122
- ☎ 0735-42-0012
- ¥ 一晚附兩餐／ 16,350 日圓起

♨ 下呂溫泉　湯之島館

- ♨ 岐阜縣下呂市湯之島 645
- ☎ 0576-25-4126
- ¥ 一晚附兩餐／ 19,500 日圓起

♨ 下部溫泉　裕貴屋（歇業）

- ♨ 山梨縣南巨摩郡身延町下部 48
- ☎ 0556-20-3130
- ¥ 一晚附兩餐／ 17,388 日圓起

♨ 修善寺溫泉　新井旅館

- ♨ 靜岡縣伊豆市修善寺 970
- ☎ 0558-72-2007
- ¥ 一晚附兩餐／ 23,250 日圓起

♨ 修善寺溫泉　湯回廊菊屋

- ♨ 靜岡縣伊豆市修善寺 874-1
- ☎ 0558-74-2000
- ¥ 一晚附兩餐／ 19,150 日圓起

♨ 小藪溫泉　小藪溫泉

- ♨ 愛媛縣大洲市肱川町宇和川 1433
- ☎ 0893-34-2007
- ¥ 一晚附兩餐／ 10,950 日圓起

♨ 有福溫泉　三階旅館

- ♨ 島根縣江津市有福溫泉町 692
- ☎ 0855-56-2211
- ¥ 一晚附兩餐／ 10,800 日圓起

♨二日市溫泉　大丸別莊

♨ 福岡縣筑紫野市湯町 1-20-1
☎ 0120-44-4126
¥ 一晚附兩餐／ 19,160 日圓起

♨日奈久溫泉　金波樓

♨ 熊本縣八代市日奈久上西町 336-3
☎ 0965-38-0611
¥ 一晚附兩餐／ 15,250 日圓起

♨人吉溫泉　人吉旅館

♨ 熊本縣人吉市上青井町 160
☎ 0966-22-3141
¥ 一晚附兩餐／ 14,190 日圓起

♨日當山溫泉　野鶴亭

♨ 鹿兒島縣霧島市隼人町東鄉 1-8
☎ 0995-42-6400
¥ 一晚附兩餐／ 17,430 日圓起

浴池與浴室用品

浴池

青森縣的酸湯溫泉是日本全國屈指可數的湯治旅館，以「羅漢杉千人浴池」聞名。羅漢杉是青森特產杉木，當地人稱「ヒバ」（ヒノキアスナロ），屬於香氣濃郁的銘木。至於毫不吝嗇使用這種木材搭建的混浴大浴場，不僅保留了古色古香的湯治場氛圍，木造建築的溫潤風情更是療癒了入浴客的身心（請參照99頁）。

同樣採用當地建材的石砌浴池也非常普遍。十和田石與伊豆青石這兩種火山灰堆積形成的凝灰岩，沾水之後比較不易打滑，經常用來砌成浴池或

用「稻田白御影石」打造的石砌浴池「元祿之湯」（四萬溫泉「積善館」）

是鋪設在淋浴處的地板上；福井縣略淡的青綠色笏谷石亦屬同種。另外，可作為陶器材料的熊本縣天草石紋路十分華麗，也經常鋪設在浴場的牆面上，或者是堆砌成浴池。

木材與石材質感固然不同，但都是取自當地的建材，在旅行者心中會烙下風情獨特的印象，也算是一種溫泉魅力。

酸湯溫泉的千人浴池

另一方面，近年來格外熱門的是使用混凝土與磁磚打造的浴池和淋浴處。與天然建材相比不僅比較經濟、耐用，在維持與管理上也比較輕鬆。然而，這畢竟是水泥、砂石與水等無機材料經過化學反應之後製成的混凝土，在攪拌的過程當中，極有可能融入其他有害物質。另外，站在入浴者的立場來看，用混凝土建造的淋浴處讓人感覺冰冷，與以溫暖身心為目的的原則極端相反。

日本自古以來使用木材建造浴場與浴池的原因，除了是垂手可得的材料之外，木造浴場還營造出一種舒適氛圍，只要浸泡其中，就能治癒身心。如此感受，肯定來自日本人的ＤＮＡ記憶。

天花板底下有著空間寬闊的木造浴舍，搭配注滿新鮮溫泉、煙霧裊裊升起的木造浴池。只要整個人浸泡在這樣的浴室裡，即使不是日本人，照樣能夠放下肩頭沉重的壓力，不經意地笑容洋溢。

羅漢松浴池（湯之峰溫泉「旅館 吾妻屋」）

檜木浴池（西山溫泉「慶雲館」）

檜木浴池（奧鹽源溫泉「下藤屋」）

羅漢杉湯（古牧溫泉「星野集團 青森屋」）

木頭導水管與注水口（草津溫泉「天乃字屋」）

木頭質感溫煦、觸感滑順，洋溢的香氣讓人心情舒適。不僅如此，溫泉的成分還具有保護木材，使其不易腐蝕的優點。例如強酸性泉會腐蝕金屬，碳酸泉會腐蝕大理石，但如果採用木材，就不用擔心這個問題了。

用來建造浴池的材料之中，最耐用的木材就是日本的特有種，高野羅漢松（高野槙）。這種松樹獨的樹脂有很高的防水性，是最高等級的浴池用材。再來是羅漢杉，同時也是高級建材的檜木，以及通用性極高的松木。即使是酸性泉，這些木材都能夠用上12、13年。

儘管大多數的日本人均為檜木浴池的芳香所療癒，但是管理木頭浴池與淋浴處並不是一件輕鬆的事。因此維修完善，全木材打造的浴舍所帶來的溫煦氛圍，其實是來自用心清掃與管理的恩賜之物。

浴室用品

今日時而可見的浴室用品，就是一塊長長的木板「拌泉板」。野澤溫泉（長野縣）最具代表性的外湯「大湯」是一處擁有湯屋造，建築樣式優美的浴舍，並且曾經名列《米其林旅遊指南日本篇》之中。但是，這裡的溫泉溫度高而且滾燙，觀光客往往會想要摻水降溫。不過當地人為了浸泡在「100％源泉放流溫泉」裡，特地在浴池旁豎立一塊拌泉板，以便攪拌、降溫。

這種拌泉板在過去原本是浴池的必需品，但是自從昭和後期「循環浴池」增加之後，便漸漸不再出現在人們眼前。因此草津溫泉（群馬縣）的「拌泉與時間湯」，恐怕是傳遞日本溫泉文化極為重要的寶物。

野澤溫泉・大湯的「拌泉板」

從江戶後期一直到明治初期，堪稱草津知名景物的時間湯，是一種善用高溫、刺激性強的特性而產生的酸性泉溫泉療法，像是草津的外湯「千代之湯」今日就依舊保有這項傳統。

一邊高唱「♪草津之美，來者皆知……」這首草津民謠《草津節》，一邊用長木板攪拌接管自湯畑、溫度高達50度的溫泉，來降低泉溫；如此作法，也算是伸展筋骨的暖身操。接下來是沖水；首先將毛巾蓋在頭上，沖水30次。這麼做是為了預防頭暈，「若沒問題，即可準備入浴」。

在負責指導入浴客入浴方式的「湯長」一聲號令之下，眾人齊聲回答「喔！」之後，便可進入略深的浴池之中。浸泡時間需聽從湯長指示，固定3分鐘。這麼做，是為了讓不摻一滴水、藥效極佳的草津源泉能夠發揮最大效果，所下的苦心。

岩井溫泉的「湯被」景象。取自以前的風景明信片／作者藏

另外還有使用湯瓢，極為奇特入浴方法，流傳在山陰地區的古泉岩井溫泉（鳥取縣）這個地方。這種名為「湯被」的入浴方式，是一種一邊高唱「湯被歌」，一邊用小水瓢「砰！砰！」地拍打水面，並且不斷地將舀起的溫泉淋在蓋上一層手巾的頭頂上。這是個非常獨特的習俗，而這麼做是為了避免頭暈。《岩井溫泉歷史繪卷》就提到：

「湯治之餘，為能久浸池中，充分吸收溫泉功效，因而出現用小水瓢將溫泉淋在頭上這個風俗習慣。傳聞此乃江戶時代後期之事。」

像是在這條小小溫泉街的中心地上，就有一座名為「湯被溫泉」的共同浴場。此處採用源泉放流方式的清澈溫泉，可是深受大家喜愛呢！

入浴用具方面，至今依舊不變的就是用來盛熱水的木盆「湯桶」，沖洗淨身時坐的椅子「湯椅子」，以及用來舀水沖身體的單把手小水桶「片手桶」，甚至是用來飲用泉水的「湯瓢」。雖然塑膠材質的水盆與椅子擁有價格低廉、耐用等好處，但是既然日本本身為木材之國，如果能夠使用以檜木為主的木製品，看起來不僅賞心悅目，還能夠療癒身心，耐用性更不用說。這就是評量溫泉旅館品格時，不可忽視的標誌。

浴舍優美的溫泉

鳴子溫泉「瀧之湯」

這是擁有一千兩百年歷史的鳴子溫泉。從江戶初期一直延續到今日的共同湯「瀧之湯」，是重現昔日溫泉小屋樣貌，採用數寄屋風格，以青森羅漢杉打造的浴舍。此處引用的是溫泉神社的御神湯，並且以瀑布的方式注入浴池之中。100％源泉放流溫泉的乳白色硫磺泉，質地溫和，不傷肌膚。

▼資訊與照片請參考115頁

飯坂溫泉「鯖湖湯」

日本東北最具代表性的大溫泉鄉，以飯坂為發源地的共同湯「鯖湖湯」是此地的象徵，但卻因明治21年（1888年）的一場大火而慘遭祝融。隔年東山再起的鯖湖湯在平成5年全面改建之前，可是歷史比道後溫泉本館還要悠久，同時也是日本最古的共同浴場。

傳聞松尾芭蕉在《奧之細道》的旅途中曾經到此入浴的鯖湖湯，其浴舍到了現在則是以羅漢柏為主要建材，並且搭配櫸樹與檜木等木材，營造出壯觀氣派的外觀。浴池採用的是御影石，並且採用放流的方式，讓池內注滿高達45度的單純泉。

▼資訊與照片請參考116頁

小野川溫泉「尼湯」

小野川這個地名，與平安時代才色兼備的歌人「小野小町」有所關聯。傳聞她在承和元年（834年）鑿泉開湯的共同浴場「尼湯」，就位於小野川溫泉街的正中央，濃濃的溫泉煙霧瀰漫周圍。

採用唐破風建築樣式，同時搭配潔白外牆的浴舍裡，清澈透明、水溫略高的溫泉從邊緣裝飾著御影石的浴池滿溢而出。就連在米澤出生的伊達正宗，也曾到尼湯進行湯治。

到此處泡溫泉時，需先在附近商店購票，入浴時將票夾在衣物放置架上的指定位置即可。

小野川溫泉「尼湯」前的飲泉場
（作者拍攝・上下皆是）

山形縣米澤市小野川溫泉
無
200日圓，7:00～21:00，全年無休

那須湯本溫泉「鹿之湯」

那須湯本是那須七湯當中歷史最久的溫泉，起源可追溯至七世紀。被獵人射中的白鹿曾在此處浸泉療傷，於是有人發現了此處的溫泉，這就是共同湯「鹿之湯」之名的由來。

元祿2年（1689年），松尾芭蕉在《奧之細道》的旅途當中，也曾到鹿之湯浸泡沐浴。現在的浴舍與湯殿為純木材搭建，男湯共有6座浴池，泉溫從41度到48度；女湯有5座浴池，泉溫從41度到46度。池內放流著白濁的硫磺泉，從古至今，從未改變。

▼資訊與照片請參考116頁

野澤溫泉「大湯」

「大湯」的浴舍繼承了「湯屋造」這個江戶時代獨特的建築樣式，同時也是野澤溫泉的象徵。氣派莊嚴的唐破風建築外觀深受《米其林旅遊指南》讚揚，並於文中提及「野澤溫泉有13處外湯，當中最值得推薦的就是大湯。宛如寺院，美輪美奐的外觀，令人感到光榮無比……」

裡頭的浴池雖然不甚寬敞，卻毫不吝惜地讓泉質優良、泉溫略高的硫磺泉放流於池中。另外，值得推薦的還有「中尾之湯」。

▼資訊與照片請參考117頁

草津溫泉「千代之湯」

草津的19處共同浴場全都免費開放。或許是距離湯畑較近的關係，當中的「白旗之湯」深受觀光客喜愛，不過想要體驗草津特有的入浴方式「時間湯」的話，建議到「千代之湯」。自古以來，草津便流傳著一句話：「不識時間湯，莫談草津。」

▼資訊與照片請參考117頁

道後溫泉「道後溫泉本館」

位在道後溫泉中心位置的「道後溫泉本館」興建於明治27年（1894年），是龐大歇山式屋頂的木造三層樓房，屋頂上的振鷺閣高掛著太鼓台，威風凜凜的建築樣式在日本的共同湯（外湯）中首屈一指。平成6年甚至還指定為國家重要文化財。

一樓前方有大浴場「神之湯」，後方是小浴場「靈之湯」。神之湯的浴池和淋浴處均採用御影石。背後牆面是一幅砥部燒陶版畫，描繪著白鷺傳說與玉石神話這兩則訴說道後溫泉起源的故事。

▼資訊與照片請參考41頁

山田溫泉「大湯」

湧現在能夠俯瞰松川溪谷，盡享四季應時自然美景的高地上，山田溫泉除了明治時期的文豪森鷗外造訪，特地寫下遊記《道路之記》之外，亦有不少文人墨客在此留下足跡。

山田溫泉的象徵，莫過於採用湯屋建築的共同湯「大湯」。宛如壯麗寺院的歇山頂，讓人屏息。浴舍為純檜木打造，浴池當然也是用檜木搭建，並且以放流的方式將源泉溫泉

♨ 長野縣上高井郡高山村大字奧山田 3580
☎ 026-242-2314
¥ 300 日圓，6:00～21:00，第三個週三公休

注入大小兩個浴池中。較大的浴池，泉溫較高。

信州人對於建築物、浴池與泉質講究，不妥協的文化程度之高，讓人忍不住脫帽致意。天花板挑高的湯屋建築，營造出的寬敞空間與瀰漫其中的溫泉煙霧，更是讓此處的溫泉文化攀升到頂點。

別府溫泉「竹瓦溫泉」

正面為唐破風建築樣式，同時搭配歇山頂的二層樓公共浴場，「竹瓦溫泉」的外觀宛如寺院，甚至像歌舞伎劇場。氣派豪邁的外觀、源泉放流式的泉質，以及親民的入浴費用，讓此處成為日本第一的共同湯，堪稱日本這個「溫泉大國」的象徵。

明治12年（1879年）開業，曾經過數次翻修，現今的浴舍則是昭和13年（1938年）改建而成。一樓是充滿歷史風情的浴池與砂湯池；換上浴衣躺在砂上時，負責撒砂的女性工作人員（砂かけさん）會把用溫泉熱過的砂子撒在溫泉客身上，讓人浴後全身舒暢不已。

▼資訊與照片請參考119頁

日本湯宿的真正價值：木造浴場

日本的浴舍與浴池之所以用木頭搭建，除了因為日本是森林之國，能夠就近取得木材之外，另外一個原因就是，人們根據經驗，深深體會到木造浴池所帶來的舒適感。只要浸沐其中，就能夠真正得到治癒，舒緩身心。

天花板底下空間寬闊的木造浴舍，搭配注滿溫泉、煙霧繚繞的木造浴池。只要浸泡在這樣的浴場裡，緊繃的肩膀就會卸下重擔，忍不住笑容洋溢。

木頭溫煦的感受不僅觸感佳，淡淡的木頭香還能夠刺激副交感神經，讓人放鬆心情。此外，木頭這種材質還有一個優點，那就是不易被溫泉的成分腐蝕。

散發出木頭香的檜木浴池，能讓人擺脫環境中的FRP（Fiber-reinforced Plastic）塑膠氛圍，不僅治癒了身心，也喚起深藏在日本人DNA中的記憶。這裡頭，還充滿了日本人對浴池異於外國人的想法。也就是說，日本人將西式浴缸視為沖洗處，那是用蓮蓬頭將肉眼可見的身體污垢洗淨，屬於「沖洗文化」。不只在澡盆及浴池裡清洗表面污垢，心靈深處也一併淨化，讓精神得到療癒（神道的祓禊），同時祈求平靜的「浸泡文化」，是這兩者的差異。

千葉大學教授宮崎良文曾經做過一項研究，測驗「人類在看了檜木材質的牆壁與上了白漆的水泥牆之後，自律神經會出現什麼樣的反應？」結果發現，人們在看了檜木牆之後，緊張、抑鬱和疲勞的感受會變淡，活動能力變強，但是看了水泥白牆之後，卻出現相反的反應。

有趣的是，覺得檜木牆還不錯的人看到檜木牆之後血壓會下降，就連不怎麼喜歡檜木牆的人，看到檜木牆血壓也不會因此而上升。也就是說，主觀感情與生理反應並不一致。就算不喜歡木材，但是光壓力不會增加這一點，就足以說明木材出色的功效。另一方面，原本就討厭白色水泥牆的人，壓力卻會因此而增加。

儘管人類這數百年來的歷史有一大半是在自然環境之下，一邊進化一邊走到今日。但是身為現代人的我們，依舊和野生動物一樣，同為自然界的一部分，只要接觸到森林與樹木，就能夠刺激副交感神經，控制壓力，讓心情得以放鬆。日本人之所以喜歡木造浴舍與浴池，這項科學觀點應該也提供了不少根據。

自然界中有一種專屬大自然的節奏，東京工業大學的名譽教授武者利光把它稱為「波動」。經過各項實驗，他發現這股波動與我們的生理節奏相互產生共鳴時，會讓人感到舒適愜意。

置身在木造浴場與浴池時，心情之所以會感到平靜，原因就在於這股來自大自然的節奏與人體生理節奏產生了共鳴。這並不是單純的情緒反應，而是來自生理的現象。以醫學的觀點來看，處在這種情況之下副交感神經會變得活絡，是進而讓提升免疫力的重要關鍵，也就是白血球功能會提高。

日本人對於木造建築與木造浴場的講究與堅持，一定要流傳於世！因為這才是日本人真正的「溫泉文化」。

擁有木造浴場的知名旅館

現在不管是建築物還是浴池，純木造浴場的溫泉旅館出奇稀少。正因如此，擁有這種讓日本人身心真正獲得重生的浴場與浴舍的旅館，在今日幾乎可說是價值非凡。耗時耗力的維持與管理，使得木造浴場銳減。但是，樹木就算變成建材，生命力依舊存在，所以散發出來的波長才會與日本人的生理節奏相互契合。經年累月之下，木造浴舍與浴池的光輝歷久不衰，年代越久，就與人類一樣越溫潤。

讓人驚訝的是，擁有這種罕見木造浴場的旅館大多數都位在信州周邊至東北一帶。這一點，應該與九州至西日本的深山裡，近年來都是一片杉木林，形成一片單調樣貌有關。

接下來就為大家介紹從北海道至九州幾個主要的日本浴場。

雌阿寒溫泉「民營國民宿舍 山之宿野中溫泉」

位在阿寒湖西南方雌阿寒岳山腳下，也就是擁有一片鈷藍色湖水的祕境之湖「遠內多湖」（五色沼）附近，在那片幽美的天然純林帶，魚鱗雲杉之中，硫磺味、煙霧裊裊升起的地方通稱「野中溫泉」。這裡的浴池與浴舍都是純庫頁冷杉，完全不用一根釘子建造而成。木頭與100％源泉放流溫泉所帶來的溫潤感受，更是與這間小巧的祕湯之宿完美契合。

（作者拍攝・上下皆是）

北海道足寄郡足寄町茂足寄 159

0156-29-7321

一晚附兩餐／7,500 日圓起

酸湯溫泉「酸湯溫泉旅館」

位在八甲田山系最高峰，也就是大岳西側山腳下飄散著硫磺味的「酸湯」，是昭和29年（1954年）指定為國民休養溫泉第一號，堪稱日本代表的湯治場。

知名的「千人浴池」是面積達80坪，純羅漢杉建造的混浴大浴池。除了從底部直湧而出，池內注滿100％源泉放流溫泉的「熱湯」，另外還有「冷湯」、「四分六湯」與「湯瀧」，四個浴池內的白濁溫泉還不時地溢出池外。

▼資訊與照片請參考99頁

蔦溫泉「蔦溫泉旅館」

從十和田湖畔進入，穿過奧入瀨溪流，走進十和田樹海這片山毛櫸原生林，只見溫泉煙霧裊裊升起。正門入口處屋頂採用破風的建築樣式，氣氛莊嚴的本館是大正7年（1918年）建造的木造二層樓建築。

浴場有「久安之湯」與「泉響之湯」這兩處，使用的建材為羅漢杉。至於天花板高達12公尺的泉響之湯，浴池底部鋪設的是山毛櫸木板。那清澈透明的溫泉正化為水泡，從木板縫隙中緩緩湧出。

（提供．蔦溫泉溫泉；上下皆是）

青森縣十和田市奧瀨字蔦野湯1

0176-74-2311

一晚附兩餐／12,960日圓起

塔澤溫泉「福住樓」

全館由多棟木造三層建築構成的福住樓，是登記為國家文化財的知名旅館，一旁流經的早川溪谷，潺潺流動的水聲更是療癒人心。

興建於大正時代的「大丸浴池」名聲響亮，用檜木與杉木建造的湯殿裡，只有一座用赤松搭建的浴池。氣氛雅致，池緣鑲著銅片的圓形浴池裡，正靜靜放流著清澈透明的溫泉。

▼資訊與照片請參考35頁

高湯溫泉「旅館 玉子湯」

庭園一隅，溫泉煙霧裊繞的茅草溫泉小屋「玉子湯」，保留了明治元年創業之際的模樣，至今依舊吸引不少溫泉迷。

只要浸泡在乳白色的100％源泉放流的硫磺泉裡，肌膚就會像雞蛋般滑溜，故名玉子湯。採用茅草屋頂的傳統木造浴舍並不多見，再加上品質極高的溫泉，讓此處的存在越顯珍貴。

▼資訊與照片請參考90頁

法師溫泉「長壽館」

位在上越國界，也就是現今群馬縣、新潟縣交界處，三國峠山腳下的唯一旅館，不少文人墨客，例如與謝野晶子和川端康成，均為此處傾心不已。

長壽館的精髓是建造於明治28年，採用鹿鳴館風格的大浴場。這是一棟以杉木為樑柱，並且搭配山毛櫸與槭樹等木板搭建的純日式湯殿。以木為框的窗戶充滿了西式風格，異國風情的氣氛，正是法師溫泉這座古泉令人驚奇之處。

從田字大浴池底部的玉石之間紛湧而上的，可是完全熟成、泉質溫和的天然石膏泉。

▼資訊與照片請參考66頁

河內溫泉「千人風呂 金谷旅館」

本館為昭和4年興建的木造二層建築，展現出沉穩氣氛的金谷旅館，創業於慶應3年（1867年）。

大正4年（1915年）以後，此處的千人風呂（混浴，可裹浴巾）成為日本規模最大的純檜木浴池。另外還有女性大浴池「萬葉之湯」，以及水柱衝擊處、水泡浴池等設備齊全的男女專屬露天浴池。在這裡，所有的浴池均注滿了自家源泉放流式溫泉。

（提供・金谷旅館；上下皆是）

♨ 靜岡縣下田市河內 114-2
☎ 0558-22-0325
¥ 一晚附兩餐／ 16,350 日圓起

奧飛驒溫泉鄉「湯元長座」

位在高達三千公尺的秀麗山峰，宛如皮影戲般層層重疊的飛驒山脈山腳下，有棟採用田園風格的建築物在此綻放異彩。那就是，將富農宅邸遷移至此處的旅館「湯元長座」。

檜木建造的大浴池氣氛絕佳！劃分為兩個浴槽的浴池，沿著窗邊細細延伸，讓人可以一邊將背靠在浴池邊緣，一邊望向寬闊的窗戶，開啟四季變遷、景致優美的漫談對話。

▼資訊與照片請參考20頁

湯之峰溫泉「旅館吾妻屋」

湯之峰溫泉打從平安時代開始，就是前往熊野參拜時，淨化身心的「湯垢離」之地而聞名的古泉。

木造四層建築的老字號旅館「旅館吾妻屋」所設置的浴池，充滿了江戶後期創業時的風格。湯殿是純羅漢松建造，淋浴處的地板採用檜木，而且還刻上防滑的紋路，確保安全。「久違羅漢松浴池，心情舒適欲入眠」知名醫師歌人齋藤茂吉，就曾歌詠過此處。

（提供・金谷旅館；上下皆是）

♨ 和山歌田邊市本宮町湯之峰 122
☎ 0735-42-0012
¥ 一晚附兩餐／ 16,350 日圓起

垂玉溫泉「山口旅館」

位在阿蘇五岳之一的烏帽子岳西南山腰處，隱隱瀰漫著硫磺味的垂玉溫泉，是九州為數不多的唯一旅館，祕境溫泉。

展望大浴場「天之湯」從大浴池到木框玻璃窗、牆板，甚至是天花板的巨大樑柱，全都採用檜木打造。浴池底部與淋浴處的地板，鋪設的是熊本當地生產的島崎石。此處與玻璃窗外的綠意景致合而為一，整體感無可挑剔，是迎合溫泉迷喜好的浴場。

（提供・山口旅館；上下皆是）

♨ 熊本縣阿蘇郡南阿蘇村河陽 2331
☎ 0967-67-0006
¥ 一晚附兩餐／ 12,750 日圓起
＊因 2016 年的熊本地震影響，目前暫停營業

澤渡溫泉「丸本旅館」

草津溫泉以酸性泉而聞名，而鄰近的渡澤溫泉自古以來，則是可以舒緩因為湯治而導致肌膚粗糙問題的「完成湯」（修復湯）。

浸泡在創業於元祿年間的「丸本旅館」浴池裡，不僅可讓肌膚更加光滑柔嫩，待在整座浴舍都是純檜木打造，就讓人嚮往不已。除了淋浴處的地板，通往浴場的走廊與階梯也都採用木材來建造。如此氣氛確實能夠提高溫泉「養顏美容」的療效，展現出令人讚嘆的美肌效果。

♨ 群馬縣吾妻郡中之條町大字上澤渡甲 2301
☎ 0279-66-2011
¥ 一晚附兩餐／ 10,800 日圓起

現代版湯治指南

「微湯治」的建議

在江戶時代的本草學家（博物學家）兼儒學家貝原益軒（1630～1714年）的著作當中，《養生訓》這本知名的健康法，至今依舊為日本現代人的讀物，算是一本理念貫穿至今的預防醫學書。

這本書提到了浸泡溫泉應留意之處。例如：①浸泡溫泉時，有的疾病能夠治癒，有的卻會背道而馳；②頻繁入浴有害身體，故一日入浴次數以三次為限；③浸泡時間勿過長，稍微入浴即可。

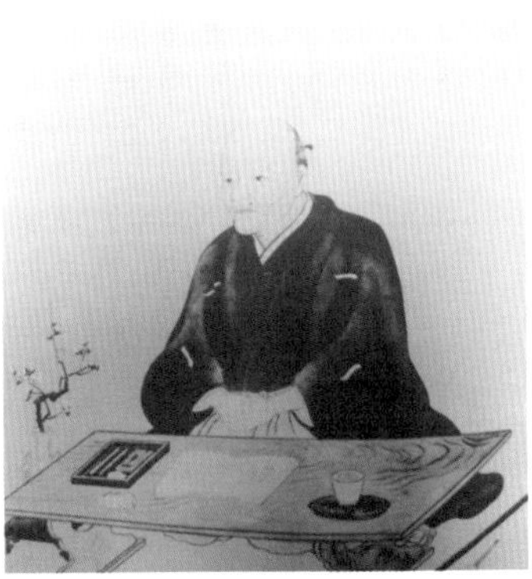

江戶時期享譽盛名的溫泉學者，貝原益軒

②與③的觀念至今不變。關於①，則可視為是禁止浸泡溫泉的常見病症，例如急性病症（特別是發燒）、開放性結核病、惡性腫瘤、嚴重的心臟病、呼吸不順、腎衰竭、出血性疾病、嚴重貧血，以及其他病情正在惡化的疾患與正值孕期的婦女（尤其是初期和後期）。

另外，湯治的天數以7日或14日為佳，《養生訓》稱為「一巡」、「二巡」。現代醫學也提到，人類的生理節奏大多以一週為週期。可見，日本自古流傳下來的湯治單位在醫學上是有理可循的。

不僅如此，人體功能若是出現異常（生理節奏紊亂），只要花4週的時間進行溫泉療法，就能夠恢復正常，重拾健康。這一點，同樣也得到現代醫學的驗證。以週為單位進行長達一個月的湯治療養，雖然是日本人根據「經驗溫泉學」

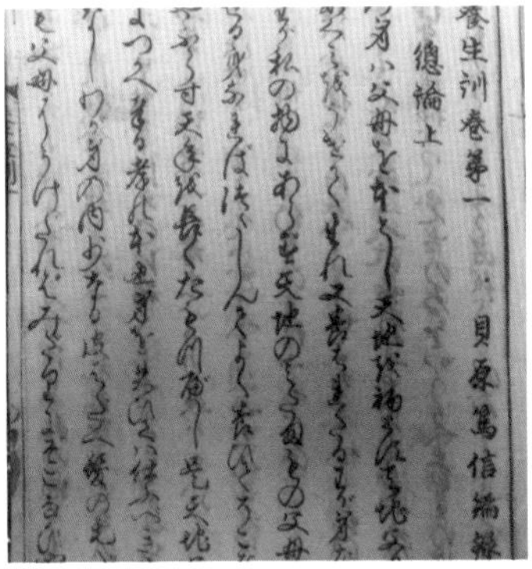

養生訓巻第一　貝原篤信編録
總論上

貝原益軒的《養生訓》

得來的，但就「實證醫學」而言，如此論點，並無錯誤。

以現代醫學的立場來看，湯治最大的優點，就是恢復免疫力，讓人體的生理節奏正常化。具體而言，溫泉浴可以調整自律神經，強化免疫系統的樞紐，也就是白血球的功能；同時修復損壞的細胞，並且提高可以抵抗細胞凋亡（aPoPtosis）的HSP（Heat Shock Proteins，熱休克蛋白）能力，讓身體重拾健康。

對於沒有生病，也就是東方醫學中的「未病」者而言，被視為「預防醫學」的湯治觀念，今後地位應該會越顯重要。

可惜對忙碌的現代人而言，想要騰出一週的時間進行湯治並不容易，但如果是住宿2至3天進行「微湯治」，那麼就有可能藉此調整功能略為紊亂的內臟器官。其實日本湯治的本質應為預防醫學，例如「去年沒有去草津溫泉湯治療養，結果今年動不動就感冒」這件事，就說明了這種情況。另外，對於健康自信滿滿的現代年輕人、中壯年，最好每年進行兩、三次的微湯治，以便貫徹預防醫學這個觀念。

已經退休、時間上比較充裕的人，可以每年進行一兩次5天4夜至一週的湯治療養；如果是現代醫學難以根治的慢性病者，不妨將時間拉長至一個月。日本東北地方有不少設施完善的湯治場，甚至還常出現夫妻兩人均來自都市，但是特地來此長期逗留10年甚至20年，以盡享溫泉的「湯治移民」者。

如何挑選湯治旅館？

選擇湯治旅館時，必須先確認幾件事情。那就是該旅館是否擁有採用100％源泉放流的「真正溫泉」，以及「適合湯治的幽靜環境」。

另外，想要舒適留宿，與旅館之間的信賴關係也不可漠視。湯治期間一定要秉持即將承蒙對方照顧的誠摯之心，向旅館詢問溫泉相關事宜。如果對方是對自家溫泉有自信，而且充分了解湯治文化的旅館，即使是打電話，也一定會親切以對。

需事先向湯治旅館確認的事項有：

①確認是不是真正的溫泉。「你們提供的是源泉放流溫泉嗎？」（お宅は源泉かけ流しの温泉ですか？）

②源泉的數量。「你們擁有幾條自家源泉呢？泉質有幾種呢？」（自家源泉は何本持っていますか？泉質は何種類ありますか？）

③可否飲泉。「你們的溫泉可以飲用嗎？」（お宅の温泉は飲めますか？）

④了解療效。「主要的療效為何？能有效治療○○症嗎？」（主な効能は何ですか？○○症に効果がありますか？）

⑤湯治費用。「有設定湯治費用嗎？一個人也可以投宿嗎？」（湯治料金の設定はありますか？一人でも泊まれますか？）

⑥確認商店與餐館。「館內有販賣日用品的商店嗎？館內或附近有提供午餐的餐館嗎？是否提供自炊設備呢？供餐嗎？」（館内に日用品などの売店はありますか？館内や近所に昼食がとれる食堂はありますか？自炊設備はありますか？賄まかない付きですか？）

⑦確認客層。「溫泉客的年齡層為何？常客多嗎？」（年齢層はどうですか？常連客は多いですか？）

⑧確認入浴方法。「有特別的入浴方法嗎？」（特別な入浴法はありますか？）

⑨有無接送。「從最近的車站可否接送呢？」（最寄りの駅からの送迎はありますか？）／（這一點並不是那麼重要）

在湯治旅館的度日方式

湯治生活中，最重要的當然就是浸浴。不過，貝原益軒也曾提過，並不是浸泡次數越多就對身體越有益處。甚至還有研究報告指出，固定時間浸泡和浸泡時間超過限制的效果其實是大同小異，因為療效是不會因時間拉長而增強的。

另外，沐浴可以促進新陳代謝，消耗熱量。入浴5分鐘所需的熱量，幾乎等於跳繩5分鐘，大約可消耗15.2卡路里，這已經超過健行5分鐘的兩倍了。

因此到湯治旅館登記入房之後最好不要立刻入浴；做完激烈運動之後也儘量不要急著入浴。

湯治期間若要入浴，一天最好以三、四次為基本原則。因為入浴時體內鹽分會因為發汗而流失，此時胃液分泌量會減少。特別是餐後就立刻入浴的話，會讓血液聚集在身體表面，使得通往內臟的血流量變少，最後導致消化器官運作遲緩，這樣反而容易造成消化不良。

因此，用餐前後的一小時內儘量不要入浴。尤其是在進行湯治的這段時間，餐後的兩個小時一定要避免浸泡溫泉。另外，入浴後最好能夠午睡一個小時，因為靜養也是一件非常重要的事。這麼做不僅可以避免浴後身體發冷，還能夠提高溫泉的溫熱效果，加強藥理作用。

身體健康的人不需太擔心，但是年長者或是正值療養期的人，以上建議最好能牢記在心。

接下來，讓我們看看以入浴為主的湯治整日模擬行程吧！

首先是清晨入浴。也就是在早餐一小時前浸泡溫泉。不過剛起床時身體功能還很遲鈍，加上入浴會消耗體力，因此起床後儘量不要立刻衝到浴室裡，先外出呼吸一些新鮮空氣，到旅館周圍散散步、舒展筋骨，過段時間之後再簡單洗個臉，稍微入浴即可。休息之後便可享用早餐。

用完早餐之後稍微看個報紙或電視新聞，慢慢休息一段時間之後便可邁步走向浴場，正式浸泡溫泉。

出浴後約小睡一個小時，過段時間，就是午餐時段了。餐後可以閱讀書報兩個小時，休息過後，再次入浴。下午時間比較充足，此時不妨外出到神社、寺院或者是溫泉街走走。如果是有規劃散步路線的溫泉場或湯治場的話，那更好！

晚餐後稍微入浴，並且儘量在晚上11點以前就寢，因為早睡早起是湯治生活的基本原則，同時也是邁向健康的第一步。

享受湯治生活

由此可知湯治生活是由入浴、休憩與用餐所構成，而且一天的入浴次數以三、四次為限。剛開始進入湯治生活的時候，或許會覺得時間很多，但是實際在進行時，卻是光陰似箭，時間轉眼就過。正式湯治生活若是超過一週，每天的三餐通常都要自理。其實，光是準備煮飯這件事就會占去不少時間。出浴或用餐之後看看書、做做手工藝，擁有一段有別於日常生活的奢侈時光，這也是湯治生活的樂趣。

即使是江戶時代的湯治生活，同樣也會到神社、寺院參拜，建議將腳程拉到附近的名勝古蹟走走，而非單純一再入浴。「步行」是湯治生活的基本，現代版的湯治生活千萬不可忘記。因為步行算是一種運動，同時也是維持健康的要點。

還有，每次的入浴時間也要別留意。原則上只要額頭開始冒汗，就要將入浴模式切換成半身浴或足浴，或者是到淋浴處休息一下。身體若覺得冷，可沖淋熱水，再次將全身浸泡於池中，也就是全身浴。相同步驟，重複數次。但要留意的是，千萬不要勉強自己在浴池中浸泡過久，因為這樣只會耗損體力。

在一天浸泡三、四次溫泉的情況下，只要持續三、四天至一週，通常就會出現「暈池」症狀，有時風濕、神經痛與腰痛等慢性病還會一時惡化，甚至會出現發燒或腹瀉等現象，不過這些通常都是溫泉呈現的療效。過去人們浸泡溫泉時只要出現這種症狀，反而會蒸一鍋紅豆飯來大肆慶祝，因為他們認為這種症狀代表「那池溫泉在當事人身上已經出現療效」，而且是不適部分快要痊癒的過程之一。

若是出現暈池症狀，就要減少入浴次數，以靜養為要，並且聽從湯治旅館或湯治同伴的建議。只要症狀漸漸舒緩，原有的慢性病就有可能直接好轉；這也就叫做「好轉反應」。

明治初期描繪草津湯治光景的印刷品「草津八景」／作者藏

溫泉旅館與美食

魯山人與北陸的溫泉鄉

「容器是佳餚的衣著」這句話，出自北大路魯山人（1883至1959年），而將這位絕代雅士培養成料理界高手的是北陸地方的古泉，山代溫泉（石川縣）。

魯山人的目的非常清楚。因為「想在這裡啜飲一杯好茶」，所以動手做茶杯。不只是器皿，為了吃得津津有味，他開始陳設庭院，重視環境；這就是「茶之心」。

魯山人出生於大正時代，正值知識份子醉心於歐洲文化的時期。相對地，魯山人反而以日本傳統價值觀為軸心，「用之美」便是其一。珍惜使用日常生活器物的精神，時至今日，依舊不變。

魯山人這位才子的出現，讓陶器、瓷器與日本料理的關係產生劇烈變化。以往只注重禮法的日本料理，開始在會席料理等宴席上相競媲美器皿，「為了讓吃更賞心悅目的自由方式」（魯山人）搖身變成用餐主軸。因此，在溫泉旅館用餐變成一件讓人期待萬分、充滿魅力的事。

魯山人在山代溫泉老字號旅館「吉野屋」主人的別墅停留期間，結識了九谷燒的窯戶，初代須田菁華。盛裝在九谷燒器皿中的日本海海鮮，品嚐起來特別美味的這個契機，讓魯山人對美頓悟，踏上製陶之道。另一方面，他還在別墅裡的地爐旁，與同樣投宿於此的眾老爺和廚師們，學習如何挑選食材與烹調，為自己美食巨匠這個名號打下根基。

食材不新鮮、沒有充分運用，就會與魯山人所做的器皿格格不入，因為這是為了盛裝佳餚、展現實用美所製作的容器。不可否認地，就是為了表達日本料理的生命線在於食材鮮度的這個理念。此外，「料理必須盛裝在出色器皿之中方能吃得津津有味。還要牢記，在用心佈置、雅趣盎然的房間裡款待他人時，絕對不可僭越傲慢，必須處處用心待客才行……」（平野雅章）

在堪稱北陸名門的山代溫泉領會到日本料理精神的魯山人，以日本悠久的料理傳統為基本，為日本料理開拓了一項新的樂趣。近年來「溫泉旅館」之所以在外國人觀光客之間大受歡迎，原因就在於這裡正是魯山人所說的「日本料理最高舞台」。除此之外，別無其他。

溫泉旅館料理

溫泉旅館提供的餐點以日本料理為基本。提到日本料理，眾所皆知的有本膳料理、精進料理、普茶料理、會席料理、懷石料理以及京料理。而現在溫泉旅館所提供的，大都以本膳料理與會席料理為主。

正統流派的日本料理，也就是本膳料理的起源，始於鎌倉時代。融合佛教與神道的用餐形式以作為武家禮法的本膳料理，原本是款待主君的饗宴「御成」（君主拜訪家臣宅邸之宴），也就是「七五三之膳」。端出七張膳桌的本膳料理是正統的料理形式，至於五之膳與三之膳，則是經過簡化的餐點內容。到了江戶時代甚至精簡到「附二膳」，也就是以五菜二湯（二汁五菜）為內容的料理形式，並且固定下來。

現在的溫泉旅館提供的餐點大多只有一之膳，也就是內容為七菜一湯的本膳；膳桌上擺著前菜、生魚片（造里）、燒烤菜等下酒菜，另外再加上醋拌生魚片「鱠」（或醋拌紅白蘿蔔絲）、「平」（5種食材的滷煮菜）、「豬口」（汆燙涼拌菜、醬油醋拌菜）、飯與湯品（味噌湯），這就是基本的本膳菜色。

以伊豆山溫泉（靜岡縣）「星野渡假村　界　熱海」的料理為例，這是「特別會席伊勢龍蝦全餐會席」（2017 年秋冬）

另一方面，現今高級旅館提供的會席料理始於江戶時代。若說「懷石料理」（かいせき）是茶會上提供的餐點，那麼「會席料理」（かいせき）就是以酒宴為主的套餐。為了與先端上飯食與湯品的本膳和懷石這兩種料理的上菜順序有所區別，會席料理第一個端上桌的，是名為先付或前菜的下酒菜，飯食與湯品則是最後上桌。若是懷石料理，那麼下酒菜最後才會出現。

與本膳及懷石這兩種料理不同的是，會席料理的特色，在於菜色自由。不僅可以享受美酒，上桌的佳餚還能讓人大啖當季美味。以生魚片、湯品與燒烤菜為基本，另外再加上蒸煮菜與涼拌菜，這就是會席料理的基本菜色。

這個針對魯山人製作的器皿而產生的革命構思，讓會席料理攀升至國際等級。就連筷架也是出自他的點子，不愧是雅士魯山人。

加賀山中溫泉的「花陽亭」、伊豆修善寺溫泉的「淺羽」與加賀山代溫泉的「荒屋滔滔庵」，這些都是代表日本的國際溫泉旅館。經營花陽亭的上口昌德提到：

「最厭惡那種只靠空洞菜色，全國上下相互抄襲的偽會席（懷石）料理來經營的旅館。這種錯誤萬萬不可行！所以我才會想要打造一個盡量使用當地食材，將烹調好的料理盛裝在自己挑選的當地器皿當中，用自己親手烹調的菜餚贏得旅客歡心的旅館。每一道菜不是溫暖心窩，就是沁涼心扉……」（出自《日本旅館花陽亭的料理》）

因此某年的十月，「花陽亭」就提供了「蔦楓紅葉」這組套餐。下頁是菜色（日文、中文對照）：

先付／蓮根豆腐

下酒菜／蓮藕豆腐

前菜／烏賊イクラ和え、干口子真薯、笹身このわた干し、秋茗荷田 、吹寄せ

前菜／烏賊拌鮭魚卵、醃漬海參卵巢真薯丸、雞脯佐海參腸、秋蘘荷田樂、什錦拼盤

吸物／栗摺流し、海老白玉、しめじ、つる菜

湯品／栗泥、白玉蝦丸、鴻禧菇、番杏

造里／鮃、赤貝、とさか海苔、胡瓜けん、寄り胡瓜、大根、花穂紫蘇、山葵

生魚片／比目魚、赤貝、雞冠海藻、胡瓜絲、胡瓜卷條、白蘿蔔、花穗紫蘇、山葵

しのぎ／焼きおにぎり、蕗きゃら煮

飯食／香烤飯糰、伽羅煮

焚合／甘鯛信州蒸し、湯葉、椎茸、大根おろし、海苔、分葱、山葵、そばだし

滷煮菜／甘鯛信州蒸、腐皮、香菇、蘿蔔泥、海苔、慈蔥、山葵、蕎麥高湯

焼物／杉板焼、岩魚、才巻海老、松茸、栗、柚子、割醤油

燒烤菜／杉板燒、岩魚、斑節蝦、松茸、栗子、柚子、高湯醬油

箸休め／なまこ親子和え

清口菜／海參親子涼拌菜

揚物／あけび三種揚げ（椎茸味噌、胡桃味噌、枝豆味噌）

油炸菜／酥炸三味木通果（香菇味噌、胡桃味噌、毛豆味噌）

酢物／柿なます、小鯛、蒟蒻、胡瓜、大根、寄り人参、辛子酢味噌。

醋拌菜／醋拌柿絲、赤鯛、蒟蒻、胡瓜、白蘿蔔、胡蘿蔔卷條、芥末醋味噌

使用溫泉烹調的佳餚

除了使用當地應景的食材烹調而成的本膳料理與會席料理，各地溫泉旅館還利用源泉（溫泉）烹調此處特有的美食。最具代表性的有「溫泉蒸蔬菜」、「溫泉豆腐」與「溫泉粥」這三種。

榊原溫泉的「溫泉蒸蔬果」

出現在清少納言《枕草子》中的「七栗之泉」，所指的就是三重縣的榊原溫泉。老字號旅館「湯元榊原館」將自家源泉湧出的鹼性美人湯注入當地特產的伊賀燒砂鍋中，之後再放入蔬菜加以燜蒸，並且搭配上當地知名的松阪牛。如此組合，簡直就是人間美味。傳聞負責供奉伊勢神宮食物的七處御廚來自「七栗之泉」。正因如此，自古這一帶便是山珍海味的寶庫。至於只用自家源泉將當地生產的蔬果（高麗菜、小番茄、胡蘿蔔、用硫磺蒸燻的柿乾「あんぽ柿」、地瓜）與松阪牛一同燜蒸的溫泉蒸蔬果，不僅將食材的風味整個提引出來，滋味更是健康美妙。此外，準備的沾醬還是曾經出現在《枕草子》的醬料呢！

溫泉蒸蔬果（榊原溫泉「湯元榊原館」）

嬉野溫泉的「綿密湯豆腐」

一般來講，豆腐通常會越煮越硬，但是傳自江戶時代，曾經讓放蕩不羈的俳人種田山頭火感激不已的嬉野溫泉（佐賀縣）「溫泉湯豆腐」卻正好相反！煮越久，口感反而越滑嫩綿密。

嬉野的溫泉本為具有美膚效果的碳酸氫鈉泉。若是將100％使用當地生產的大豆作成的豆腐，放入含有大量均衡鈉離子與碳酸氫離子的溫泉水裡煮的話，豆腐就會呈現「融化現象」。

只要到溫泉街上的旅館，例如老字號旅館「大正

綿密湯豆腐（嬉野溫泉「椎葉山莊」）

屋」、「椎葉山莊」與「湯宿清流」，就能夠品嚐到這美味的「溫泉湯豆腐」。

白骨溫泉的「溫泉粥」

長野縣白骨溫泉的乳白色溫泉深受女性喜愛，所以此處的溫泉旅館特地提供了只用溫泉水熬煮的溫泉粥。滋味略澀的溫泉水所帶來的鹹味，讓米粒的滋味愈顯甘甜；用剩餘的溫泉粥烹煮而成的溫泉鹹粥，更是榮獲好評。這碗溫泉鹹粥是將信州特產的野澤菜，以及鹽巴與白米粥攪拌而成的。粥裡的野澤菜口感清脆，讓人不禁食指大動，胃口大開。

溫泉粥能有效治療腸胃病，自古便是湯治場的基本餐點，例如奧鹽原溫泉（栃木縣）的「秘湯之宿　元泉館」、中宮溫泉（石川縣）的「西山旅館」，以及湯之峰溫泉（和歌山縣）的「旅館　吾妻屋」的早餐時段，都為住宿客提供品嚐這碗溫泉粥的機會。

溫泉粥（白骨溫泉「小梨之湯 笹屋」）

溫泉旅館與鄉土料理

祕湯類溫泉旅館所提供的餐點當中，絕大多數都有別於講求禮節的日本料理，並將重點放在傳遞當地風情的鄉土料理、鄉間料理，或者是海濱料理上。最具代表性的有乳頭溫泉鄉（秋田縣）的「鶴之湯溫泉旅館」與福地溫泉（岐阜縣）的「湯元長座」。這兩處都是國際間舉世聞名、在日本屈指可數的「祕湯旅館」。

鶴之湯溫泉旅館的「山藥鍋」

人稱「日本最後祕湯」的乳頭溫泉鄉中心地，「鶴之湯溫泉」的知名美食就是「山藥鍋」。用佛掌薯這種富有黏性的山藥磨成泥之後作成的丸子，是這道火鍋料理的主要食材，另外還會加上鴻禧菇、金針菇、大蔥、水芹等蔬菜一同燉煮。這道搭配豬五花肉和自家製味噌調好的湯頭做成的火鍋料理，風味絕佳，如實地展現出鄉土色彩豐富的山村料理應有的純樸風味。

湯元長座的「地爐料理」

位在高達三千公尺的秀麗山峰，宛如皮影戲般層層重疊的飛驒山脈山腳下，整棟建築樣式綻放出田園、異彩風格的「湯元長座」，最令人讚嘆之處就是表現出飛驒文化的地爐料理。朴葉味噌、五平餅、鹽烤河魚、滷山香和山菜等美食接二連三端至眼前。不用說，這種讓整個地區引以為傲、風情萬種的鄉土料理，也是日本傳統的飲食文化。

福地溫泉「湯元長座」的地爐料理

溫泉與娛樂

溫泉與娛樂設施

昭和30年代到40年代的溫泉街每逢週末，整條街就會和廟會一樣熱鬧，到處擠得水洩不通。

與現在不同的是，當時擁有浴池（內湯）的旅館並不多，因此湯治客與觀光客通常會身著浴衣，穿上木屐，拎著一條毛巾去外湯（共同湯）浸泡溫泉。對於這些溫泉客而言，浴後最大的樂趣，就是打小鋼珠、打彈珠、射擊與套圈圈等遊戲，震耳欲聾的歡呼聲幾乎響遍整個溫泉鄉。而且，有的餐飲街還曾經出現脫衣舞表演呢！

不久，旅館紛紛設置內湯，有的大型旅館甚至在館內增設特產店與餐飲店。在各家旅館相競搶客的戰況越來越激烈的情況之下，外出的溫泉客變少了，使得溫泉街因為人潮稀少而變得蕭條，就連遊樂設施也開始銳減。

因此，現在還找得到打彈珠或射擊這類娛樂設施的溫泉地，可說是尚且保有湯町生命力的「健康」溫泉。

其實山陰的城崎溫泉（兵庫縣）、伊豆的修善寺溫泉（靜岡縣）、信州的澀溫泉（長野縣）、上州的伊香保溫泉（群馬縣），以及四萬溫泉（群馬縣）等溫泉地，今日依舊保有讓人可以開心走遍各處的外湯，而且還設備完善的散步道。可見，整個瀰漫歷史氣息的幽美溫泉街確實能夠觸動日本人的心弦。除了懷念昔日昭和懷舊風情的中高年者之外，身穿浴衣漫步在還有彈珠台等娛樂設施的溫泉街，在現今年輕一輩的心目中，這景象也漸漸成為一股風潮了。

城崎溫泉有一條貫穿城鎮中央，注入日本海的圓山川支流大谿川，這裡是一個日本風情濃厚的湯町。弁天橋、桃島橋、愛宕橋、王橋……這些架在淺流上的石拱橋宛如彩虹，層層疊疊的景致，美不勝收。

河面垂柳輕撫的兩岸，是鱗次櫛比的木造三層湯宿。這個還保有十幾間創業於江戶時期老字號旅館的古泉地，擁有一之湯、地藏湯、御所之湯等多達7處的外湯。

對於溫泉客來說，走一趟這些外湯的樂趣，莫過於至今依舊可見蹤影的射擊、打彈珠，這些昭和時期盛行的娛樂遊戲。從城崎溫泉發源的一之湯，到附設露天浴池的豪華外湯御所之湯這一帶共有4、5間遊樂場，旅館「錦水」附近也有兩間；這樣的溫泉街在日本為數不多。而不管是射擊還是打彈珠，費用都相當低廉。不僅如此，這種傳統的彈珠台似乎還可以讓大腦重拾活力，返老還童。

提到返老還童，絕對不可以忘記「溫泉桌球」。這是溫泉旅館的附設設施，也是過去喜歡窩在房裡的人最常玩的基本溫泉遊戲。雖然沒有上溫泉街幫忙振興經濟，但光是看著身穿浴衣，散發出一股迷人魅力的女性打桌球，也算是一件賞心悅目的事。

當然，這項運動對手中握著球拍的人而言，無論身心，都能夠感到一股舒心暢快、活力洋溢的效果。流了一場爽快的汗之後再浸泡在溫泉裡所得到的美容效果可是無以言喻。當然，對於中年男性來講，一想到泡溫泉可以提高免疫力，這樣的健康效果說不定還勝過射擊與打彈珠兩、三倍呢！

射擊

江戶時代以後，每逢市集、廟會、祭典舉辦之際，庶民之間的博奕遊戲主要都是透過弓箭來進行。像是套圈圈、吹箭、水槍，這些都和弓箭遊戲算同類，故在當時一律稱為射擊。

射擊（四方溫泉）

在昭和時代迎接全盛期的軟木塞空氣槍，在我的記憶中堪稱最具代表性的射擊遊戲。無奈受到小鋼珠興起的影響，現在只能在溫泉街尋找它的蹤影。這項遊戲至今之所以能夠讓日本人看了蠢蠢欲動，想必一定是從江戶時代就一直讓平民百姓隨手玩個幾把的博弈遊戲所帶來的影響。

順帶一提，根據法令，射擊在禁止特種行業的地區是無法營業的。

打彈珠

現在溫泉街最常見的遊戲應該就是打彈珠了。盛行的理由不用說，一定是「就算全家人來也能夠隨意玩一局」的這個因素。即使是人氣持久不滅的小鋼珠，說不定也會被這堪稱小鋼珠變種型態的打彈珠追著跑呢！

打彈珠（四萬溫泉）

傳聞，打彈珠的原型來自歐洲的撞球運動。從美國流傳而來的彈珠台 FliPPer Pinball 在日本稱為 Smart Ball。這項遊戲在昭和30年代至40年代這段經濟高度成長期，在主要在都市爆發性地普遍傳開來，而且範圍還擴大到溫泉街。至於玩法，就是將直徑約3公分的小白球彈入稍微傾斜的木箱裡，只要球掉落裡頭的孔洞，就會有更多的小白球跑出來。

溫泉桌球

在溫泉旅館裡打桌球，與其說是運動，不如說是家人、情侶以及同伴共同娛樂的遊戲。昭和30年代至40年代這段堪稱溫泉桌球全盛時期流行的「乒乓」這個詞，應該可以勾起不少人的回憶。

田澤溫泉「桝屋旅館」的桌球場

近年來，桌球已經完全被視為主流運動。不過，之前由松坂慶子領銜主演，牧瀨里穗、大杉漣和山中聰等演員亦一同演出的喜劇片《桌球溫泉》（1998年上映），也帶起了一股溫泉桌球風潮。協助拍攝的田澤溫泉老字號旅館「桝屋旅館」甚至還有歷史長達百年的桌球台呢！

另外，北海道村營的「真狩溫泉」（真狩村）自平成19年（2007年）以來每年都會舉辦「溫泉拖鞋桌球大會」，目的就是為了迎接再次來襲的溫泉桌球熱潮。

溫泉伴手禮考究

不管時代為何，只要參加溫泉旅行，就一定會買些伴手禮回去，例如湯花、碳酸仙貝、溫泉饅頭、工藝品等。最近在地啤酒似乎也大受歡迎，像是城崎、白濱、黑川、榊原等知名溫泉勝地均紛紛推出在地啤酒，就連日本祕湯之會的會員宿舍也跟著販賣「祕湯啤酒」。

對日本人而言，不管是現代，還是江戶時代、明治時代，溫泉是一個可以體會「極樂氣氛」的非日常空間，所以參加溫泉旅行時都會掛念在家留守的家人，「只有自己擁有如此美好回憶是會遭到天譴」的心情，也因而轉換成「伴手禮」。當然，如果是攜家帶眷一同前來的話，那麼挑選的伴手禮，就會是值得記念的當地工藝品、洋溢著溫泉餘韻的湯花，甚至是鄰近店家販售的溫泉饅頭。

歷史悠久的湯治場與溫泉場，是文化的集聚地與發信地。更令人欣慰的是，像有馬、山中、箱根、伊香保和草津等知名溫泉地，從江戶時代、明治時代就有不少傳統伴手禮流傳至今日。這也可算是日本的溫泉文化之一。

溫泉饅頭

溫泉伴手禮的基本款，莫過於溫泉饅頭。只要到稍微有點歷史的溫泉勝地，就一定可以找到販售這個褐色小饅頭的商店。

據說，溫泉饅頭的發源地是伊香保溫泉（群馬縣），始祖是位在石階街這個伊香保地標的最上方，位於伊香保神社之下，至今依舊守護著明治創業招牌的「勝月堂」。

身為創始人的半田勝三，在明治34年（1910年）發明的「湯乃花饅頭」外皮所模仿的，是伊香保含有鐵質的溫泉所展

湯乃花饅頭（伊香保「勝月堂」提供）

現的紅褐色。深褐色的饅頭顛覆了以往饅頭一律為白色這個習慣，進而成為大家口中的話題。不僅如此，店家還刻意在店裡現蒸饅頭。黑砂糖濃郁的香甜氣味隨著蒸氣一鼓作氣飄散開來，將整條溫泉街的氣氛整個炒熱，愈顯高漲。

就算是擁有無色透明或者乳白色溫泉的溫泉街，當地販售的溫泉饅頭依舊呈現褐色。現在伊香保還在經營的溫泉饅頭店有10家左右，同樣地處群馬縣的草津也有超過10家的溫泉饅頭店。尤其是饅頭店鱗次櫛比的河原通西邊，只要清晨一到，從蒸籠裡溢出的水蒸氣就會遮蔽裊裊升起的溫泉蒸氣，形成一片壯觀無比的場景。

湯花

「湯花」也是基本的溫泉伴手禮。不過，最近大多數的湯花都是化學合成的入浴劑。在這種情形之下，草津溫泉（群馬縣）與別府明礬溫泉（大分縣）等地產出的純天然湯花顯得珍貴無比。

鮮為人知的是，湯花的始祖其實是有馬溫泉。江戶中期到後期的溫泉醫學家試圖利用化學方式做出人工溫泉，然而成品卻遠不如真正的溫泉。在這種情況之下，《溫泉辨》的作者宇津木昆台（1779至1848年）為了一般老百姓，因而發明了價格低廉的入浴劑，也就是「湯華家溫泉」。

採擷湯花（提供・goryu）

這是利用有馬的天然湯花製成的入浴劑。5公合含有鐵質紅褐色湯花配上5公斗海水，均勻混合之後，就是名為「居家溫泉」的簡單人工溫泉。

草津知名的湯花，採自每分鐘可湧出4千公升硫磺泉，位在溫泉街正中央的「湯畑」。當湯花結晶、沉澱並附著在源泉湧出的木桶上時，只要經過乾燥，磨成粉末，盛入容器中，就算大功告成。

當作伴手禮的草津湯花雖然起源不詳，但成書於江戶時代的《溫泉奇效記》在提及草津特產時，卻已經將湯花列出來。順帶一提，草津源自江戶時代的伴手禮至今依舊販售的，就僅剩湯花了。

傳統工藝品

有馬、城崎、山中、箱根這些代表日本的溫泉勝地，從江戶時代便勤勉傳承、持續至今日的傳統工藝品，充分發揮出舉足輕重的存在感。

例如有馬溫泉，這處深受豐臣秀吉喜愛的古泉之知名特產，就是擁有一千三百年歷史的「有馬人形筆」，也就是包裹一層秀麗絹布的竹筆桿。只要豎起筆，筆桿就會彈出一個小玩偶。這個玩具在江戶時代深受大家喜愛，就連《攝津名所圖繪》（寬政8年＝1796年）也出現過有馬人形筆的插圖。

偶來一妙語，好比有馬人形筆，迸現於天外，會心一笑欲捧腹，不禁拍案頻叫絕。（有馬筆ひょいと出たる言のはも人形よりは めづらしきかな）——本居宣長

秀吉與千利休經常當作茶道具來使用的竹製品「有馬籠」，據說也是有馬當地擁有四百五十年歷史的傳統工藝品。至於使用較為細緻的「豬名野」這種竹子編織而成，在日本茶道中專門用來擺設花束的花器「花入」，更是深得現代人的青睞。

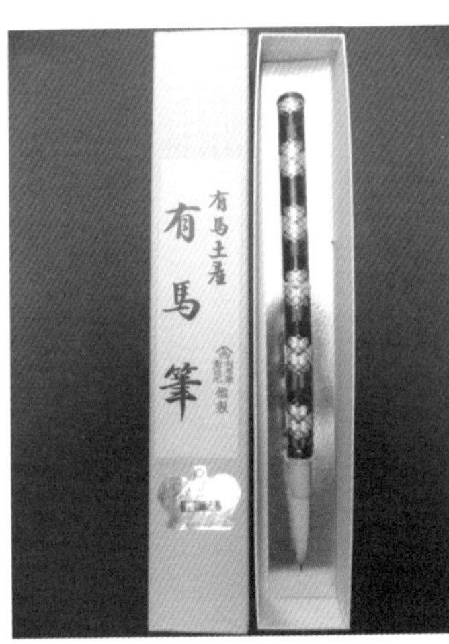

「有馬人形筆」豎起時，筆桿會彈出一個小玩偶

箱根（箱根七湯）是江戶時代最熱鬧的溫泉場。至於足以代表箱根的伴手禮，就是當地的傳統工藝品「箱根細工」。箱根細工大致可以分為用轆轤轉動旋削製成的「挽物」，以及將板材拼湊組合的「指物」。前者的工匠稱為「木地師」，後者稱為「指物師」。

記錄指出十六世紀，也就是戰國時代，木地師主要聚集在舊東海道旁的畑宿這個地方。到了江戶後期，畑宿派的湯本工藝品成為這條溫泉街的伴手禮，並且將木紋工藝（木地細工）推向全盛期，就連《東海道名所圖會》（寬政9年＝1797年）也在插圖中，介紹湯本茶屋的伊豆屋這家挽物工藝品名店。

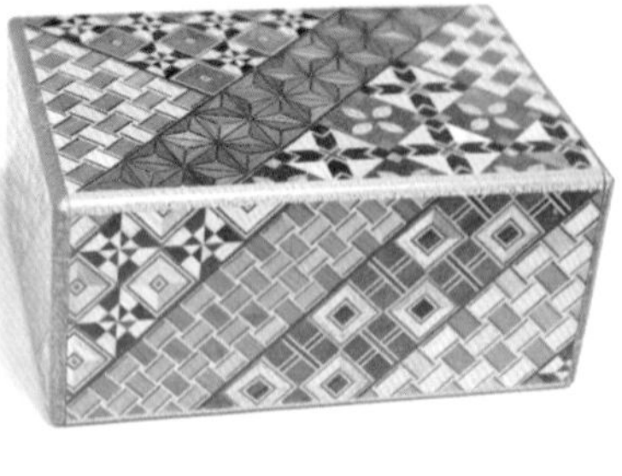

箱根寄木細工（提供・Aki）

到了江戶後期，荷蘭人德維塞爾（Marinus Willem de Visser）的《參府紀行》（文政5年＝1822年）與西博爾德（Philipp Franz von Siebold）的《江戶參府紀行》（文政9年）均出現伊豆屋販售寄木細工等描述。可見至今人氣依舊不滅的「箱根寄木細工」奇特之處，在當時亦觸動外國人的好奇心。

傳聞，箱根寄木細工是江戶後期一位名為石川仁兵衛的指物師所設計的。善用天然木紋與生俱來的自然美拼湊而成的幾何學圖案，讓工藝品展現出濃濃的藝術氣息。看在西博爾德眼裡，這些工藝品「有的鑲嵌、有的編織、有的上漆，有的甚至使用新鮮樹皮與貝殼。簡言之，這些均表達出該國百姓的真正喜好。」（《江戶參府紀行》）。

因箱根七湯的湯治客而發展的箱根寄木細工，現在依舊持續生產，而且還是政府指定的傳統產業工藝品。

「從一之湯附近彎入小巷，桑木工藝、稻草工藝、出石燒等特產店鱗次櫛比。特別是稻草攤平之後貼製而成的工藝品在明亮燈光照耀之下，愈顯美麗動人……」

志賀直哉於《在城崎》（城の崎にて）這篇短篇小說中，列出了城崎溫泉（兵庫縣）這處山陰古泉的伴手禮。讓直哉不禁專注凝視的藝術風格，是「稻草工藝」。傳聞這項工藝品是江戶中期享保年間（1716至1735年），一位從因幡（今日鳥取縣東部）前來此處進行湯治，稱為半七的男子，在漫長的湯治期間為了打發時間，進而將稻草貼在竹笛上才開始的。

稻草工藝以染色的大麥麥梗為材料，製作手法有切開攤平之後，將花鳥等圖案貼在梧桐木盒上的「模樣物」；麥梗保持吸管狀，再直接編織的「編組物」；呈幾何圖案的「小筋物」。來到溫泉街上的「城崎文藝館」可以體驗、製作稻草工藝品，同時「城崎稻草細工傳承館」也展示了從明治到現代的所有作品。

意外罕為人知的是，北陸的山中溫泉（石川縣）以「山中漆器」而聞名，而且還是生產額榮登日本第一的漆器之鄉。

英文為japan的漆器，幾乎可說是日本的特產品。這項工藝品始於四百年前的戰國時代，從越前（今日的福井縣）移居到位於山中溫泉上游20公里處的真砂村，身懷轆轤挽物技術的木地師。之後這些木地師遷徙到今日的山中溫泉，並且發展出採用加飾旋削、薄旋削等高度純熟技巧，為湯治客製作精美的轆轤挽物，而且這樣的技術還流傳至今日。

到了江戶後期，上漆與蒔繪（利用灑金的方式進行彩繪的漆藝技法）技術愈顯成熟，讓山中溫泉直到今日還成為以茶道具為主要產品的漆器產地。這就是擁有第一位「人間國寶」木地師川北良造，木地師人數榮登日本之冠的山中溫泉重生的深厚潛力。

山中漆器的工坊

擁有不少陶藝店的溫泉地

至於影響魯山人甚遠的初代須田菁華，也就是山代溫泉的九谷燒窯戶，也大多見於溫泉場中。

木芥子

提到木地師，就不能不提在東北地方湯治場發展的木芥子。

質地結實、價格低廉的木偶「木芥子」，在過去是一項非常適合孩子的玩具。木芥子是東北傳統玩具，過去遍布在東北山中的木地師（屋）移居到湯治場之後，用轆轤做出這種專為湯治客設計的伴手禮，進而讓木芥子整個流傳開來。

青森縣「溫湯溫泉」的木芥子

木芥子主要分布在宮城縣的鳴子、彌治郎與遠刈田這一帶，時代大約是江戶後期的文化、文政時期（1804至1829年）。木芥子以發源地為名，可分為土湯派（福島縣）、遠刈田派、作並派、鳴子派（以上為宮城縣）、藏王派、肘折派（以上為山形縣）等十個派系。這些木芥子全都發展於溫泉場，可以說：若沒有東北的湯治文化，就沒有今日的木芥子。這個外形單純樸素的木偶，融入了東北自古以來的溫泉鄉精神，進而觸動現代人的鄉愁。而且生活在農村的人們在進行湯治療養的時候，還會用木芥子捶打僵硬的肩膀，消除疲勞，甚至帶回去送給孫子當伴手禮呢！

溫泉早市

過去，只要一提到溫泉場，所指的通常是「湯治場」。以溫泉療養及保養為目的的湯治，通常需要長期停留，因此湯治客習慣自炊，就連食材也是自己準備。例如山形縣的肘折溫泉與溫海溫泉等，這些自江戶時代流傳下來的「溫泉早市」原本就是以這些湯治客為客源，提供當季山珍海味而存在。

現在，日本全國屈指可數的湯治場肘折溫泉早市，主要仍是以湯治客為對象，至於其他早市，則幾乎以觀光客為對象，而且販賣的大多為當季山菜、蔬菜、醃漬物、魚貝類、水果以及其他糕點、乾貨等，適合帶回去當伴手禮的商品。

肘折溫泉早市

每天早上固定時間營業的早市並不多，除了溫海溫泉與肘折溫泉，另外還有晝神溫泉（長野縣）、下呂溫泉（岐阜縣）、老神溫泉（群馬縣），以及福地溫泉（岐阜縣），其他的大多都是以觀光客為對象的假日早市。

一大早因絡繹不絕的溫泉客而氣氛熱絡的早市裡，擺滿了當地特有並且充滿季節感的產品，為這趟溫泉之旅增添不少風情，造訪之前不妨事先搜尋資訊，早起上街逛逛。

肘折溫泉早市（山形縣）

肘折是一處位在半山腰、溫泉煙霧繚繞的湯治之鄉，東南方為「修驗之山」葉山，東西兩側則是出羽三山的主峰月山。此處歷史悠久，最早可追溯至平安時代的大同2年（807年）。最上川支流桐山川潺潺流過的谷底，約有二十幾間木造二、三層樓高、鱗次櫛比的旅館。

肘折知名的早市始於江戶時代，原本是為湯治客提供食材的小販。春天除了山菜，還有當地的時令蔬果；

秋天有蕈菇、親手醃漬的醬菜與紫蘇卷……。四月下旬到十一月上旬這段期間，每天早上只要一過5點，旅館的屋簷底下就會紛紛形成市集，絡繹不絕的除了湯治客，還有不少一般遊客。

●所在地：最上郡大藏村肘折溫泉

●期間：4月下旬至9月5:30～7:30；
10月至11月下旬6:00～7:30

溫海溫泉早市（山形縣）

擁有千年歷史的庄內名湯溫海溫泉，距離注入日本海的溫海川河口約2公里，也就是溫海川上游的溫海岳山腳處。一到此處，遍地煙霧繚繞。

溫海知名的早市是江戶中期一群名為「浮子」（あば）的女漁夫，為了在溫泉街販賣海產而開始的。現在此處的木造長屋裡共有十幾間賣店，裡頭擺滿了當季海鮮、山菜、蔬菜、特產的紅蕪菁醬菜、溫泉饅頭和民藝品。不少觀光客為了早市特地在此住宿一晚，是一個適合木屐與浴衣的溫泉鄉。

●所在地：鶴岡市湯溫海

●期間：4月上旬至11月下旬5:30～8:30

福地溫泉早市（岐阜縣）

位在高達三千公尺的秀峰，宛如皮影戲般層層重疊的飛驒山脈山腳下，是奧飛驒溫泉鄉，當中一處紛湧而出的是「天皇泉」福地溫泉。傳聞早在平安時代，村上天皇曾在此處入浴。

福地這個地方約有十間旅館，當中有六、七間是古民宅，厚重沉穩的庄造建築樣式在此地大放異彩。

全年無休的早市到處都是當季蔬菜、山菜、水果與醃漬物，當中最熱門的有秋天的飛驒蘋果與天然蕈菇，另外還有民藝品與古董。

●所在地：高山市奧飛驒溫泉鄉福地

●期間：4月15日至11月14日6:30～11:00；
11月15日至4月14日8:30～11:00

昼神溫泉早市（長野縣）

昼神這個地方在昭和48年（1973年）才湧出溫泉，算是歷史尚淺的溫泉地，不過此處可以仰望木曾山脈的惠那山。這個自然環境出色，擁有優質單純硫磺泉的溫泉地約有二十間左右的旅館，是南信州規模最大的溫泉鄉，別名「名古屋的奧座敷」，而且還擁有不少風格洗鍊的旅館。

阿智川河畔旁每天都會營業的早市全年無休，昼神溫泉周圍隨著四季變遷的風景如詩如夢。除了信州特有的赤梨、蘋果與柿乾等水果，還有當季早上現摘的蔬菜、春秋兩季的山菜、野澤菜、蕎麥麵與五平餅，都讓人看了忍不住想要順手買回家。

●所在地：下伊那郡阿智村智里昼神

●期間：4月至10月 6:00～8:00；11月至3月 6:30～8:00

老神溫泉早市（群馬縣）

以尾瀨國立公園為據點而聞名的老神溫泉，其名由來與浸泡溫泉來療傷的赤城山之神（蛇）擊退日光男體山之神（蜈蚣）的故事有關；追趕之神（追い神）到最後變成了老神（日文音同「追い神」）。

除了以吹割瀑布為觀光重點的吹割溪谷，老神溫泉這一帶的自然美也相當引人入勝。不過最為常客所熟悉的，莫過於此處人稱「關東數一數二的溫泉早市」。

觀光會館前的廣場，從春天到秋天這段期間，在每天早上都會營業的市集裡，擺滿了鄰近農家帶來的當地新鮮蔬菜、山菜、蕈菇、水果與醃漬物，身穿浴衣的溫泉客與當地人交流的場景，更是讓人看了開心無比。

●所在地：沼田市利根町老神

●期間：4月下旬至11月下旬 6:00～7:30

下呂溫泉出湯早市（岐阜縣）

傳聞，此地是曾經發現一隻療傷的白鷺，人稱「天下三大名泉」之一的下呂溫泉。彷彿將險峻的飛驒山地縫合的益田川（飛驒川）兩岸，林立著將近六十間的高層飯店，是日本中部最具代表性的大溫泉鄉。

下呂的觀光景點「下呂溫泉合掌村」附近，有一個從春天營業到秋天的溫泉早市。此處早市最吸引人的商品，就是這裡獨有，造型彎曲獨特的木屐。另外，當地農家從栽種到製造一手包辦的番茄汁、藍莓果醬，以及味噌、蒟蒻也是熱門產品。其他還有地酒、民藝品與其他日本傳統雜貨。

●所在地：下呂市森下呂溫泉合掌村入口下

●期間：4月左右至11月左右 8:00～12:00

四、溫泉的歷史與文化

溫泉的歷史

自古就浸泡溫泉的日本人

和日本人一樣，日常生活就與溫泉密不可分的民族，在這世界上應不多見。那麼，日本人的祖先究竟是從何時開始接觸溫泉的呢？

如歷史所述，記錄上《日本書紀》、《續日本紀》、《萬葉集》，或者是《出雲國風土記》、《伊豫國風土記》等文獻，均曾描繪出天皇溫泉行幸，或者是有馬、道後及玉造的溫泉樣貌。

可是，這些書籍所描述的卻是發生在奈良時代以後，不過一千三百年前的事。其實早在遠古時代，日本人一定已經開始泡溫泉。但想要驗證這一點，勢必要等待考古學有所發現才行。

昭和39年（1964年），也就是東京奧運舉辦當年，長野出身的在野考古學研究家，藤森榮一（1911至1973年）發現繩文人浸泡溫泉的痕跡，堪稱日本最早的溫泉遺跡。

此處最早的溫泉遺跡，是在興建現今位於JR中央本線「上諏訪」車站前的百貨公司時，發現的。

「位在地下5.5公尺處烏黑的有機土層裡，有個地方出現了幾乎成環狀排列的圓滾大石。可以確定的是，這裡曾經出現硫化泉質的溫泉。大石板的板壁和附近一帶，還出現了不少上頭有爪形圖案的陶器碎片，以及只有刀刃打磨得非常尖銳的磨石斧頭碎塊，這些全都沾上類似泉垢的物質。這些大約是六千年前，也就是繩文前期擁有子母口式陶器文化的人……」（藤森榮一《遙遠的信濃》）

「……更令人驚訝的是，6公尺深的泥碳層底下，巨石累累堆砌，佈滿表面的泉垢說明了這一帶過去顯然曾經湧出溫泉。出土的遺物在土庄，而且絕大多數出現在岩石夾縫之間。調查員喃喃說道：站在這些沾滿泥土的岩石旁，至今依舊能感受到一股散發著如同硫磺與鐵鏽的溫泉臭味，讓人誤以為……好像泡在溫泉裡……。長野縣山之內溫泉的地熱谷，不也是有野猴子在泡溫泉嗎？這真的很神奇。可見石器時代的人也曾經在此處浸泡溫泉。」（藤森榮一《繩文的世界》）

藤森榮一推測，日本人祖先浸泡溫泉的歷史，應該可以比上諏訪車站前這片歷史約有六千年的片羽町遺跡，再往前推算一點。

舊石器時代後期的曾根人，生活在遠離城鎮的大和湖畔約2公尺深的地方，相當於今日的湖底。這個地方周邊有好幾個湖底火山口湖與火山口洞，因為這附近有稱為七釜與三釜等諏訪溫泉湧泉量最大的孔洞。

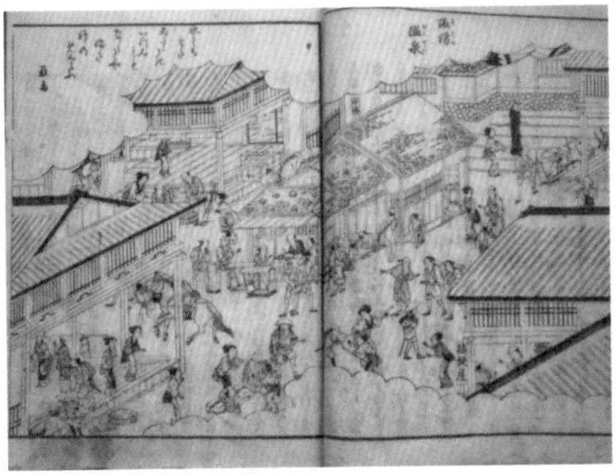
下諏訪溫泉《木曾名所圖繪》文化2年（1805年）／作者藏

曾根人用銳利石塊做成魚叉，捕到魚之後，應該會把魚丟到溫泉裡煮；季節寒冷的時候，應該也會跳入溫泉中浸浴吧！

祓禊與可起死回生的溫泉

追溯日本的入浴史記錄，儘管溫泉曾經出現在日本現存最早，主要內容為四世紀至八世紀詩歌的《萬葉集》之中，但卻要到江戶時代，才普及於平民百姓之間，例如作家式亭三馬就曾經在《浮世風呂》中對溫泉詳加說明。

《萬葉集》中「溫泉」這個字一共出現5次，例如紀溫泉（現在的白濱溫泉）、伊豫溫泉（道後溫泉）與吹田溫泉（福岡縣二日市溫泉）這三處。

《萬葉集》中，凡是記載「溫泉」（＝ゆ，熱水）或「由」（音同ゆ）的，指的全都是溫泉，日文又稱「出湯」。

紀溫泉，因為與有間皇子這個日本知名的悲劇人物有所關聯而為人所知。父親孝德天皇於657年駕崩之後，有間皇子偽裝成瘋子，前往牟婁溫泉（紀溫泉）進行湯治。然而隔年，他卻因被中大兄皇子（之後的天智天皇）流放到此的蘇我赤兄告發謀反而被捕。護送至紀溫泉時，經過一番拷問，在藤白坂處以絞刑。當時，有間皇子年齡不過十九歲。

另一方面，伊豫溫泉就是現在的道後溫泉。「今於熟田津，乘船隻欲動身，待月空高掛，潮汐若如願滿盈，即可搖櫓啟程去」（熟田津に，船乘りせむと，月待てば，潮もかなひぬ，今は漕ぎ出でな）。這首額田王歌詠的知名詩歌，當中提到的熟田津，就是以伊豫湯宮為舞台。至於這座湯宮，就是建於道後溫泉。

道後溫泉《道後溫泉場真景》明治前期／作者藏

道後溫泉的「玉之石」

同樣是古老記錄，另一個描寫的卻是輕皇子與輕大娘皇女的悲戀。兩人都是允恭天皇（《古事記》與《日本書紀》的家譜中，約五世紀左右在位的天皇）之子，也就是親兄妹。輕大娘皇女別名衣通郎女，是位連衣物也無以遮蔽其姣好容姿的美女。當時就算是兄妹，只要是異母，也能戀愛＝婚嫁，但是同母兄妹的話，卻是不可觸犯的禁忌。

《古事記》記載，兩人相戀一事遭到懲罰，輕皇子被流放到道後。後來思念其兄，身為戀人的妹妹所詠誦的歌：「君此行已久，望穿秋水別日長，只得踏山道，出門迎接夫君去，不願徒然空等待」（君が行き，日長くなりぬ，山たづの，迎へを往かむ，待つには待たじ）也因此成為流傳後世的名歌。

由此可見，溫泉是罪過與死而復生之地。

伊豫溫泉在《釋日本紀》中，是以「伊豫國風土記湯郡」為人所知。所謂「湯郡」，其實就是道後溫泉。不僅如此，當時還流傳著大分的速見湯（現在的別府溫泉）與伊豫溫泉，在地底下其實是相通的。至於道後，就是透過地下水脈將溫泉從別府引過來的。至於負責這個溫泉地下水脈工程的，就是大己貴神＝大國主命和少名毘古那神。《日本書紀》也提到，這兩位就是制定醫療法令的神明。

日本神道中的祓禊，應該與利用溫泉死而重生的觀念有所關聯。古代天皇之所以時常前往溫泉地行幸，目的應該不是為了浸泡溫泉，尋求慰勞，而是為了祓禊重生，洗淨身心，祈求重新敞開新的政治。

關於這一點，我們可以看看八世紀前半成書的《出雲國風土記》是如何記載。

《出雲國風土記》與玉造溫泉

在733年左右成書的《出雲國風土記》堪稱日本古代溫泉的史料寶庫。

《出雲國風土記》記述了現在島根縣的玉造溫泉、出雲湯村溫泉，以及海潮溫泉等地。在這當中，湯村溫泉現今的泉源地，依舊保留著《風土記》當時所記載的模樣。

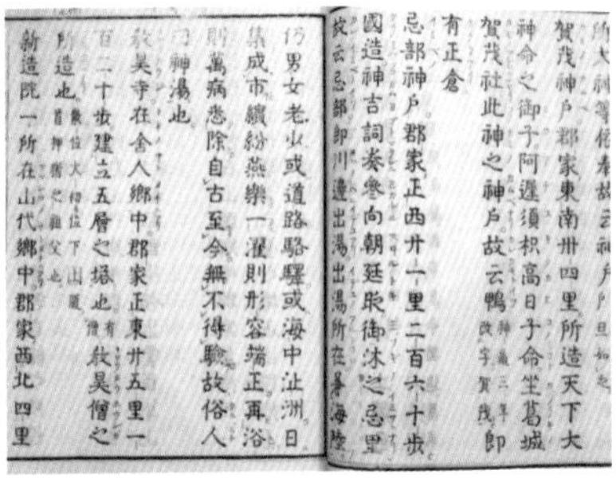
賀茂神戶郡家東南卅四里所造天下大
神命之御子阿遲須枳高日子命坐葛城
賀茂社此神之神戶故云鴨 神龜三年改字賀茂
有正倉
忌部神戶郡家正西卅一里二百六十步
國造神吉詞奏參向朝廷時御沐之忌里
故云忌部卽川邊出湯出湯所在兼海陸
仍男女老少或道路駱驛或海中沚洲日
集成市繽紛燕樂一濯則形容端正再浴
則萬病悉除自古至今無不得驗故俗人
曰神湯也
教昊寺在舍人鄉中郡家正東廿五里一
百二十步建立五層之塔也
所造也
新造院一所在山代鄉中郡家西北四里

《出雲國風土記》文化3年（1806年）版與玉造溫泉有關的記述／作者藏

從這些溫泉描述，可以推測出溫泉在古代日本人心中是如何存在，以及日本人為何會想要浸泡在溫泉裡。

當中最重要的描述，應該是與玉造溫泉有關的其中一節。

「忌部神戶。郡家の正西二十一里二百六十歩なり。国造、神吉詞奏しに、朝廷に参向ふ時の御沐の忌玉作る。故、忌部と云ふ。即ち川の辺に湯を出す。出湯の在る所は、海陸を兼ねたり。仍りて男も女も、老いたるも少きも、或るは道路を駱駅ひ、或るは海中を洲に沿ひ、日に集いて市を成し、繽紛燕楽ぶ。一たび濯げば形容端正しく、再び浴すれば万の病悉に除こる。古より今に至るまで、験を得ずということなし。故、俗人、神湯と曰ふなり。」

玉造溫泉的玉作湯神社

引用加藤義成的現代譯文，內容如下。

「忌部神戶之里廳，位在意宇郡家正西方 11.689 公里處。此乃出雲國造初任之際，為赴朝廷上奏，祈禱天皇康壽、製作潔淨忌玉，祓禊淨身之地。製作此玉的玉作氏乃忌部氏一族，故名忌部。

此里河邊溫泉湧出。溫泉出處正好為海陸景致優美之地，無論男女老少，有的陸路往返，有的沿著海邊游於海上，幾乎日日聚集於此，熱鬧如市集，或門庭若市，盡享酒樂。只要浸浴一次此泉，面貌就會容光煥發，沐浴數次，萬病痊癒。自古以來，功效無一例外，故世人將其稱為神湯。」（《修訂出雲國風土記參究》）

因此人們認為當時的里廳，就位在現在玉造溫泉街外，玉作湯神社附近。

所謂國造，是諸國的地方官，也就是居住各國的御家之子或朝廷之子。國造設置在諸國，以朝廷直屬家臣的身分掌管祭事。古代政權採行政教合一，因此國造亦兼行政執行之職。

《國造本紀》提到當時全國共有126個國造，當中的出雲國造以天穗日命為祖，之後由第十一代子孫的宇迦都久怒則是奉天皇之命，擔任國造。

大化革新之後，國造開始專司祭事，勢力卻急速衰退，最後僅剩出雲、紀伊、阿蘇、尾章等地保有國造。不僅如此，從奈良到平安時代，只有出雲國造賦予國造宣旨這個極為莊嚴的儀式。

不過，玉造溫泉之所以譽名為「神湯」，並非只是因為此處溫泉療效出色。《風土記》也曾提到，那是因為這裡是「御沐忌里」，也就是忌部氏祓禊淨身之地。出雲國造代代相傳的儀式當中，要求最嚴格，而且為了執行儀式必須長久認真修行的，就是「潔齋」。出雲國造就是用湧現於玉造川旁的神湯，來洗去不淨之物。

《風土記》中提到的「神吉詞」，是對平安時代的官制儀禮有著詳盡規定的《延喜式》中的神賀詞與神壽詞；「奏」，意指上奏神吉詞。至於神吉詞，就是出雲國造初次就任之際，赴朝在天皇面前上奏的賀詞。

國造新任儀式與神賀詞上奏儀式之際，必須上京3次。這段期間國造必須勤於肅穆潔齋，地點就是玉造溫泉。

「祓禊」，意指用聖水洗滌身心。今天日本人所理解的祓禊，是使用冷水洗淨罪過與不淨，但是出雲這個地方用的卻是溫泉。

洗淨身體的「聖水」

不過出雲國造前往大和朝廷上奏神吉詞潔齋時，剛開始使用的並不是玉造的出湯（溫泉），而是仁多郡三澤鄉的聖水。

古時候，人們認為潔淨、恭敬執行祓禊（御祓或御沐）的意義深遠。這從檍原御祓神話和大御祓祝詞中，便可一見端倪。

先前提到《風土記》中的御沐是以水洗滌，也就是水滌心垢，用聖水洗淨不潔污穢。這個聖水在《風土記》當中，與三澤鄉傳承的故事有關。內容略長，在此姑且引用加藤義成的現代譯文版。

「三澤鄉鄉廳位在郡家西南13.364公里處。昔日大穴持命之御子神，阿遲須伎高日子到長鬚之齡為止，無論日夜，哭聲不斷；隻字片語，說不出口。此時，御親神雖帶著御子神乘船巡遊島嶼，安撫其心，仍無法止泣。大穴持命只好寄願於夢，祈求『御子能在夢中告知哭泣之因』。

當晚，御子神在夢中終於開口說話。大神夢醒之後，一與御子神交談，終於聽到『三澤』一詞。此時大神問：『何處是御澤（日文音同三澤）』，子神立刻在親神前方領路，渡過石塊堆疊的河川，止步於坡上，曰：『此處是也』，並在紛湧而出的泉源水沼處浴水淨身，祓除種種罪過不淨，最後終於恢復健康。

在如此傳說之下，今日出雲國造初次就任之際，若欲赴京上奏神賀詞，祝福天皇治世，首次淨身定會汲取此處水源。」

國造祭拜的大穴持命之子因為以聖水沐浴，潔身齋戒之後得以治癒，於是國造開始在首次淨身時，引用此水，日久成習。如此傳說，在出雲時常耳聞。

上述提到大神將「三澤」（みざは）當成「御澤」（みざは），有人認為這是因為採用簡明字體的關係。《古事記》與《日本書紀》曾經提到，「泉水湧出之處」稱為「みつは」或「みづは」，可見「三澤」一詞，應該是「みづは」的借字（加藤義成《修訂出雲國風土記參究》）。

另一方面，從玉造川湧出的玉造溫泉，被視為是御沐忌里。但誠如今日所見，出雲國造為了上奏神賀詞潔齋所用的水並非玉造的出湯（溫泉），而是仁多郡三澤鄉的泉源聖水。歷史學家水野祐博士也認為，特地跑到三澤鄉這個偏僻深山之處潔齋，是一件難以想像的事。不過以下他提到：

「上奏神賀詞慎行潔齋的這一年，國造應該是將三澤的聖泉之水運至忌部之里的出湯（溫泉）齋場，以便潔齋……」（《勾玉》）。

至於運水途徑，水野博士提到了從三澤鄉利用斐伊川以船搬運，再從斐伊鄉經過陸路運送至此這條路線。

「浸浴於此聖河隨處緩緩流出，賦予生命之若水，即可返老還童；可洗滌髒污清澈之水，使人活力洋溢。」（《出雲國造神賀詞》）。

神賀詞中也提到，人們相信聖泉之水是若水，具有讓人精神煥發的靈力。只要沐浴在聖水裡，就能洗滌罪過，去除污穢，健全身心，返老還童。

祓禊與「復活」信仰密不可分。復活就是「返老還童」。身為民俗學家，同時身兼歌人與國語學家的折口信夫在其著作《皇子誕生故事》中曾經提到，這個返老還童在《萬葉集》中稱為「變若」。

至於三澤鄉的泉水，如今位於斐伊川主流南岸的丘陵地，泉水依舊源源不絕，不見乾涸。

之前已經提到玉造溫泉的水是用來祓禊。這也反映出，身為溫泉之神的大國主名命的據點，就是出雲。

的確，出雲國造之所以在玉造的出湯（溫泉）沐浴潔齋，第一個可以想到的理由應該是，這裡距離國造居住地其實不遠。但是我們必須要考慮到一點，沐浴潔齋之所以會用到溫泉，其實也說明了其所帶來的靈力足以視為神湯。

從先前介紹的《出雲國風土記》中不難理解，其實在一千三百年前的奈良時代，日本人的祖先，早已將溫泉分為治病與娛樂這兩種無異於現代的用途。

只要思考這個神奇溫泉的誕生與療效，就不難理解古人為何會將溫泉與神明、佛祖搭上關係。因為對這片大地湧出的駭人熱水望而生畏，既然如此，人們當然就會為其附上宗教性質。浸浴之後劇烈疼痛消失匿跡，傷口甚至得到治癒，促使人們對溫泉產生信仰，就算用「神湯」來形容，也是理所當然的事。

湯垢離的觀念

剛才提到聖水就是可以返老還童的若水。自古以來無論東西方，都知道溫泉是「還童之泉」。不僅如此，我們還可以用現代科學的角度，說明還原系的水（溫泉）能夠活絡生物細胞，充分發揮抗老化的功能。

老化意指生鏽，也就是細胞氧化。但是只要浸泡在具有相對性、充滿還原力的水，也就是溫泉的話，就能夠除鏽，重拾光亮。站在科學的立場來看，就是返老還童，恢復活力。

如前所述，古人心中的返老還童，是屬於精神上的，但是今日我們看到這股從大地湧出的新鮮泉水，也就是溫泉，就科學來講，確實可以預防老化。

古時的日本人並不是用「湯」（ゆ）這個字來指稱溫水（温湯）。折口信夫博士提到，足以稱為「湯」的有「いづるゆ」和「いでゆ」。因為天意偶然出現的事物在日文中稱為「いづ」，因此人們相信祓禊時用渾然天成的「湯」（ゆ），是再神聖也不過了（《皇子誕生故事》）。

「出湯」在日文當中，是溫泉的古語。當時人們認為溫泉的地位與聖水一樣神聖。雖然未曾在出雲地方見過，不過我曾在和歌山縣的熊野聽過「湯垢離」一詞。湯垢離與在海裡潔齋的潮垢離一樣，也就是上熊野三山參拜的時候，浸泡在溫泉裡祓除不淨的儀式。例如熊野本宮大社附近的湯之峰溫泉，就是及早為人所知的湯垢離之地。

開泉一千八百年的湯之峰溫泉（和歌山縣）也因曾讓小栗判官甦醒，而成為中世至近世人人皆知的重生之湯。

日文中的「ゆ」與其說是意指溫水的「湯」，將其視為意指神聖或潔淨的另一個字「齋」（ゆ）或許會比較恰當。從前古人將沐浴的河川稱為齋川，也就是祓禊淨身的神聖河川。所以此處的河水，便稱為「齋川水」。

齋的日文是「いむ＝斎む」，意指「避開不淨，虔誠淨化身心」。

由此可以看出，湧現泉水的齋川水是神聖無比的淨身之水。至於同為泉水的出湯（溫泉）應該也被視為是神聖之水＝湯。可見日本人自古以來就是基於這樣的祓禊思想，透過浸浴得到神奇療效，把溫泉視為藥泉的想法連在一起。

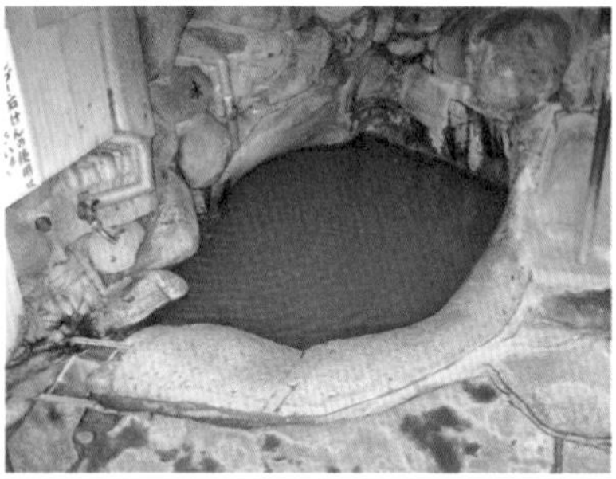
湯之峰溫泉「壺湯」（提供・田邊市）

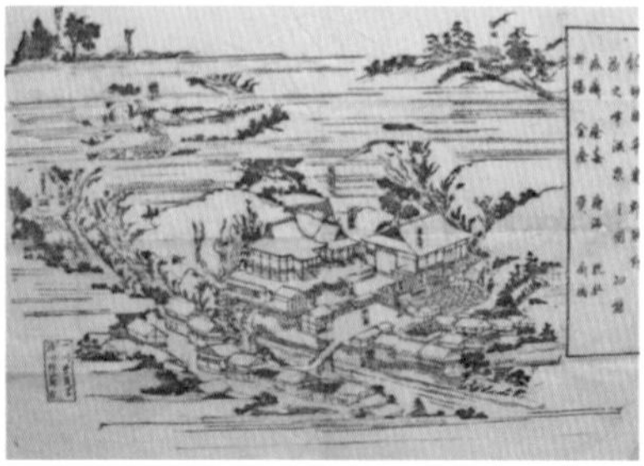
《湯之峰溫泉之圖》江戶後期／作者藏

平安時代「七栗之泉」的所在地

只要翻開紀貫之的《土佐日記》等平安時代古典文學，就會發現當時上流階級人士對於溫泉相當有興趣。因此我們可以說，日本早在平安時代就已經掀起第一個「溫泉熱潮」。

提到平安時期，這也是《枕草子》的清少納言和《源氏物語》的紫式部等王朝文學才女大為活躍的繁華時代，讓人不禁想像：「這些才女會愛上哪裡的溫泉？」

湯瀨川（榊原川）緩緩從恬靜悠閒的田園風光中流過，這裡是有5、6家溫泉旅館遍布在河畔中心的榊原溫泉。當中有間旅館讓人看了忍不住「咦！」地發出一聲，那就是「旅館清少納言」。

「春，以曙為最。漸漸轉白的山頂……」（春はあけぼの。やうやう白くなりゆく、山ぎは……）

這就是清少納言以充滿感性與知性的筆鋒，將日常生活「引人入勝」的美妙世界盡情化為文字的《枕草子》（成書於1001年）。

《枕草子》在平安時代除了一本原本，還有不少複本，當中最有名的就是能因本、三卷本、前田家本和堺本。不勝枚舉的複本與註釋本，主要都是以這些版本為根據謄寫出書的。

能因本第117段提到了溫泉。

「湯は、ななくりの湯。有馬の湯。玉造の湯」

若翻成白話文，意思就是「提到溫泉，以七栗之泉為佳。次為有馬，後為玉造」。

有馬溫泉《有馬溫泉誌》明治27年／作者藏

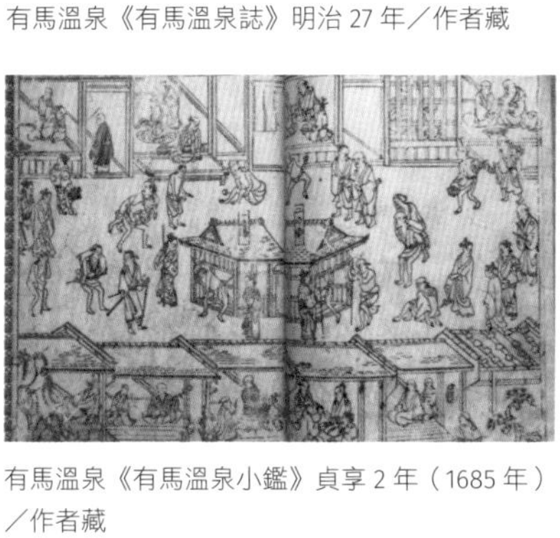

有馬溫泉《有馬溫泉小鑑》貞享2年（1685年）／作者藏

「有馬之泉」當然就是兵庫縣的有馬溫泉。不過提到「玉造溫泉」，絕大多數的人應該會想到島根縣的玉造溫泉。但是站在歷史的立場來看，再加上清少納言在文中又是第一個舉出此地的，因此我認為接下來要考察討論的「七栗之泉」，應該就是島根的玉造溫泉。

但是依照國文學家的解釋，這個地點應該是宮城縣的鳴子溫泉，因為這座東北地方屈指可數的古泉鳴子，在過去，人稱玉造溫泉。這是一片生產水晶，名聲響遍都城的土地。可是提到水晶產地，島根的玉造溫泉反而比較有名。當然如同前文所述，此處還曾出現在《出雲國風土記》，是日本數一數二的古泉，這無庸置疑。

除了京阪神和名古屋圈的人之外，知道清少納言一開頭所說的「提到溫泉，以七栗之泉為佳」就是現今三重縣榊原溫泉的人應該不多吧！其實這位才女之所以提到「七栗之泉」，這個與日本人為何泡溫泉的歷史有密切關係。

在進入這個話題之前，我們要先了解到一點：有些人對於「七栗之泉」指的是現在的榊原溫泉這個解釋有異議；他們認為應該是長野縣的別所溫泉。

別所這個地方神社佛閣多，別名「信州鎌倉」，同時也是曾為北條氏別墅，足以代表信州的名湯。奈良平安時代，有一條從京城到東北的古道從這附近通過，因此住在京城的人知道這個地方一點也不足為奇。別所溫泉在當地稱為「七苦離之湯」，意思就是「遠離七個苦難」，因為自古以來這個地方的溫泉療效早已與宗教信仰緊密結合，同時還發展成為佛教靈場。

其實很多溫泉地和別所一樣，佛教與溫泉緊密結合，絕大多數的古泉幾乎都是如此。然而榊原溫泉卻沒有與佛教結合。不！我認為就是因為如此，所以身為平安期知識分子的清少納言，才會率先寫下這句讓現代人難以理解的內容，「提到溫泉，以七栗之泉為佳」。

「七栗之泉」究竟是榊原還是別所，這個問題並不難回答，因為鎌倉時代的《夫木和歌抄》（1310年左右）就收錄了以下這首歌。

「岩石樹縫間，專心一志紛湧現，七栗之源泉，今

日特地前來此，卻是令人失望回」（一志なる，岩根にいづる，七栗の，けふはかいなき，湯にもあるかな
——橘俊綱）

榊原位在一志郡（現為津市），其都城所說的「一志之七栗」，顯然就是今日的榊原溫泉。

國文學者的解釋當中，有人認為清少納言只不過是在賽詩會上，將當時知道的溫泉場排列出來罷了。但是就日本人與溫泉的關係來看，這個論點並不符合我們看到的事實。「七栗之泉」與附近的伊勢神宮，亦即就溫泉與神道關係密切這個觀點來看待的話，應該比較順理成章。

參拜伊勢神宮的歷史可追溯至古代。例如平安時代的大和國就已經開闢了好幾條通往伊勢神宮的道路，沿途參拜的氣氛更是熱絡。

初瀨街道、奈良街道、伊賀街道、伊勢本街道……從大和櫻井經過長谷寺與室生寺，一直到伊勢神宮的初瀨街道，自古別名長谷道或伊勢街道。至於「觀音淨土」長谷寺，在平安時代更是以貴族參拜之地而聞名。這一點《枕草子》也曾提及過。

清少納言前往伊勢神宮參拜時，說不定也順便經過「七栗之泉」，也就是榊原溫泉。或者人在都城時，一定也經常耳聞榊原溫泉的名聲，因為這裡是前往神宮時進行「湯垢離」與「潔齋」之地而聞名的溫泉地。

許多國文學者和鄉土史家疏忽了神道祓禊儀式與溫泉的關係。如同我們先前提到玉造溫泉與潔齋之間的關係，對於日本人而言，溫泉沐浴就是始於祓禊儀式。

就如同紀伊山地的熊野三山參拜與湯之峰溫泉、川湯溫泉和湯川溫泉（均在和歌山）等地的湯垢離關係密不可分一樣。清少納言第一個提及七栗之泉（榊原溫泉）這個名字，就是因為這個地方與伊勢神宮，正是浸浴溫泉以便進行祓禊的關係。

「榊原」這個現在使用的地名，在室町中期以後開始普遍使用。此地也是常綠樹林，也就是獻給伊勢神宮的植物楊桐（榊，亦稱「紅淡比」）群生地。當時人們

在獻納時，一定會先將枝葉浸泡溫泉後再獻給神明。

順帶一提，出現在《枕草子》裡的七栗之泉「ななくりのゆ」，雖然明確標示出「七栗」一詞，但是當中的「くり」，指的卻是「御廚」（みくり），也就是提供奉神食材之地。由此不難推測，當時有七個村子是御廚。像是鎌倉時代的《太神宮神鳳抄》就曾出現過「榊御廚七栗上村」一詞。

過去，榊原溫泉的湧泉處位在射山神社北側境內。現在，此處依舊供奉著「湧泉處遺跡」（湯所跡）。此外，射山神社還是名列延喜式神名帳的式內社，並且供奉大己貴命與少彥名命這兩位人人皆知的溫泉之神。

榊原溫泉的湧泉處（湯元）遺跡（提供・增田晉作）

自古以來，當地人將榊原溫泉稱為「宮之湯」。不難推測這是因為射山神社境內有湧泉處，所以人們才以此稱之。但是可以肯定的是，宮之湯這個名字，也是因為此處曾是伊勢神宮祓禊之泉而來的。

這片土地是神社領地內的御廚，是貢獻給神宮的楊桐群生地，同時也是進行湯垢離之地。就此看來，若說「宮」這個字所指的就是神宮，其實是順理成章的事。

問題在於榊原溫泉近年來知名度並不高，不難想像這因應該與榊原長久以來一直是神社領地這件事有關。

只要看過享保12年（1727年）的「榊原湯元之圖」與應為寶曆年間（1760年左右）出刊的《（榊原）溫泉

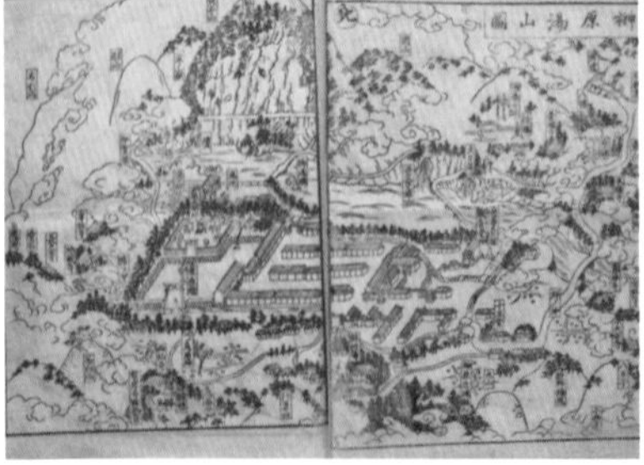

榊原湯山圖《溫泉由來記》（1760年左右）／作者藏晉作）

由來記》，就會明白此處曾經出現過擁有寬敞浴舍，並且有將近百間客房的大型旅館。

提到江戶時代的溫泉地，就算是頗負盛名的溫泉，也頂多只有數間小規模的客棧，或者是20棟左右密集排列的旅館，然而榊原這個地方卻是一棟規模龐大的住宿地。投宿於此的人，主要應該是前往儀式參拜的信徒，或者是上流階級等達官貴人。江戶中期像這樣可以刊登在《溫泉由來記》的壯觀溫泉地，為數並不多。儘管如此，還是可以看出此處是一個頗有歷史淵源的溫泉勝地。

現在榊原的源泉溫度並不高，僅有40度。但是，就江戶中期此處曾經出現擁有百間客房的住宿地這件事來看，當時的泉溫應該更高才是。畢竟過去這個地方的人們曾經口耳相傳，射山神社境內森林「溫泉煙霧裊裊升起」這個傳說。

前往伊勢神宮參拜之際，作為垢離之水以去除身心污穢的榊原之湯，在清少納言之後，甚至到鎌倉、室町時代，依舊為人歌頌，而且還留下了不少和歌。

「神明若靈驗，願七訪七栗之湯，治癒相思病」（しるしあらば，七くりの湯を七めぐり，恋の病の御殿にやせん——肖柏）

可見榊原溫泉，也是當時高雅人士的戀愛舞台。

溫泉與文化

溫泉與信仰：神道的禊與佛教

人生始於沐浴，而且不分東西。這就是日本人所說的「產湯」（うぶゆ），即分娩後用來清潔嬰兒的水。產湯代表人生的開始，算是一種「淨身」儀式。

沐浴的「沐」，意指「洗頭」；「浴」，意指「洗淨全身」。沐浴的動機和目的雖然是為了治療與衛生，不過宗教上的動機，卻是東西方最明顯的共同點。

就原始宗教而言，日本神道中遠離所謂的「穢氣」（穢れ）這個強迫觀念非常強烈。無論生病、災害還是犯罪，一律視為不潔。而水裡浸浴這項行為，就是一般人們為了驅除穢氣所採用的方法。

日本自古也認為，水浴可以潔淨身心。這就是神道中的淨化儀式「祓禊」。而且古代公卿在上早朝前，清晨也一定會沐浴淨身。

因為君之故，流言蜚語紛紛傳，而返回故鄉，往明日香川之上，潔身祓禊再歸返。——《萬葉集》

（君により言の繁きを古郷の，明日香の川に禊身しに行く）

風吹楢樹響，賀茂御手洗川上，晚夏初秋時，唯有夕暮祓禊事，稍留六月夏日息。——《百人一首》

（風そよぐならの小川の夕暮れは，みそぎぞ夏のしるしなりける）

然而，古人對於僅是洗淨肉體上的污垢並不滿足，反而更加期望精神上的穢氣也能一併去除，讓身心沉浸在清爽的氣氛之中。

祓禊的起源，可追溯至《古事記》。書中提到日本開天闢地的神祇，伊邪那岐為了洗淨從黃泉國逃離時在骯髒地底國度沾染的穢氣，便前往筑紫國日向的阿波岐原淨身，以便「祓禊」的故事。

日本人的祖先只要發生重大事件，就會在湧泉口、溪流，或者是波濤洶湧的海邊行祓禊之禮，祈求神明守護。而且，在將農耕視為神聖勞動的古代社會中，祓禊往往與插秧，或者是收穫祭等祈禱五穀豐收的儀式息息相關。

不過祓禊儀式在進行時，並非僅限冷水，畢竟日本的溫泉與泉水一樣，隨處紛湧而出。

天皇淨身時用的水稱為「齋川水」。「齋」，原意為潔淨身體的「清淨」，也就是淨身的祭神儀式。再加上日文的「齋」與意指熱水的「湯」同音，由此可見天皇在進行祓禊儀式時除了冷水，也會使用溫泉與熱水。最廣為人知的就是，人們在紀伊半島的湯之峰溫泉或湯川溫泉進行的「湯垢離」（浸浴溫泉以祓禊的淨身儀式）。

近年來，日本人幾乎已經忘記湯川溫泉其實是《古事記》與《日本書紀》中的第二十二代天皇清寧天皇，前往熊野行幸時發現的溫泉地。所以此處的歷史和湯之峰一樣悠久，均屬千年古泉。

《永久百首》中，源俊賴這位朝臣所寫的詩歌，描述了當時熊野參拜的盛況；當中收錄了一首與湯垢離有關的歌。

熊野詣之前，欲撿樹枝以拄杖，只為湯垢離，無奈木杖頻頻掉，昔日今日亦不變。（みくまのゝ湯垢離のまつをさす棹の，ひろひ行くらしかくていとなし）

之前提到，日本人的一生始於熱水，終於熱水。也就是「產湯」與「湯灌」（喪禮中擦淨遺體的儀式）。

產湯習俗普見於各宗教與民族。在西班牙與匈牙利留名青史的女王當中，有的人一生只能浸浴一次，或者最多兩次熱水。就此來看，像日本人這樣天天入浴的民族恐不多見。若一生只能浸浴一次的話，那就是產湯，兩次的話，應該是婚禮之前吧！其他時刻，頂多淋浴或噴灑香水。

至於，像日本人這樣在人生的最後一刻進行湯灌儀式的民族也是寥寥可數。湯灌是遺體入殮之前，用熱水擦拭亡者全身的淨身儀式。如今，有的地方依舊會在放滿水的浴缸裡，為亡者進行傳統的湯灌儀式。

日本人自古以來認為「死＝污穢」，因此要透過湯灌儀式來去除穢氣，讓遺骸回歸大地。

如前所述「湯」這個漢字，在日文中原本是「齋」。

佛教從中國大陸傳來日本之後，神道便與佛教的價值觀合而為一。也就是說，洗淨身心穢氣的祓禊，就這樣成了佛教的儀式之一。

其實日本人喜愛泡澡、熱愛溫泉的程度之所以在世界上舉世無雙，佛教的影響，不可忽視。

佛教亦闡揚沐浴的功德。尤其是在八世紀傳來日本的《佛說溫室洗浴眾僧經》等闡述沐浴的佛典，就是未曾出現在其他宗教的經文。這部經典提到，入浴時必須準備燃火、淨水與澡豆等七樣物品，以便除去七病，得七福報。

即使是年輕人，只要浸浴在露天浴池裡，就會忍不住高喊「啊……真的是極樂、極樂呀！」如此舉動，說不定正證明了入浴可作功德這個佛典教誨，也為現代人所繼承。

於是，溫室洗浴成為日本寺院的重大事業，而且還相競興建湯屋。例如東大寺現存的大湯屋就是這類建築的代表，一般民眾亦可入內浸浴。這就是所謂的「施浴」。

生活在大眾澡堂（町湯）尚未出現的時代，在寺院浴室（溫室）裡施浴這件事對市井小民而言，其實還有醫療效果！因為入浴淨身可以治療各種皮膚疾病，讓血液循環，促進新陳代謝，提升免疫力，加強治癒能力等療效。

能夠免費入浴，而且還可以得到佛教功德。這樣的浴室不入內浸浴怎麼說得過去呢？於是，原本應該要用冷水進行的「清淨」與「祓禊」，就這樣演變成用舒適熱水淨身的聖化儀式了。

但要留意的是，當時的入浴定義與現代社會並不同，是一種宗教行為，而且是在宗教功德之下讓疾病得以治癒。

這樣的溫浴思想，在日本中世（鎌倉、室町時代）之所以能夠迅速普傳開來，應與日本全國各地湧現的溫泉有關。

其實，只要解開古泉開泉緣故這個謎題，就會赫然發現大多數的溫泉居然與高僧息息相關。例如有馬溫泉與行基、鐵輪溫泉與一遍上人、城崎溫泉與道智上人、修善寺溫泉與弘法大師……。

一旦想到這些神奇溫泉的誕生與功效，便不難理解生活在中世的人為何會將溫泉與神佛相結合。因為畏懼從這片大地紛湧而出，那讓人看了怵目驚心的熱水，所以為其添加宗教特性，如此作法，不足為奇。至於當身上的劇烈疼痛在浸泡溫泉之後得以消失，連傷口也得以治癒時，因為溫泉而萌芽的信仰之心，便以奉祀藥師如來的方式來表現，這些根本就是順其自然的事。

隱藏「神力」的溫泉，是重生之水。為了讓溫泉療效具有權威性，勢必要在開湯起源裡，添上高僧之名。

另一方面，當時身為知識分子、行腳諸國的高僧們，肯定也會積極利用溫泉作為「神泉」來招攬、增加信徒。這就是知名溫泉地總流傳高僧發現溫泉傳說的由來。當然，如此傳說的根基就是《佛說溫室洗浴眾僧經》。

作為「重生」之地的湯治場同時也是往生之地，因此從日本中世到近代，湯治場就是黃泉與現世的「邊界」。

過去罹患重症的平民百姓會向親戚借點小錢，前往城崎或湯津進行湯治，以作為治病的最後手段。不用說，這麼做是為了尋求重生之泉。不幸的是，也有不少人因而不幸踏上黃泉路。有馬、玉造與道後等歷史悠久的古泉之所以會出現溫泉（湯）神社與溫泉寺，說明了溫泉正是彼岸與現世的邊界之處。

至於溫泉場與湯治場，其實也是佛教中位處陰陽交界處的「三途川」。

溫泉與傳說

日本的溫泉地流傳著各種精彩傳說，讓溫泉魅力無比。在《日本溫泉大鑑》（1941年）當中，加藤玄智與宮坂光次便提到當今流傳的溫泉傳說，大致可以分為三種：①噴泉傳說、②發現傳說、③入湯傳說。

①噴泉傳說

古時日本人將溫泉稱為「出湯」。所謂的噴泉傳說，就是與溫泉湧出有關的民間傳說。

《豐後國風土記》（八世紀）在速見郡這個條目中記載：

「赤湯泉，郡西北。此湯泉之穴，位於郡西北之竈門山，一周約十五丈。泉色赤紅，帶泥。可用以塗抹於屋柱。泥土若流於外，便為清水，朝東向下流。故名赤湯泉。」這就是別府鐵輪溫泉的「血池地獄」。

下段文章同樣出自《豐後國風土記》，對於這個地獄的模樣，描述更是生動。

「玖倍理湯之井，郡西。此湯井位於郡西河直山之東岸。口徑丈餘，泉色黑，帶泥，罕流動。人若輕聲走到井旁，大聲吶喊，泉水便會驚鳴，騰湧二丈餘。霧氣炙熱，無法直視。周遭草木皆枯竭，故名慍湯之井，俗稱玖倍理之井。」

至於此處所說的玖倍理湯之井，現在是別府的哪一處地獄，眾說紛紜。有人說是鬼山地獄，也有人　是海地獄，貝原益軒甚至認為是本坊主地獄。

但是說穿了，這不過是將熱水沸騰的噴泉，比喻成佛教中的地獄光景罷了。

②發現傳說

歷史悠久的溫泉一定會流傳發現傳說。若將這些發現者加以分類的話，那些人稱名湯的溫泉，通常是以行基或弘法大師（空海）為代表的高僧，或是在山上修行的修驗者，以及修驗道始祖役小角所發現，其次是鳥獸。至於祕湯或者是知名度不高的溫泉，則大多為漁夫或樵夫所發現。

例如松尾芭蕉在《奧之細道》的旅途當中，曾經入浴的那須溫泉發源地「鹿之湯」，就是從白鹿的行動得知的溫泉。

第三十四代天皇在位的舒明天皇2年（630年），名為狩野三郎行廣的武士奉旨擔任「郡司」一職，居住於茗澤村（現今的那須町），並進行狩獵職務。

某日狩獵之際，正好射中一隻宛如牛犢的白鹿。在進入深山追捕這隻負傷逃亡的白鹿之時，卻在霧雨谷（現在的共同湯「鹿之湯」一帶）追丟。

正當茫然之際，一位白髮老翁出現在眼前，告知三郎「吾乃溫泉之神。汝所尋之鹿正在對岸山谷溫泉之處。此泉可治萬病，應取之以拯救萬人病疾之苦，切勿遲疑。而該鹿之箭傷已痊癒，應速射之。」之後，便消失匿跡。

於是三郎前往該地，朝山谷望去，發現那隻白鹿正浸泡在溫泉之中。於是他遵照神明指示，在此開鑿溫泉，取名為「鹿之湯」，奉那位白髮老翁為溫泉神，建立溫泉神社。至於遭射中的那隻白鹿，鹿角被取下來，獻納給神明。（出自《那須溫泉史》）

傳聞城崎溫泉這座山陰古泉，是在舒明天皇（629至641年在位）統治期間發現的（《城崎溫泉誌）》。時至今日，巡繞一之湯、地藏湯、柳湯、曼陀羅湯和鴻之湯等這七處外湯，在各個世代之間依舊蔚為風潮。

城崎這個溫泉地與道智上人因緣匪淺。作為《溫泉寺緣起》流傳下來的《城崎溫泉誌》對於「曼陀羅湯」的起源描述如下。

「養老元年間，一沙門名為道智，到此參拜四所神明時，受神啟示。神曰，此處西北方有三棵杉樹，乃釋迦如來三體化身，汝此趟菩提行，應至該樹下誦經修行。」

道智滿懷好奇，來到西北方，果真看到三棵杉樹，於是在此棲身，修行千日，焚香唱誦法華經。所得功德，於養老四年得以結願，樹下亦不斷湧出靈泉。人們聚集而來，紛紛讚賞道智之豐功偉業，並將此泉取名為曼陀羅之湯。

以上就是典型的神明與僧侶發現溫泉之傳說故事。

至於山中溫泉（石川縣）這座北陸名湯，則是因為深得日本俳聖，松尾芭蕉喜愛而聞名的溫泉。打開《加賀山中溫泉緣起》這部據說是奈良時代高僧行基創建的醫王寺，所典藏的繪卷。

（1）從前，行基菩薩曾到江沼國菅生神社參拜。

（2）行基於東南方山中，望見一陣紫雲繚繞。進入山中之際，遇見一位年約八十的老僧。老僧告知行基溫泉所在之處後，便消失匿跡。

（3）行基連同狩野遠久找尋溫泉，並臨時搭建一間小屋，架設板框，以作浴池。某夜，那位老僧出現在夢中，原來是藥師琉璃光如來親自告知此處乃是藥效靈驗的靈泉。於是行基在此興建國分寺，並且安置藥師如來之尊像。至於狩野，則是留在此處掌管此泉。

（4）然而時日一過，溫泉日漸荒廢。某日，能登領主長谷部信連為獵鷹而闖入此山時，不慎傷腳。此時，看見有隻白鷺鷥將腳浸泡於流水之間，翅膀沾濕之後，化身成為一妙齡女子，自稱是藥師如來的化身，並且約定只要重振此泉，當會在旁守護之後，便就此離去。（出自《山中町史》）

時代變遷，在中世至近代初期盛行「說經節」，這是一種用更加淺顯易懂的方式解讀佛法、經文的方式，同時也是一種一邊唱述靈驗功德譚、因果應報譚，一邊伴奏樂器的大眾藝術，例如《小栗》與《山椒太夫》就是此種藝術之代表作。

《小栗》這則描述小栗判官與照手姬兩人的故事，在「重生之湯」湯之峰溫泉（和歌山縣）這一節堪稱精彩。雖然閻魔大王讓因飲下毒酒而命喪黃泉的小栗判官以姿婆之姿重生，不過卻在小栗胸前掛上一塊牌子，上頭寫著：

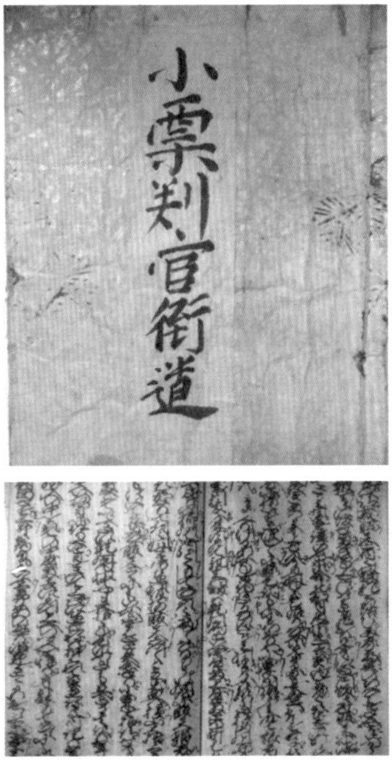

「小栗判官街道」元文 3 年（1738 年）／作者藏

「此人乃藤澤上人，明堂聖弟子之一。應入邀熊野本宮湯之峯。若入邀熊野本宮湯之峰，淨土藥泉當應獻上。」（新日本古典文學大系《古淨琉璃說經集》）

熊野本宮是登記為世界遺產「熊野三山」，也就是那智大社、速玉大社及本宮大社之一，現為和歌山縣田邊市的熊野本宮。湯之峰溫泉就是在前往熊野參拜之前，因進行湯垢離而聞名的地方。

當人們拉著小栗乘坐的車子抵達位在紀伊的本宮時，小栗便前往湯之峰溫泉，進行湯治。

「入浴一七日，眼可開；入浴二七日，耳可聞；入浴三七日，口可開；入浴七七日，可重回小栗殿，昔日足有六尺二分之高之風貌。」（新日本古典文學大系《古淨琉璃說經集》）

一七日，也就是開始湯治的第 7 天，雙眼可張開；二七日，也就是第 14 天，雙耳可聽聞；三七天，也就是第 21 天，開口可言語；七七日，也就是第 49 天，就可以重返小栗判官原有的模樣。

湯之峰溫泉的功效，隨著說教節《小栗》這則故事在諸國之間普傳開來，今日已經是人人皆知的「重生之泉」。可見對日本人來說，溫泉自古以來的地位便是如此。

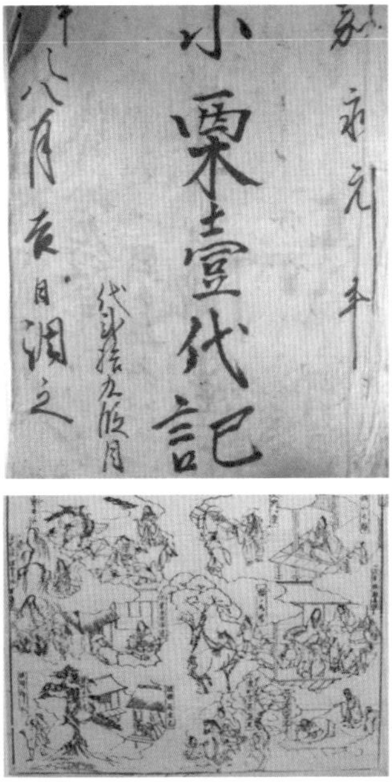

《小栗一代記》嘉永 3 年（1850 年）／作者藏

溫泉與文學

川端康成與溫泉

在近代以後的文學史當中，小說家與溫泉的關係密不可分。

曠世巨作的舞台背景往往是溫泉場。不僅如此，這些佳作大多是作家長期駐留溫泉旅館時，下筆完成的，可見在小說家心目中，溫泉場是一個迷人無比的場景。

至於對於我們現代人而言，只要一提到「文豪與溫泉」，第一個浮現腦海的應該是《伊豆的舞孃》（1926年）與《雪國》的作者川端康成。

川端康成在《湯島溫泉》（1925年）中如此寫到：

「浸泡溫泉對我來說，其樂無比！甚至想過，索性此生就在周遊溫泉場中度過。如此一來，身子甚不健壯的我，說不定可因此保以長命。」

川端對於溫泉，樂而不厭。現代人為了講求效率而仰賴藥物，不過川端卻認為想要提高身心的免疫力，溫泉是最佳法門。

不光是為了療養，一邊藉由溫泉來進行預防醫學中所謂的保養健身，一邊執筆撰寫名作的文豪睿智，讓人讚嘆不已。

「七年前，尚為第一高等學校學生的我是初到此地。當晚，有位美麗的走唱舞孃來到旅館表演。隔天，又在天城山山頂的茶屋遇見那位舞孃。之後從南伊豆至下田的這一週，我便跟隨著這群街頭藝人，四處旅行。

當年那位舞孃年方十四，要成為小說題材的主角或許還不夠成熟。那位舞孃來自伊豆大島的波浮島港。」

（《湯島溫泉》）

川端康成的這段「年少往事」，就這樣成了全國知曉的名作。

「道路變得蜿蜒曲折，眼看就快到天成山山頂，陣陣雨絲已經把這片杉木密林染成一片霧白，雨勢以驚人的速度從山腳處朝我追來。」

《伊豆的舞孃》的開頭是這麼寫著。

明治32年，生為大阪市醫師長子的川端康成，父母分別在他兩歲與三歲時因肺結核而去世。

唯一的姐姐芳子被伯母帶走，至於川端，則是由祖父母撫養。豈知不幸繼續來襲。祖母、胞姊與祖父相繼在他七歲、十歲及十五歲時離世，使得川端在《伊豆的舞孃》中形容自己的個性是「彆扭孤兒性情」。

不久，進入大阪府立茨木國中宿舍寄宿的康成，在與同室的少年經歷同性愛的這段過程當中，時而忘卻身為孤兒的這份寂寥之心。

為了進入帝國大學，川端前往東京到第一高等學校就讀。雖然進入位在本鄉的學生宿舍，無奈強烈的孤獨意識卻再次來襲。

川端在未告知室友去向的情形之下，前往伊豆溫泉行這趟療癒之旅，是在晉升二年級（大正7年）的那年秋天（當時的學制是九月開學）。

雖說是伊豆，但交通網絡在大正時期並不發達。當時川端從舊東海道線三島站（現為御殿場線下土狩站）搭乘駿豆鐵路（現為伊豆箱根鐵路），抵達終點站的大仁之後，再繼續步行到修善寺溫泉。

在修善寺住一晚的川端，隔天的目標是湯島溫泉，但是沒有公車，所以只能徒步前行。走出修善寺沒多久，便在湯川橋旁與三位舞孃擦身而過。這場命中注定的邂逅，讓這位年輕學子日後成為榮登世界的偉大作家。

萬萬沒想到在湯島溫泉「湯本館」投宿的第二天，在修善寺遇到的舞孃等人也來到這家旅館。

「站在樓梯中央彎下腰的我，癡望著舞孃在玄關木板上跳舞的模樣。」

對其中一位舞孃心動的川端，隔天「帶著期待」，急忙往越過天城山的山路前進。不料此時一場如珠落玉盤的大雨襲向川端。這正是之前提到的《伊豆的舞孃》在開頭所描述的場景。

「好不容易來到山頂北口處的茶屋，我喘了一口氣，在門口呆立不動，因為我的期待已經如願以償。」

這是第三次遇到舞孃。那位舞孃裝扮古樸，頭上綁了一個離奇碩大的髮型。或許是這個緣故，風姿凜凜的臉蛋看起來格外小巧，美麗勻稱。

川端決定隨同舞孃等人一同旅行至下田。越過天城山，一行人欲到湯野溫泉價格低廉的木賃宿投宿，於是川端介紹了「福田家」這間溫泉旅館。

隔日，川端從旅館浴場望去的光景，讓長久以來苦於孤獨的川端康成得以「淨化」。那就是，突然從河津川對岸的共同浴場中跑出來的舞孃。

「微暗的浴場盡頭，突然有位女人裸著身子跑了出來，站在脫衣場突出的地方，作勢要跳到河岸下方，筆直地伸出雙臂，口裡似乎在喊著什麼。赤身裸體的她，連條毛巾也沒帶。就是那位舞孃。我望著那如同小桐樹般伸長的雙腿、雪白的身子，心頭感到一股清泉，深深嘆口氣之後，忍不住噗哧一笑。真的是個孩子。而且是一個看到我們，就會雀躍地赤身跑到陽光底下，踮起腳尖，伸長身子探望的孩子。」

小說中的這個場景，經過數次電影改編，在日本人心中深深烙下伊豆的健康形象。

從湯野到下田的路上，川端聽到舞孃在談論自己的聲音。

「他人還不錯呢。」

「是啊，人好像不錯。」

「真的是好人，為人不錯。」

「因為自己彆扭的孤兒性情而不斷地嚴加反省，卻因被憂鬱壓抑得喘不過氣，所以才到伊豆出遊走走的。」川端，被這段對話所救贖。

結束伊豆之旅，回到東京的川端彷彿脫胎換骨，整個人豁然開朗。因為，他把自己被在本鄉元町咖啡店工作的少女伊藤初代甩而遭受的失戀打擊，與在伊豆邂逅的美麗舞孃重疊，並且加以美化。

川端康成在湯島固定投宿的旅館，是與舞孃一行人再次相遇的「湯本館」。他提到「湯島算是我的第二故鄉」，因而動筆寫下《湯島回憶》，而且每年都會到湯本館停留一段時日。尤其是在完成《伊豆的舞孃》的大正14、15年，川端幾乎都逗留在湯本館，手中的筆，從未停歇。

川端康成把完成這部名作的房間，取名為「川端先生」。二樓那間只有四帖半的小房間則是貼滿色紙，在書架上擺著初版的書籍。這間房在川端榮獲諾貝爾文學獎之後，他仍然一如往昔地到此處投宿。

天城湯島溫泉「湯本館」（提供・湯本館）

靜岡縣伊豆市湯島 1656-1

0558(85)1028

湯野溫泉「福田家」（提供・福田家）

靜岡縣賀茂郡河津町湯野 236

0558(35)7201

「穿過縣界長長的隧道，便是雪國。夜空下一片白茫茫……」這是川端膾炙人口的小說《雪國》開頭的一小段。其實《伊豆的舞孃》早已出現過雷同的情節。

「沿著河津川溪谷到湯野的這條路，是約為三里多的下坡路道。越過山頂之後，青山與藍天的色彩，都讓人感受到南國風光。」

川端康成那表現出「我在美麗的日本」的文學造詣，可說是在伊豆溫泉場經過磨練的感性所賦予的賞賜。

《雪國》的舞台是越後湯澤溫泉。川端非常喜愛老旅館「高半」，在下榻期間執筆寫下《雪國》之餘，入浴的是湯澤溫泉。

每當浸泡在「山之湯」裡，我都會覺得讓進入年紀三十後半的川端所傾迷的，恐怕不是故事中的駒子，而是湯澤溫泉那如同絲綢般滑溜的觸感，甚至認為與名湯相遇這件事，成就了川端，促使讓他寫出曠世巨作。

越後湯澤溫泉「雪之宿 高半」（提供 · 高半）

《伊豆的舞孃》這部成名作情況亦然。療癒這位傷心的第一高等學校學生的，與其說是舞孃，坦白說，應該是湯島溫泉的「湯本館」那觸動心弦的清澈溫泉。我甚至認為，川端康成寫下《伊豆的舞孃》與《雪國》的目的，其實是為了溫泉，並且以寫作靈感為由，好讓自己能夠一直浸泡在溫泉裡。

「紀州湯崎溫泉以長壽者多而享譽盛名。沿著海邊漫步時，驚見不少白髮老翁。此處讓人忍不住放慢腳步，甚至想要在湯崎租個房子，住個一年半載。據說湯島也有不少長壽者。」（《伊豆湯島》）

湯崎溫泉所指的，就是白濱溫泉鄉。

川端康成是在昭和9年（1934年）來到越後湯澤的。該年十二月上旬，《雪國》的第一章就是在旅館高半動筆撰寫的。

「島村走出內湯時，早已夜闌人靜，萬籟俱寂。走在老舊的走廊上，每踏一步，玻璃門就會微微作響。在長廊盡頭帳房的拐角處，有位婷婷玉立的女子佇立在前，衣擺鋪放在烏亮的地板上，氣氛極為冷冽。」

這是島村與成為藝者的駒子再次相遇的知名場景。當時身為作品舞台的旅館高半，是一棟木造三層樓的建築物，格局相當雅致。

傳聞，越後湯澤溫泉是八百多年前旅館高半的創建人，高橋半六所發現的。至於江戶前期的正保年間與天和年間的繪圖，亦描繪出湯澤的場景，可見此處很早就因湯治客熱絡不已。

以《北越雪譜》（1842年）聞名的鈴木牧之也是湯澤的其中一位湯治客。就連川端也是在看了鈴木的名作之後，才動筆寫下《雪國》。

走在湯澤這個溫泉鄉，可以踏尋《雪國》的足跡。旅館高半保留了川端當時逗留的「霞之間」。從高半往下走向湯坂，進入「笹之道」，最後走出「諏訪神社」。當時蔥鬱高大的杉木林，風貌依舊不變。

主水公園後方可以仰望三國群山的「雪國之碑」上，刻著文豪親筆提下的「穿過縣界長長的隧道」這句話。

如果想要深入川端世界，不妨拉長腳程，到溫泉街上的「雪國館」走走。

文人傾心的名湯

渡邊淳一與阿寒湖溫泉（北海道）

「他們倆在阿寒入住的是，離阿寒湖約兩公里的雄阿寒飯店。雖然現在周圍雪白一片，但其實這裡離雄阿寒岳的登山口很近，而且後面還有阿寒川清澈的河水潺潺流過。」（《魂斷阿寒》）

《魂斷阿寒》（1973年）是北海道出身的知名作家，渡邊淳一的自傳式青春小說。在阿寒湖畔旁的溫泉飯店住宿兩晚之後，年僅十八的「天才少女畫家」純子，在可以俯瞰湖面一片雪白的山頂，斷絕這條年輕的生命。

▼推薦的旅館「阿寒鶴雅別妝 鄙之座」

♨ 北海道釧路市阿寒町阿寒湖溫泉2－8－1

☎ 0154（67）5500

井上靖與下風呂溫泉（青森縣）

以冬季本州最北端的下北半島為舞台，描寫出微妙的戀愛場景，是井上靖這部《海峽》（1957年）的高潮之處。在可以俯瞰津輕群山的下風呂溫泉「長谷旅館」二樓下榻期間，井上靖完成了《海峽》的最後一章。

「啊啊……溫泉的感覺越來越刺痛了。我現正在本州最北邊的海岸旁，浸泡在外頭層層積雪的溫泉旅館浴池之中，嗅聞著硫磺的味道。」（《海峽》）

▼與作家有關的旅館「海峽之宿 長谷旅館」（停業中）

♨ 青森縣下北郡風間浦村下風呂字下風呂75

☎ 0175（36）2221

井上靖的《海峽》紀念碑

下風呂溫泉「長谷旅館」

大町桂月與蔦溫泉（青森縣）

「放眼望去全天下的浴池，注入的都是放流式溫泉，不過這裡卻是從浴池底部湧出的，十分奇特！」（《蔦溫泉籠城記》）

蔦溫泉這處與大町桂月因緣匪淺的溫泉聖地，因為十和田湖而名聲遠播。之後在明治與大正時期，又因為這篇辭藻華麗的文章而風靡一時。

時至今日，從浴池底部湧出的新鮮溫泉，依舊讓拜訪十和田樹海的人們為之傾倒不已。

為極樂世界，不惜翻山又越嶺，山頂稍休憩，地錦叢生出湯旁，浸浴溫泉淨身心。（極楽へ，こゆる峠の，ひとやすみ，蔦のいで湯に，身をばきよめて）

戶籍為高知，卻因為愛上這裡的溫泉而特地移居到蔦這個地方的桂月，在五十六歲辭世的那一年，吟詠了這首詩歌。

▼與作家有關的旅館「蔦溫泉旅館」（請參考186頁）

山本周五郎與青根溫泉（宮城縣）

青根溫泉的老字號旅館「湯元不忘閣」，是獨眼龍伊達政宗、伊達家代代藩主與諸重臣指定的「御殿湯」，而且伊達家還特地在此興建「青根御殿」，以作為別墅。

山本周五郎為了執筆撰寫《樅樹挺立時》（1958年）這部以伊達騷亂為主題的小說，特地下榻青根御殿。位於「不忘閣」一隅的青根御殿，1906年曾經慘遭祝融，現存的建築物於1932年重建而成，是一棟興建於高聳的石牆之上，有著純羅漢杉建材，並且採用桃山式建築樣式，威風氣派的建築物。

「湯元 不忘閣」

♨ 宮城縣柴田郡川崎町青根溫泉 1-1

☎ 0224-87-2011

藤澤周平與湯田川溫泉（山形縣）

「那是某個飄散出溫泉氛圍的農村。村子裡，那條熱鬧的街道上林立著十幾家的溫泉旅館……」（《湯田川中學》）

以庄內藩為舞台背景而寫下不少名作的知名作家藤澤周平，在昭和24年自山形師範學校畢業之後，便至湯田川中學任教。

這位小說家年輕時拜訪的共同浴場「正面湯」位在溫泉街的正中央。鋪滿磁磚的浴池裡，放流著透明清澈、泉質溫和的溫泉。採用御殿風格的浴舍固然引人入勝，不過這裡的溫泉其實是前往出羽三山參拜時，絕佳的潔齋浴之地，浸泡過後可讓人神清氣爽。

▼與作家有關的旅館「九兵衛旅館」

♨ 山形縣鶴岡市大字湯田川乙19

☎ 0235(35)2777

德富蘆花與伊香保溫泉（群馬縣）

「上州伊香保千明旅館三樓的紙拉門開了，出現了一位正在眺望夕陽美景的婦人，年約十八九，頭上挽著典雅的髮髻，身穿一件碎花縐綢的日式披風，上頭繡著草綠色的扣子……」（《不如歸》）

明治31年（1898年），蘆花陪同夫人愛子到新綠初訪的伊香保停留三週，記念新婚五週年。這段期間還將腳程拉到水澤寺與榛名湖畔，而且對伊香保這個地方感動不已。同年十一月，蘆花以伊香保為故事舞台，開始在〈國民新聞〉這份報紙上連載《不如歸》這部小說。

伊香保溫泉的石階街

這個描述海軍少尉川島武男與浪子夫妻悲慘、淒美的故事，在當時引起空前迴響，還賺取不少年輕男女串串珠淚，就連單行本也是不斷再版，堪稱日本文豪德富蘆花的成名之作。

至於蘆花有多喜愛伊香保這個地方，從在他在千明這家老旅館的別屋裡臨終這件事，便可一見端倪。

▼與作家有關的旅館「千明仁泉亭」（請參考84頁）

林芙美子、壺井榮與上林溫泉（長野縣）

「我是宿命的流浪者。我沒有故鄉。」（《放浪記》1930年）

身為雲遊商人之女的林芙美子，是在離鄉背井與廉價旅館中成長的。這樣的她，與故鄉在信州的手塚綠敏結婚。兩人是在志賀高原入口處，溫泉煙霧裊繞的上林溫泉「塵表閣本店」認識的。

深感這片土地的平和氣息，因此經常投宿在塵表閣的林芙美子，在二次大戰期間被疏散到塵表閣的別屋「月見亭」時，執筆寫下以戰爭未亡人為主角的《暴風雪》與《渦潮》。

「戰火尚未平息。即使是在山谷間的小村子裡，大家對於這場漫長的戰爭卻已感到厭倦了。」（《暴風雪》）

提到反戰小說，壺井榮的名作《二十四隻瞳》也是在塵表閣二樓的其中一間房間裡完成的。壺井榮想必是從交情匪淺的林芙美子那邊，知道這間名宿。壺井每年夏天都會到塵表閣逗留，執筆寫作。此外，夏目漱石、三好達治與立原道造亦曾到上林溫泉走訪。

「塵表閣本店」

♨ 長野縣下高井郡山之內町上林溫泉

☎ 0269(33)3151

島崎藤村與田澤溫泉（長野縣）

位在海拔七百公尺處、溫泉煙霧裊裊升起的田澤溫泉，在湯治全盛期曾經贏得「湯場」之名，也就是溫泉勝地，而且名號一直沿用至今，是一個氣氛溫煦、氛圍寧靜的地方。

這棟採用歇山頂造型，屋頂傾斜，並且是國家有形文化財的三層樓建築，是將三棟建築物並連在一起的老字號旅館「桝屋旅館」。明治初期興建的「藤村之間」，今日依舊大為活躍。

田澤溫泉「桝屋旅館」

藤村之間（桝屋旅館）

詩集《若菜集》付梓之後，明治32年（1899年）的夏天，島崎藤村至小諸赴任小諸義塾教師一職。在桝屋旅館下榻數日之後，腦海裡浮現出《千曲川素描》的「山中溫泉」這一章的構思。不僅如此，藤村之後還以《老嬢》這本小說為舞台，讓這間老旅館隆重登場。

「……宛如山國的溫泉感受，反而更能讓人體會到地處偏僻的田澤與靈泉寺。……（中略）升屋是一處景觀絕佳的溫泉旅館。在可以聆聽到湯川潺潺水聲的城樓裡，我遇到了我們學校的校長夫人帶著十四、五位女學生來到此處。」

▼與作家有關的旅館「桝屋旅館」（請參考206頁）

松尾芭蕉與山中溫泉（石川縣）

在《奧之細道》這趟旅途中，芭蕉是在元祿2年（1689年）7月27日（陽曆9月10日）抵達山中溫泉的。炎炎夏日在日本海沿岸步行超過四百公里，身子應該是疲憊不堪。但是在「泉屋」（明治時期歇業）脫下草鞋的隔天傍晚，芭蕉便迫不及待地到湯町上散步。

讓芭蕉醉心的是，切過城鎮的清流大聖寺川，現在已經整頓為設備齊全，長達1.2公里的「鶴仙溪遊步道」。當中深得芭蕉喜愛的黑谷橋，令他不禁讚嘆：「這條河川的黑谷橋景色實在絕美，正是行腳旅遊的樂趣。」

鶴仙溪遊步道途中的芭蕉句碑

在《奧之細道》這趟旅途當中，唯一讓芭蕉讚不絕口的溫泉，就是山中。

「山中浴溫泉，泉香早已沁心頭，何須摘鮮菊。」

不僅如此，在山中溫泉停留九天的芭蕉，甚至在《溫泉頌》中寫下了這首詩歌，不難看出其對山中溫泉喜愛的程度。

「此處溫泉只要浸浴數次，肌膚就會變得水潤，沁透至骨，不僅心靈得到療癒，臉色也是光彩洋溢。」

▼推薦的旅館「花陽亭」（請參考70頁）

志賀直哉與城崎溫泉（兵庫縣）

以山陰名湯為舞台的《在城崎》（1917年），是日本小說之神志賀直哉的曠世巨作。某日與親友里見散步時，直哉不慎被山手線電車輾過，身受重傷，出院後在城崎溫泉調養身子。這段期間發生在週遭的點點滴滴，促使這部心境小說誕生。

「我的房間在二樓，沒有鄰居，算是一間非常安靜的日式客房。旁邊就是玄關的屋頂，與屋子連結的地方是板壁。板壁中間好像有個蜂窩。天氣好的時候，身帶虎斑紋路的大黃蜂，幾乎是天天從早到晚忙著工作。」（《在城崎》）

直哉下榻的老旅館「三木屋」，是江戶中期創業的木造三層建築。不知愛上的是三木

城崎溫泉「三木屋」（提供・三木屋）

♨ 兵庫縣豐岡市城崎町湯島 487
☎ 0796（32）2031

屋還是城崎，之後直哉在這間旅館投宿的次數竟然多達13次。

谷崎潤一郎與有馬溫泉（兵庫縣）

「某日，他們約在終點站瀧道碰面，一起搭乘神有電車到有馬之後，在御所坊二樓的房間共度了半天左右的時光，一邊聽著沁涼的滔滔流水聲，一邊喝著啤酒……」（《貓與庄造與兩個女人》）

古泉有馬溫泉歷史最為悠久的旅館「陶泉御所坊」創業於建久2年（1191年），當中的第26號客房與谷崎潤一郎頗有因緣。谷崎非常喜愛有馬這個地方，像是《貓與庄造與兩個女人》（1936年）就是以這間旅館為舞台，至於《細雪》與《春琴抄》這兩部小說也經常出現有馬這個地名。

有馬溫泉「陶泉御所坊」

「每次看到日式房間講究風雅的壁龕，總不免讚嘆日本人怎會如此了解陰翳的祕密，懂得巧妙利用光影所形成的明與暗。」（《陰翳禮讚》）。至於御所坊這棟木造三層建築的格局，正如實地展現出谷崎所闡述的日本審美意識。

▼與作家有關的旅館「陶泉御所坊」（請參考86頁）

有吉佐和子與龍神溫泉（和歌山縣）

「龍神溫泉的大黑屋，其實就是上御殿與下御殿，在龍神村不僅是格調高尚的溫泉旅館，更是當地山主，昔日若要前往高野山，必會經過他們家的山。」（《日高川》）

以《紀之川》、《有田川》與《華岡青洲之妻》等小說聞名的有吉佐和子，有不少作品均以紀州為舞台。

小說《日高川》（1966年），也是以紀州的龍神溫泉與老字號旅館「上御殿」（作品中的「大黑屋」）為舞台。

三百五十年前的元和年間，初代紀州藩主德川賴宣開鑿的龍神溫泉，今日依舊是環境幽邃的深山溫泉，而且還是溫泉迷熱烈支持的「日本三大美人湯」之一。

傳聞賴宣原本就非常喜歡龍神溫泉的觸感，不僅為此免除村民繳納年貢，每逢亥年，也就是每隔十二年，就用藩費改建浴舍與旅館。至於現存的上御殿與下御殿，更是與賴宣公有所因緣的旅館。

▼與作家有關的旅館「上御殿」（請參考58頁）

龍神溫泉「上御殿」

藤原審爾與奧津溫泉（岡山縣）

昭和22年（1947年）發表的《秋津溫泉》，是直木獎作家藤原審爾的代表作。詩情畫意、四季景致繽紛亮麗的「秋津溫泉」，指的其實就是奧津溫泉；審爾在文中就有如此描述。

「這棟雅致的西式別墅，雖然與古樸的大馬路氣氛懸殊，但奇妙的是，在這片清淨山氣之中，卻顯得格外寧靜協調。這應該是秋津這個溫泉鄉，以深厚的教養，將這兩個截然不同的世界靜靜環抱在一起的緣故吧！」（《秋津溫泉》）

此處提到的「西式別墅」，所指的是與版畫家棟方志功有所淵源的旅館，「池田屋河鹿園」。

水上勉與蘆原溫泉（福井縣）

小說《越前竹人形》（1963年）以抒情的筆觸，娓娓道出女人的哀怨心境。竹人形是越前的傳統工藝，對於福井出生的水上勉而言，選擇蘆原這個代表福井的名湯為故事舞台，是理所當然的事。

「『父親……只要到蘆原，就會順路來這裡』……（略）喜助無法判斷這個女人究竟為何來到蘆原。聽她這麼一說，突然想到自己也曾經和父親一起到蘆原。蘆原是越前一處獨立的溫泉鄉。」（《越前竹人形》）

▼與作家有關的旅館「紅屋」（請參考50頁）

夏目漱石與道後溫泉（愛媛縣）

「那裡的浴池是用花崗岩堆砌而成的，足足有十五帖那麼大。……站在池中，水深及胸。……在這溫泉水中游泳是件開心愜意的事。我看準了空無一人的時段，在這十五帖大的浴池裡來回遊玩，甚為痛快。」（《少爺》，1906年）

明治28年（1895年），還年輕的漱石以英語教師的身分，踏上松山這片土地。現為國家重要文化財，今日依舊是人人利用的公共澡堂「道後溫泉本館」是在漱石赴任前一年完成的，是一棟擁有龐大歇山式屋頂的木造三層樓房，充分展現出古泉雄壯氣息的建築樣式。

在《少爺》這部小說當中，漱石用「住田溫泉」來隱喻道後溫泉的「道後溫泉本館」，並且對其讚賞不已。因為松山擁有一個東京可望不可及的地方，那就是道後溫泉。

高濱虛子在漱石歿後過三年，也就是大正8年（1919年）寫下《伊予之湯》這本著作，並於文中提到漱石與道後的關係。

「他從未想過要早點離開此地。至於能讓他離開這個地方的，唯有道後溫泉。……浸泡在這座溫泉時，他整個人的心情可說是非常清爽、平靜。……他不會特地拿起肥皂塗抹，也不會刻意用毛

夏目漱石的《少爺》以「道後溫泉本館」為背景

巾刷洗身子，就只是隨心在浴池中進進出出，享有的一段悠閒時光。」

▼公共澡堂「道後溫泉本館」（請參考41頁）

種田山頭火與嬉野溫泉（佐賀縣）

「一開始就早已對嬉野溫泉心動了。因為那個地方水質好，泉質佳……就行乞來講，還算方便。」（《行乞記》1930～1933年）

漂泊的俳人山頭火，極為喜愛創業於明治元年（1868年），位在嬉野溫泉這條溫泉街上的「井手酒造」所釀製的地酒「虎之兒」，他甚至在文中提到「喝得十分飽足」。

不僅如此，山頭火還說到「想在這樣的地方穩定下來」（《行乞記》），可見他真的非常喜歡嬉野這處佐賀的古泉。

「緩緩浸沐溫泉中，幽幽浮現沉丁花」

如此佳句湧上心頭，足以證明嬉野是一個山明水秀的好地方。

吸引山頭火的除了地酒，還有湯豆腐。嬉野自江戶時代便以溫泉豆腐而聞名，山頭火當然不會錯過。雖然他兩袖清風，卻不失雅士姿態。「這才是真正的湯豆腐」山頭火的味蕾如此驗證。

▼推薦的旅館「大正屋」（請參考61頁）

嬉野溫泉道標

大人的旅行
日本溫泉究極事典
——暢銷新版
220+
精選名湯攻略，食泊禮儀
湯町典故、泉質評比，
全日本溫泉深度案內

作者	松田忠德
翻譯	何姵儀
責任編輯	蔡穎如
封面設計	申朗創意
內頁編排	申朗創意、林詩婷
行銷企劃	辛政遠 楊惠潔
總編輯	姚蜀芸
副社長	黃錫鉉
總經理	吳濱伶
首席執行長	何飛鵬
出版	創意市集
發行	英屬蓋曼群島商家庭傳媒股份有限公司城邦分公司 Distributed by Home Media Group Limited Cite Branch
地址	104 臺北市民生東路二段 141 號 7 樓 7F No. 141 Sec. 2 Minsheng E. Rd. Taipei 104 Taiwan
讀者服務專線	0800-020-299 周一至周五 09:30 ～ 12:00、13:30 ～ 18:00
讀者服務傳真	(02)2517-0999、(02)2517-9666
E-mail	創意市集 ifbook@hmg.com.tw
城邦書店	城邦讀書花園 www.cite.com.tw
地址	104 臺北市民生東路二段 141 號 7 樓
電話	(02) 2500-1919　營業時間：09:00 ～ 18:30
ISBN	978-626-7336-37-3（紙本）／978-626-7336-54-0（EPUB）
版次	2024 年 1 月二版 1 刷
定價	新台幣 450 元（紙本）／ 315 元（EPUB）／港幣 150 元
製版印刷	凱林彩印股份有限公司

香港發行所　城邦（香港）出版集團有限公司
九龍九龍城土瓜灣道 86 號順聯工業大廈 6 樓 A 室
電話：(852) 2508-6231
傳真：(852) 2578-9337
信箱：hkcite@biznetvigator.com

馬新發行所　城邦（馬新）出版集團
41, Jalan Radin Anum, Bandar Baru Sri Petaling,
57000 Kuala Lumpur, Malaysia.
電話：(603) 9056-3833
傳真：(603) 9057-6622
信箱：services@cite.my

- 本書的泉質分類是以「舊分類」為基本，另外再加上作者重新歸納的分類，所以部分分類的標示內容會有別於以往的分類方式。另外，泉溫、泉質與泉色也會因季節與時刻而出現差異。
- 每個人感受到的溫泉療效差異甚大，提供的內容僅供參考，不保證結果。
- 本書介紹的旅館、飯店及溫泉設施，均以作者採訪為主，再經過作者個人挑選、推薦。
- 刊載的住宿費用原則上是 2017 年 7 月和 2023 年 11 月的資訊，內容為兩人住宿時平均每人的費用，當中包括消費稅與溫泉稅。不過方案內容會隨季節調整，故本書資訊僅供參考；實際情況依當地提供的資訊為準。

◎ 書籍外觀若有破損、缺頁、裝訂錯誤等不完整現象，想要換書、退書或有大量購書需求等，請洽讀者服務專線。

國家圖書館預行編目 (CIP) 資料

日本溫泉究極事典：大人的旅行 ・220+ 精選名湯攻略，食泊禮儀、湯町典故、泉質評比，全日本溫泉深度案內／松田忠德著；何姵儀譯 . -- 二版 . -- 臺北市：創意市集出版：家庭傳媒城邦分公司發行， 2024.01
　面；　公分

ISBN 978-626-7336-37-3 (平裝)

1. 旅遊 2. 溫泉 3. 日本

731.9　　112016559